ECONOMIC COMMISSION FOR EUROPE
ЕВРОПЕЙСКАЯ ЭКОНОМИЧЕСКАЯ КОМИССИЯ

SERIES: ENTREPRENEURSHIP and SMEs
СЕРИЯ: ПРЕДПРИНИМАТЕЛЬСТВО и МСП

YOUTH OF THE XXI CENTURY: REALITIES AND PERSPECTIVES

МОЛОДЕЖЬ XXI ВЕКА: РЕАЛИИ И ПЕРСПЕКТИВЫ

UNITED NATIONS

New York and Geneva, 2004

ECE/TCU/2004/1

UNITED NATIONS PUBLICATIONS
Sales No. E/R.04.II.E.18
ISBN 92-1-016364-8

UN2
E/ECE/TCU/2004/1

FOREWORD

The CIS Forum on Youth held on 24-26 September 2003 in Kiev, the capital of Ukraine, was an important event. It manifested both the political will and commitment of the Governments of the Commonwealth of Independent States to alleviate negative social implications of transition, focusing their attention on the social groups, which are most vulnerable and at high risk. It goes without doubt that youth is one of such groups.

On-going reforms open new horizons and opportunities for the peoples of the Commonwealth of Independent States and carry the promise of more prosperous future for young generations. However, as we all know from history, reforms do not come without costs, and additional efforts are required to ensure that the benefits of change are widely spread.

Let us look at some figures. By the mid of the 1990s, the contraction of production in some of the CIS countries was more than 50 percent of the 1989 level. Economic hardship, along with conflicts and tension in some parts of CIS, has been accompanied by a significant deterioration of social condition manifested in:

- The impoverishment of large segments of the population;
- The rise of social inequalities;
- Large-scale unemployment;
- Devaluation of salaries and social benefits, and, in some cases, even their complete abolishment;
- The wage and pension arrears of governments and enterprises;
- Displacement of millions of people causing refuge, resettlement; and
- Destruction of assets.

Families with children have been hurt most. Even now, after some years of economic growth, and in spite of intensified efforts by governments, civil society organizations, and, since recently, some parts of the newly emerged corporate sector to alleviate social distress, almost millions of children and young people in the CIS countries live in poverty.

Due to the crisis of social protection arrangements and deep cuts in public expenditure on education and health, the financial responsibilities of the families with regard to the education and health care of their younger members have dramatically increased. Contrary to earlier anticipations, a significant proportion of the families has not been able to withstand this shock. Many families collapsed often leaving their younger members without any parental guidance and support.

The cumulative effect of the societal crisis experienced by many CIS countries was manifested in declining school enrolment rates, increasing use of child labour, threatening to wash out the earlier achievements in the area of education. Deterioration of public health, including that of children, has reached an alarming proportion, reducing the male life expectancy at birth in Russia and Ukraine by more than 10 years.

The societies under stress were slow in providing an alternative framework for socializing and mainstreaming young people in new social and economic arrangements. This has been effectively exploited by various criminal groups, which took advantage of the conditions of uncertainty. The implications of such a situation have been quite visible: trafficking in children, teenagers and young people, growing drug-addiction among the young, rising juvenile crime, prostitution, violence, and other forms of social deviance, accompanied by rise of HIV/AIDS and other sexually transmitted diseases. Therefore, opportunities brought about by recent political and economic reforms along with developments in science and technology remain largely underutilized and the potential for growth unused.

The collapse of the child socialization system has left its mark on millions of children in the CIS region. Many may not recover ever and may remain on the margin of their societies, paying for the lost years of schooling, failed parental guardianship, social deviance and psychological trauma.

The CIS Forum on Youth was one of the many recent initiatives of Governments and civil society throughout the CIS region, which aimed at reversing and mitigating effects of the negative trends mentioned above. It provided CIS Governments and youth organizations with an opportunity to jointly review current trends in the youth situation and evaluate the effectiveness of policies in place.

The Forum demonstrated a growing commitment of the Governments of the CIS countries to effectively address the situation of youth. This induced a strong sense of support and optimism among the entire UNECE country membership. We strongly believe that the CIS countries, with their great cultural and scientific traditions, outstanding human potential, would be able to return soon to their top positions among the advanced countries and continue to contribute to the economic, technological and social advancement of the UNECE region and of the entire world community.

Brigita Schmögnerová
Executive Secretary
United Nations Economic Commission for Europe

CONTENTS

PART ONE: CIS FORUM ON YOUTH

The CIS Forum: "Youth of the XXI Century: Realities and Perspectives"

Final report on the CIS Forum on Youth

PART TWO: IMPACT OF TRANSITION ON YOUTH

I. Changes in the Youth Situation

Transition and its social implications for youth in the CIS countries

Молодежное общественное движение в России и странах СНГ (1991-2002 годы)
Youth movement in Russia and the CIS countries (1991-2002)

Формирование правовой культуры молодежи в Украине: проблемы и перспективы
Formation of a legal culture of the youth of Ukraine: Problems and perspectives

Young people in the CIS countries: a global perspective

II. Responding to Challenges of Transition: New Policies and Policy Instruments

Основные проблемы государственной молодежной политики Украины
Main problems of the state youth policy of Ukraine

Молодежь XXI столетия: реалии и перспективы
Youth of the XXI century: Realities and perspectives

Социальная работа с молодежью
Social work with youth

PART THREE: ADAPTING TO NEW CONDITIONS

I. Combating Youth Unemployment

II. Integrating Disadvantaged, Marginalized and High-Risk Youth

III. Encouraging Youth Entrepreneurship

PART FOUR: REVERSING THE DETERIORATION OF THE YOUTH HEALTH

PART FIVE: DEFINING A NEW ROLE OF YOUTH

I. Youth: Its Place and Role in the Civil Society

PREFACE

This publication represents a collection of selected contributions of the participants of the CIS Forum on Youth held on 24-26 September 2003 in Kiev, Ukraine, submitted either to the UNECE secretariat or to the National Organizing Committee of Ukraine in English or Russian. The criteria for choosing particular contributions were as follows: any presentation that was:

- Informative
- Innovative
- Educative
- Policy-oriented
- Forward-looking
- Reflecting views and/or position of a particular group of the stakeholders
- Representing a good practice, or
- Lessons learned,

was included in this publication. Another criterion applied was the relevance of the presentation to the issues on the agenda of the Forum.

The UNECE secretariat also added some valuable bits of information collected from other sources in order to enhance this publication. Except those documents that were officially issued by the UNECE secretariat for the Forum all other contributions were included in the present publication without official editing.

The structure of the publication differs, in some respect, from the structure of the Forum agenda in the attempt to capture and reflect the dynamics of the youth situation, policies and experimental activities in the CIS countries. The first part of the publication contains information on the CIS Forum on Youth. The second part highlights a cumulative effect of transition on the youth situation in the CIS countries, the magnitude of the youth problems to be addressed, the evolution of the youth movement and government response. The third part is focused on the responses of various stakeholders and their attempts to alleviate the distress of youth, but also to build up new mechanisms and structure of mainstreaming young people in economic activities suitable to the market conditions. The main accent of the fourth part is on the youth health status, as well as on the proliferation of HIV/AIDS and other both new and traditional diseases among young people, and policy measures to improve the health situation in the CIS countries. The fifth part largely reflects an on-going dialogue between the Governments and youth organizations regarding the principles and forms of interaction and cooperation, as well as the search of youth for its role and place within the emerging societal structure and social hierarchy of the newly established democracies.

The UNECE secretariat hopes that this publication will be of practical value to the constituencies of the CIS countries concerned with the youth well-being, as it contains information on the on-going experimentation with various forms, means and methods of social integration of youth in order to identify the most effective, efficient and suitable ones to the cultural and socio-economic conditions of the CIS countries.

The UNECE would like to express its gratitude to the National Organizing Committee of Ukraine and especially to Ms.Valentyna Dovzhenko, Chairperson, State Committee on Family and Youth Affairs of Ukraine, as well as its partner organizations, United Nations Department of Social and Economic Affairs and International Labour Organizations, for their contribution to the success of the Forum, as well as for their commitment to the cause of youth, and, therefore, to the security and prosperity of the future of the world community.

Hard work and determination of the UNECE staff members: Ms. Larissa Kapitsa, Mr. Andrei Maevski, Ms. Tatiana Apatenko, Mr. Antal Szabo as well as the CIS Forum Coordinator Mr. Yuriy Sosyurko contributed to the success of the Forum.

BOXES

ACRONYMS AND ABBREVIATIONS

CEE	Central and Eastern Europe
CIS	Commonwealth of Independent States
CIT	Countries in transition
CSEC	Central and Southern European Countries
EBRD	European Bank for Reconstruction and Development
EU	European Union
EC	European Commission
GDP	Gross domestic product
GNP	Gross national product
HIV/AIDS	Human immunodeficiency virus/acquired immunodeficiency syndrome
IFRC	International Federation of the Red Cross
ILO	International Labour Office
ICT	Information and Telecommunication Technologies
IT	Information Technology
NGOs	Non-governmental organizations
SME	Small and medium-sized enterprise
UN/DESA	United Nations Department for Economic and Social Affairs
UNAIDS	United Nations Programme on HIV/AIDS
UNCTAD	United Nations Conference for Trade and Development
UNDP	United Nations Development Programme
UNECE	United Nations Economic Commission for Europe
UNESCO	United Nations Educational, Social and Cultural Organization
UNICEF	United Nations Children's Fund
USAID	United States Agency for International Development
WHO	World Health Organization
WYB	World Youth Bank
YEN	Youth Employment Network

CIS Forum on Youth:
"Youth of the XXI Century: Realities and Perspectives"

UNECE secretariat

BACKGROUND

The UNECE First Regional Forum on Youth: "Security, Opportunity and Prosperity", held on 24-26 August 2002 in Geneva, made a number of important recommendations aiming to mobilize public action to alleviate distress and problems faced by many young people in the region as a result of structural changes.

One of such recommendations was the organization of sub-regional forums on youth with the purpose of bringing all the stakeholders in youth prosperity together to work out solutions to the youth problems, which would be suitable to and effective under the specific conditions of each of the UNECE sub-regions.

In response to this recommendation, the Government of Ukraine proposed to host a youth forum of the Commonwealth of Independent States in Kiev (Ukraine) on 24-26 September 2003, which would be organized under the auspices of the UNECE in cooperation with the Government of Ukraine, the Executive Committee of the Commonwealth of Independent States and the UN agencies that sponsored the First Regional Forum on Youth.

This proposal was welcomed and accepted by UNECE. UN specialized agencies, including UNICEF, ILO, UNAIDS and UNDP, which were among the sponsors of the First Regional Forum on Youth, responded positively to this initiative.

The Department of Economic and Social Affairs of the United Nations Secretariat agreed to be a co-organizer of the CIS Forum on Youth.

YOUTH SITUATION IN THE CIS MEMBER COUNTRIES

Youth situation in all the CIS countries has been worsening since the breakdown of the Soviet Union and the onset of transition, although with a different pace and magnitude. Among the major factors responsible for the distress of youth were institutional and organizational changes in the area of youth socialization, coupled with a steep decline of public expenditure on health and education, and economic hardship, experienced by most of the families.

In some of the CIS member countries, the impact of these factors on youth welfare has been aggravated by intra- and inter-State conflicts, which have pushed large number of families in refuge. High fertility rates and the growth of births to teenage mothers outside the marriage, in some other CIS member countries, added to the heavy social costs of transition in terms of poverty and social differentiation. As a result, young people throughout the CIS countries have witnessed an erosion of their opportunity sets and growing barriers to education, health services and jobs.

A cumulative effect of these factors has revealed itself in declining school enrolment rates and rising school drop out rates. In Georgia, for example, the general secondary enrolment rate fell from 41 percent in 1989 to 28 percent in 2000, in Kygyzstan, from 37 percent to 23.5 percent, and, in Tajikistan, from 40 percent to 23 percent. Practically all the CIS countries have experienced a dramatic fall in vocational/technical secondary enrolments with the largest decrease in Armenia and Azerbaijan. Even basic education enrolments have deteriorated in some of the CIS countries, especially, in Armenia, Georgia and Tajikistan.

Youth registered unemployment has soured in most of the CIS member countries, but the findings of special surveys conducted in CIS countries imply that the real youth unemployment is even higher. According to some estimates, almost 18 million of young people are neither at school nor in the labour market. Many of these young people are believed to have been labouring in the informal sector, where the work conditions are often appalling, and the risk of abuse is extremely high.

Job opportunities for young people are limited in many CIS countries despite of a recent resurgence of economic growth. Apart from the enormous production contraction, this is explained by a widening mismatch between the demand and supply of skills and by a virtual collapsed of vocational training.

In some of the Central Asian and South Caucasian countries, the situation is further complicated by continuous de-industrialization process. As a consequence of this trend, thousands of young people have been moving to the rural areas or migrating.

In the Slavic CIS countries, decline and stagnation of some industrial areas, like Donbass (Ukraine), for example, resulted in the emergence of deep poverty pockets, in which youth is trapped in a hopeless situation of gaining any decent job or income.

Youth socialization has undergone a serious change. While new organizational forms have risen and new structures have been put in place, they are far from being inclusive and/or effective, therefore, allowing thousands of young people to fall through.

Furthermore, the stress of rapid change and economic hardship of families throughout the transition process have weakened their capacity to raise their young. As a result, many young people and children have been growing without a proper family care, or, worse, in the street. Many were handed over into the public care. An outcome of such a situation has been an increase in juvenile crime, substance abuse, youth and child prostitution and other forms of social deviance.

One of the most serious consequences of the above trends has been an increase in the youth vulnerability to all the potential risk factors, including the threat of HIV/AIDS. According to reliable sources, including UNAIDS, almost 80 percent of new cases of HIV infection between

1989 and 2000 in the CIS countries were among the young people of 15-29 years of age. While initially new infection cases were concentrated among the drug-users, since the end of the 1990s, sexual contacts have become a major source of HIV infection. The proliferation of sexually transmitted diseases, including HIV, among the young clearly points out to the lack of knowledge of safe sex practices and early symptoms of such diseases. In the absence of systematic and vigorous preventive measures against these diseases, the threat of widespread epidemic with heavy loses in human life and devastating economic consequences is very real.

GOALS AND EXPECTED OUTPUT OF THE CIS FORUM ON YOUTH

In the light of the above, the organizers of the CIS Forum on Youth decided to invite various stakeholders and social agents concerned with the youth situation to consider possible remedial policy measures, assess their own best practices and schemes, as well as those originating from other UNECE member States. Therefore, major goals of the CIS Forum on Youth were as follows:

1. To raise the awareness of the problems faced by young people in the CIS countries;
2. To mobilize collective action to remedy the situation;
3. To promote the exchange of experiences and best practices in developing youth entrepreneurship and partnerships between governmental and non-governmental organizations concerned with youth issues;
4. To mobilize government support of various initiatives that aim at reducing youth unemployment and poverty;
5. To jointly identify policies and policy measures, which could ensure a progressive improvement of the life and well-being of youth in all the countries – participants of the Forum;
6. To encourage cooperation among youth organizations in all areas;
7. To draw the attention to the problems of disadvantaged youth; and
8. To provide support for initiatives and programmes, striving to transform societies into more inclusive and tolerant ones.

The key issues to be discussed by the Forum included:

- Youth employment and employability
- Youth entrepreneurship
- Youth migration
- Youth health
- Youth security
- ICT and youth social integration
- Organization and political participation of youth
- The rights of youth
- Tolerance and social cohesion
- Integration of disadvantaged youth, and some other issues.

It was expected that the CIS Forum on Youth would generate a strong impulse to respond to the youth in distress both comprehensively and systematically. It was also anticipated that participating representatives of mass media would induce a sense of urgency of remedial measures into the larger societies, hence, bringing youth issues to the forefront of the political agenda.

Finally, it was hoped that the other UNECE member countries, regional and sub-regional country groupings/initiatives and organizations would respond constructively to the needs of the CIS countries by providing assistance in building up new mechanisms, competencies and capacities needed for integrating youth into the mainstream activities under the market conditions.

TARGET AUDIENCE

The main target audience of the Forum was Governments and young people, as well as youth NGOs and entrepreneurial circles.

ПРИВЕТСТВИЕ

**участникам Регионального форума
"Молодежь XXI столетия: реалии и перспективы"**

Сердечно приветствую участников и гостей такого представительного молодежного собрания!

Украинское государство уделяет большое внимание привлечению юношей и девушек к активной социально-политической жизни, обеспечению общественного и социального становления молодежи, поддержке молодежных объединений и организаций.

Создание благоприятных условий для более полного раскрытия интеллектуальных, духовных и профессиональных возможностей молодых людей является одним из приоритетов нашей государственной политики.

Уверен, что нынешний Форум будет способствовать развитию молодежного движения, росту общественной активности молодежи, углублению международного сотрудничества.

Желаю участникам собрания плодотворной работы, успехов в жизни и новых свершений!

ПРЕЗИДЕНТ УКРАИНЫ   ЛЕОНИД КУЧМА

24 сентября 2003 года, г. Киев

ПРИВЕТСТВИЕ

участникам Регионального форума
"Молодежь XXI столетия: реалии и перспективы"

Проведение представительного собрания под эгидой ООН свидетельствует о важной роли молодежи в мировых интеграционных общественно-политических процессах.

Особой приметой Форума является то, что под одним лозунгом собрались люди старшего и младшего поколений – те, кто формирует молодежную политику, и те, для кого она формируется.

Общая заинтересованность в становлении молодежи, содействие реализации ее прав, свобод, интересов и способностей является залогом мира и процветания, стабильного поступательного развития человечества.

Вынесенные на Форум актуальные проблемы: трудоустройство, здравоохранение, социальная защита молодежи, ее участие в общественном движении – являются свидетельством большого доверия молодым людям и их привлечения к реализации государственной политики.

Каждая страна переживает свои проблемы развития, однако у нас есть общие процессы, связанные со стремлением молодежи получить современное образование, иметь престижную, достойно оплачиваемую работу, активно участвовать в общественной жизни. Поэтому в государственной политике каждой страны молодежная политика является одной из приоритетных.

Желаю всем участникам Форума результативной работы, плодотворных решений, успешного воплощения их в жизнь!

Желаю вам мира и благосостояния, успехов в деятельности на благо молодежи!

ПРЕМЬЕР-МИНИСТР УКРАИНЫ   ВИКТОР ЯНУКОВИЧ

24 сентября 2003 года, г. Киев

ПРИВЕТСТВИЕ

участникам Регионального форума
"Молодежь XXI столетия: реалии и перспективы"

Сердечно приветствую участников и гостей Регионального форума по вопросам молодежи "Молодежь XXI столетия: реалии и перспективы" – представителей различных государств, тех, кто сердцем и душой радеет за судьбу своего поколения, открыт к диалогу и сотрудничеству.

Многие из волнующих человечество проблем – от обеспечения мира до сохранения пригодной для жизни окружающей среды, от внедрения современных технологий до создания рабочих мест – уже не могут быть решены удовлетворительно только на национальном уровне. Особенно остро ощущает эти проблемы молодежь, и потому именно она активно ищет пути их решения.

Несомненно, проведение такого масштабного мероприятия позволит обменяться мнениями о наиболее актуальных проблемах, значительно расширить деловое сотрудничество и укрепить дружеские взаимоотношения.

Убежден, что ваше авторитетное и представительное собрание может реально способствовать появлению интересных инициатив, новых идей и решений.

Примите мои наилучшие пожелания плодотворной работы Форуму.

Успеха и процветания народам ваших стран, мира и благополучия!

ПРЕДСЕДАТЕЛЬ ИСПОЛНИТЕЛЬНОГО КОМИТЕТА,
ИСПОЛНИТЕЛЬНЫЙ СЕКРЕТАРЬ СНГ   ЮРИЙ ЯРОВ

24 сентября 2003 года, г. Киев

Final report on the CIS Forum on Youth

UNECE secretariat

Background

CIS Forum on Youth: "Youth of the XXI Century: Realities and Perspectives" was held in Kiev (Ukraine) on 24-26 September 2003 upon a recommendation of the First UNECE Forum on Youth: "Security, Opportunity and Prosperity" (Geneva, August 2002) with the purpose of bringing all the stakeholders together to work out solutions to the youth problems, which would be suitable to and effective under the specific conditions of the CIS sub-region.

The Forum was organized at the invitation of the Government of Ukraine under the auspices of the UNECE in cooperation with the Executive Committee of the Commonwealth of Independent States and with support of the Department of Economic and Social Affairs of the United Nations Secretariat (UNDESA), UNAIDS, UNDP, UNICEF and ILO. In addition to the substantive input, UNDESA provided financial support to cover expenses of some participants from the CIS countries.

The Forum was attended by the participants from the following countries: Austria, Armenia, Azerbaijan, Belarus, Bosnia and Herzegovina, Croatia, Czech Republic, Georgia, Germany, Hungary, Kazakhstan, Kyrgyzstan, Latvia, Poland, Republic of Moldova, Russian Federation, Serbia and Montenegro, Slovenia, Sweden, Switzerland, Tajikistan, Turkmenistan, United Kingdom, Ukraine and Uzbekistan. Most of the delegations from the CIS countries were headed by the Ministers responsible for youth affairs and/or their Deputies. Representatives of the CIS Executive Committee, UNDESA, UNAIDS, UNICEF and ILO actively participated in the Forum. A large number of international and national non-governmental organizations, including such NGOs as Junior Chamber International, Junior Achievement-Young Enterprises Europe, World Youth Bank were also in attendance. A large number of participants represented local state authorities and youth NGOs at the regional level. In total more than 400 participants took part in the event.

The summaries and/or papers prepared by the participants for the Forum and issued as official UNECE documents, as well as some other useful information regarding the Forum can be found on the Web site at the following address: http://www.unece.org/operact/meetings/kiev/Welcome.html.

The work of the Forum was organized as follows: opening and closing plenary sessions were held on the first and last days of the Forum. The second day was devoted to the discussions at the following five sections:

1. Youth Employment and Employability;
2. Development of Youth Entrepreneurship;
3. Social Protection of Youth and Social Work with Young People;
4. Youth Health; and
5. Role and Place of Youth Organizations in Addressing and Solving Youth Problems.

Each session was conducted by the co-chairpersons representing host authorities and international organizations. At the closing plenary session the co-chairpersons reported on the outcome of the deliberations within respective sections.

Below are short summaries of the discussions held as well as conclusions and recommendations prepared in each section as presented by the co-chairpersons.

Opening plenary session

The Forum was officially opened by Ms. Valentyna Dovzhenko, Chairperson of the State Committee on Family and Youth Affairs of Ukraine who welcomed the participants and wished success to the Forum. Welcoming addresses from Mr. Leonid Kuchma, President of Ukraine, Mr. Viktor Yanukovych, Prime Minister of Ukraine, Mr. Yuri Yarov, Chairman of the Executive Committee and Executive Secretary of the Commonwealth of Independent States were read out. Mr. Paolo Garonna, Deputy Executive Secretary of UNECE, greeted the participants and presented the welcoming address to the Forum participants from Ms. Brigita Schmögnerová, UNECE Executive Secretary. Greetings to the organizers and participants were delivered by Ms. Kateryna Samoilyk, Chairperson of the Committee on Youth Policy, Sport and Tourism of the Verkhovna Rada (Parliament) of Ukraine, Mr. Sergey Borschevsky, CIS Executive Committee, Mr. Yuri Kovrizhnykh, Deputy Minister of Education (Russian Federation), Mr. Intigam Babayev, Deputy Minister of Youth, Sport and Tourism (Azerbaijan), Mr. Asror Latipov, Chairman of the State Committee on Youth (Tajikistan), Mr. Vazgen Khachikyan, Chairman of the National Council of Youth (Armenia), Ms. Marina Ezhova, Director of the Youth Department of the Ministry of Education (Belarus), Mr. Irakli Todua, Deputy Head of the Department of Culture, Education, Science and Youth Affairs, State Chancellery (Georgia), Ms. Khaticha Djafarova, President of NGO "Business & Professional Women" (Uzbekistan), Mr. Bakhtibek Zhekshenov, Deputy Chairman of the State Committee on Tourism, Sport and Youth Affairs (Kyrgyzstan), Ms. Stasa Baloh-Plahutnik, State Secretary, Ministry of Labour, Family and Social Affairs (Slovenia), Ms. Barbara Khyla-Makovska, Deputy of the Parliament (Poland) and Mr. Tomislav Bogdanic, President, World Youth Bank (Croatia).

At the second part of the plenary session, the following participants provided detailed information on the youth problems and ways of their solution in their countries: Ms. Valentyna Dovzhenko, Chairperson of the State Committee on Family and Youth Affairs (Ukraine), Mr. Vitaliy Khomutynnik, Deputy of the Parliament, Chairman of the National Council of Youth Organizations (Ukraine), Ms. Stasa Baloh-Plahutnik, State Secretary, Ministry of Labour, Family and Social Affairs (Slovenia), Mr. Vadym Kostyuchenko, Chairman, Ukrainian Social-Democratic Youth (Ukraine), Mr. Yuri Kovrizhnykh, Deputy Minister of Education (Russian Federation), Mr. Igor Buzovski, Second Secretary of NGO "Belarusian Republican Union of Youth" (Belarus), Mr. Intigam Babayev, Deputy Minister of Youth, Sport and Tourism (Azerbaijan), Mr. Alexander Sokolov, Chaiman of the National Council of Youth and Children Organizations (Russian Federation) and Mr. Vadym Tochenyi, Chairman of the Ukrainian National Committee of Youth Organizations (Ukraine).

The following participants from international organizations informed the participants of the Forum on the activities of their organizations aimed at developing international cooperation on youth issues: Ms. Martina Lubyova, Senior Employment Specialist (ILO), Mr. Josephus Theunissen, Department for Economic and Social Affairs (United Nations Secretariat, New York), Ms. Jantine Jacobi, Inter-Country Coordinator (UNAIDS), Mr. Jeremy Hartley,

Representative of UNICEF in Ukraine and Mr. Dominique Angles, Executive Vice President (Junior Chamber International).

Section 1: Youth Employment and Employability

Co-Chairpersons: Ms. Natalia Zinkevich, First Deputy Director, State Employment Centre, Ministry of Labour and Social Affairs (Ukraine), Ms. Martina Lubyova, Senior Employment Specialist (ILO), and Mr. Valeriy Yaroshenko, Director, Kiev Youth Labour Centre (Ukraine).

During presentation of 16 papers and following discussions, the participants agreed that under market conditions of economic development all the stakeholders should take into account and ensure the realization of the state policy in the sphere of employment and social protection of youth from unemployment, creation of market infrastructure that would ensure full satisfaction of youth demands on the labour market, investment in human capital through education, active support and promotion of youth entrepreneurship, creation of equal opportunities aimed at effective youth employment, creation of new work places, financing programmes for active support of unemployed young people from the state budget, further development of market mechanisms of social protection of youth, in particular insurance schemes for unemployed youth.

The absence of decent or suitable work and worthy income sharpens the problem of poverty, in particular amongst young families with children, incomplete families and young people with disabilities, the number of whom is constantly growing as a result of technogenic and ecological catastrophes, war conflicts and acts of terrorism. According to the ILO data, more than 100 mln. young people in the world register every year at the employment centres and about 70 mln. young people could not find a job. Concern was voiced that poverty, lack of work and of necessary knowledge forced the young people to accept low-paid and unskilled jobs and/or to become the victims of slave trafficking.

During the discussions it was acknowledged that in many countries positive experience in finding the solutions to urgent problems of youth at labour markets had been accumulated; legal and normative framework had been created; different forms of support for unemployed young people had been used and financed; social services and financial assistance had been provided; work places had been created; programmes of vocational training adjusted to market conditions had been implemented; youth entrepreneurship, internship abroad and participation in international volunteer programmes had been supported. It was also noted that in that respect the useful experience had been accumulated by the State Employment Service of Ukraine, the Kiev Youth Employment Centre, students' employment services of other youth NGOs, volunteers' organizations of Belarus as well as in the course of implementation of programmes of securing work places for the graduates from higher education institutions in Poland.

The participants also believed that nobody should stay away from the process of solving urgent problems of youth labour market. These problems should be resolved by means of securing macroeconomic stabilization, ratification of and adherence to relevant international norms and treaties, developing cooperation and consolidation of efforts of governments, Parliaments, social partners, non-governmental organizations, international community and attraction of international technical and financial assistance.

In their conclusions and recommendations, the participants underlined the need to:

1. integrate the youth employment policy into the overall national employment strategy and undertake the evaluation of effectiveness of branch and corporate development from the view point of consequences of such development at the labour market;
2. stimulate the creation of additional work places for young people by employers;
3. provide preferences in employment to young people with disabilities;
4. create conditions for the secondary employment of young people and provide opportunities to students to work in their free time without breaking education process;
5. promote the activities of youth employment centres;
6. secure legal framework for labour migration of young people outside their countries of residence, including in the CIS countries;
7. create relevant conditions in higher education institutions for training highly-qualified specialists in the field of youth employment;
8. increase the number of international and national projects and programmes which would expand opportunities for youth employment at the labour market;
9. conduct research on the current and future situation at the labour market under the conditions of the excess supply of unneeded specialists;
10. organize the internship and employment of young students beginning from the third year of their studies with the aim of their full employment after graduation from the higher education institutions and ensuring their competitiveness at the labour market;
11. renew and improve the legal-normative basis regarding youth employment; and
12. continue and renew collaborative relations between organizations dealing with youth employment, and keep population informed at the broad scale of the practical steps aimed at resolving problems at youth employment market.

Section II: Development of Youth Entrepreneurship

Co-Chairpersons: Mr. Kostyantyn Vaschenko, First Deputy Chairperson, State Committee for the Regulatory Policy and Entrepreneurship (Ukraine), Mr. Antal Szabo, Regional Adviser (UNECE), Ms. Tetiana Bezulik, Director, Department of Youth, State Committee on Family and Youth Affairs (Ukraine), and Mr. Denis Krasnikov, President, Council of Youth Entrepreneurs (Ukraine).

The presentation of 21 reports and following discussions were structured around the following four topics: government policies supporting youth entrepreneurship, exchange of experiences of young entrepreneurs, school business and business education for dropout students, and project proposals on youth entrepreneurship development.

It was noted under the first topic that UNECE had developed a guide on the development of youth entrepreneurship within the framework of national SME policy of the CIS countries. What is needed is a national youth policy, which mainstreams youth-related policies by all sectoral ministries, government authorities and other stakeholders, including NGOs, dealing with the issue of youth from employability to entrepreneurship, from education to health, from housing to entertainment, etc., and provides resources to solve the problems faced by youth. While developing a national youth policy, attention should be given to youth entrepreneurship and enterprise-based youth employment policies. Youth entrepreneurship is a means to move young people into self-employment, thus creating jobs, contributing to economic empowerment and eventually alleviating poverty.

The participants from the CIS countries shared their vision of youth entrepreneurship problems and the experience accumulated in their countries for solving these problems. The representative of ILO highlighted the UN Secretary General's Youth Employment Network that strengthened the coherence of youth employment-related activities. The modalities of work of the Youth Business International, a worldwide network which provides business mentoring and access to finance was also highlighted. Swiss experience to promote young entrepreneurs in a simple, efficient and successful way was presented by W. A. de Vigier Foundation. This unique foundation provides grants to young entrepreneurs, so that they have sufficient equity to establish a limited or joint-stock company.

The participants agreed, that the key elements of the development and implementation of youth entrepreneurship programmes in the transition economies should focus on: promotion of self-employment, creation of youth business incubation programmes, skill training, financing, mentoring and organizing youth entrepreneur's competitions.

Three entrepreneurs from different countries spoke the ways they started their business, the obstacles they faced to become entrepreneurs. In spite of the different cultural and economic roots, they were optimistic and confident, that everyone who makes the first step could reach the goal, if she/he really wants that.

The participants agreed that school environment was a fundamental basis for forming the knowledge, behaviour and orientation of young men and women. The growth of entrepreneurship programme in education institutions has been remarkable for the last decade. There are different interpretations of school business, but so far no definition has been adopted. The most important thing is to develop entrepreneurial curriculum and introduce entrepreneurship as a possible career option. This requires the involvement of teachers and business persons/entrepreneurs who can teach entrepreneurship from an entrepreneurial point of view.

Various methods and schemes on how to prepare young people in primary and secondary schools to become entrepreneurs were presented. Experiences show, that students getting information on how to start a business will become entrepreneurs roughly after 8-10 years after graduating from the institute, while student getting involved in business during the school years will turn toward entrepreneurship after 5 years of leaving the school. Attention was drawn to the value of a dual vocational training system in Germany, where schools and companies are partners in training. While vocational schools are focusing on theoretical teaching and learning, the companies provide training within a real work environment.

The following four project proposals on youth entrepreneurship development were presented: creation of an International Centre for Education and Training of Young Entrepreneurs in Belarus, creation of a Youth Business Development Centre for the Caucasus, development of a Youth Business Development Centre in the Republic of Moldova, and establishment of an International Youth Information and Analytical Centre in the Russian Federation.

In their conclusions and recommendations, the participants underlined the need to:

1. call upon CIS Governments to elaborate national medium-term youth entrepreneurship policies followed by action plan for each country. The CIS Executive Committee is encouraged to elaborate a joint action plan. UNECE could provide assistance in elaboration of such a plan;

2. recommend UNECE to continue the activities of the UNECE Team of Specialists on Entrepreneurship in Poverty Alleviation: Youth Entrepreneurship that plays an important role in raising awareness toward youth entrepreneurship;

3. recommend UNECE to collect information on best practices in enterprise-based curriculum in primary and secondary schools, and produce a publication on the subject for wider dissemination;

4. strengthen cooperation and networking among NGOs in the field of youth entrepreneurship;

5. investigate the possibility of creating a UNECE Portrait Gallery of Youth Entrepreneurs similar to that on women entrepreneurs;

6. draw attention of the CIS countries to the UN Secretary General's Youth Employment Network and encourage them to take part in this initiative; and

7. recommend UNECE and the World Youth Bank to continue their activities in collecting and developing projects related to youth entrepreneurship.

Section III: Social Protection of Youth and Social Work with Young People

Co-Chairpersons: Mr. Victor Diachenko, Deputy Minister for Labour and Social Affairs (Ukraine), Mr. Josephus Theunissen, Department for Economic and Social Affairs (United Nations Secretariat), and Ms. Svitlana Tolstouhova, Director, State Youth Social Services (Ukraine).

During presentation of 18 papers and following discussions, the participants spoke about the necessity of improving the legal framework of various States on the basis of the principles of youth policy proclaimed by the United Nations, studying international experience of youth policy implementation, working out the mechanism of cooperation between governmental and non-governmental organizations aimed at involving NGOs in the formulation and implementation of youth policy, interaction between NGOs of various countries with the aim of achieving unity amongst young people as citizens of the world and realization of their interests at national and international levels.

The participants stressed the importance of supporting young families, in particular students' families, and the need to work out state programmes on their social protection, to increase students' allowances up to the level of minimum living wage and to resolve their housing problems.

The problems of young people with disabilities and creation of conditions for securing their equality with other citizens in education, employment and self-realization were discussed. The problems of gender policy and gender equality, prevention of people trafficking, in particular children trafficking were touched upon. There is a need to support women NGOs aimed at broadening their participation in socio-political life of their countries. Youth today demonstrates an active life position and is ready to become not just a simple consumer but also an active human resource, in particular through involvement into international volunteers' movement. At the same time, there were some controversial opinions regarding the advisability to define youth as socio-demographic group or to combine state youth policy, and children and family policies.

Some other issues being considered as important and actual ones were the need for NGOs to provide quality social services and the necessity to evaluate the effectiveness of activities of both governmental and non-governmental organizations that could constitute a basis for setting priorities in financing target youth programmes. It was also stressed that alongside with the need for state assistance youth NGOs should more fully utilize their own resources.

In their conclusions and recommendations, the participants underlined the need to:

1. support by all means the unity of youth of the planet with the aim of activating its potential in organizing social protection and support of young generation, developing mutual understanding and unity of young people as citizens of the united globalised world;
2. secure participation of youth in the formation of practical youth policy based upon background principles that were proclaimed by the United Nations;
3. use fully international experience of NGOs and other social institutions of the civil society on the problems of social work, social protection and support of youth, in particular young people from vulnerable groups;
4. work out targeted programmes of state support for various youth groups, for example talented young people, young people with special requirements, as well as students and young students' families, in terms of securing their social protection, raising students' allowances up to the level of minimum living wage and resolving their residential problems;
5. develop the network of governmental and non-governmental social institutions as an important instrument for rendering social support and services for the young people;
6. monitor the development of youth social demands under the conditions of deepening market changes;
7. create conditions for education and formation of law culture of youth through organizing open public and distant discussions, international schools, seminars, training courses, thematic camp gatherings, etc; and
8. shape the common information and education space for the young people actively participating in social work.

Section IV: Youth Health

Co-Chairpersons: Mr. Vladimir Zagorodnyj, Deputy Minister of Health (Ukraine), Ms. Jantine Jacobi, Inter-Country Coordinator (UNAIDS), and Mr. Oleksandr Yaremenko, Director, State Institute on Youth and Family (Ukraine)

During presentation of papers and following discussions it was acknowledged that socio-economic changes that accompanied the process of formation of the economies in transition alongside with some undisputable achievements had brought about problems one of the most dangerous of which was the deterioration of health of the young generation. This fact is witnessed by birth and mortality rates of young people, spread of socially caused diseases, namely: tuberculosis, HIV/AIDS, drug abuse, sexually transmitted and other diseases registered by health and demographic statistics.

There are a lot of evidences to suggest that development of such a situation is connected first of all with the way of life of the considerable part of young people that is characterized by widespread smoking, consumption of alcohol and drugs, dangerous sexual behavior, unsatisfactory level of physical exercises, irrational nutrition and other habits harmful for health. Among other factors leading to health deterioration and to a large extent being caused by declining educational potential of family, schools and out-of-schools structures are difficult psychological relations in social surroundings, decline in moral sphere where consumption values and criminal moods often prevail. Very slow solution of such social problems as poverty, homelessness, violence, unemployment, accessibility to quality education and perspective professional training, opportunities for meaningful spending of leisure time also negatively affect the youth health. The current state of physical, psychological, spiritual and social health of young people presents a potential threat to the health of the whole population and future national development.

The world experience of the last two decades, as reflected in the WHO background documents such as the Ottawa Charter For Health Promotion (1986), World Health Declaration "Health-for-all policy for the twenty-first century" (1998) and many others, suggests an effective remedy for preventing danger to youth health. This remedy is the targeted systematic activity of main social institutions aimed at disease preventing and creating conditions for the fullest realization by each person of his/her health potential. These activities that are defined as "the formation of the healthy way of life" include, first of all, the range of practical measures aimed at strengthening state social policy for the sake of youth health and promoting the development of NGOs that act on the principles of involvement of youth itself into decision-making and realization of these decisions.

There are important pre-conditions in the CIS countries for expanding activities focused on the formation of the healthy way of life of youth, in particular favourable legal framework, practical experience of many governmental and non-governmental organizations as well as contacts with international organizations active in this area. But at the same time, these activities that are supported by the State are hampered by, first of all, lack of coordination and integration of efforts and resources of state authorities and NGOs that implement numerous programmes and projects in the field of youth health. There are evidences that many organizations in the CIS countries that are dealing with similar problems act independently of each other and unable to maintain fruitful cooperation amongst themselves.

In their conclusions and recommendations, the participants underlined the need to:

1. support by state authorities NGOs that deal with the formation of the healthy way of life of youth; develop social advertisement; ban completely tobacco and alcohol advertising in mass media;
2. set up single coordination centres that would unite the efforts of various governmental structures, coordinate the activities of the local authorities and NGOs; work out long-term national strategies on the formation of the healthy way of life of youth; and
3. work out and adopt national programmes on the formation of the healthy way of life of youth for 5-10 years taking into account the provisions of the UN Millennium Development Goals.

Section V: The Role and Place of Youth Organizations in Addressing and Solving Youth Problems

Co-Chairpersons: Mr. Igor Pekarev, First Deputy Chairperson, State Committee on Family and Youth Affairs (Ukraine), Mr. Jeremy Hartley, Representative of UNICEF, Mr. Vitaliy Khomutynnik, Chairman, National Council of Youth Organizations (Ukraine), and Mr. Vadym Tochenyi, Chairman, Ukrainian National Committee of Youth Organizations (Ukraine).

During short presentation of 26 papers and following discussions, the participants underlined that young people were more able than others to generate new ideas and new approaches to solving problems important for the society. They are often the champions of demographic, socio-economic, political and spiritual development, determinants for changes adequate to urgent demands and challenges of time.

The youth NGOs are one of the most important instruments for attracting young people to participate in societal changes, to enhance their activities aimed at solving both their own urgent socio-economic problems as well as those of their countries as a whole. They are specific intermediary between state authorities and young people in the process of youth policy realization. Youth NGOs have played and continue to play an important role in the formation and development of democratic societies in the CIS countries. They wish to integrate rapidly in the international youth structures and to become an indispensable part of the youth movement in Europe and world as a whole.

At the same time it was stressed that many youth NGOs and youth movement as a whole are still at the phase of formation, adjustment of form and methods of their activities to the new realities of transition period underway in their countries. They need the support from the state authorities and the society at large. The state authorities and society should recognise high importance of attracting as many young people as possible, first of all through NGOs, to the formulation and implementation of youth policy.

In their conclusions and recommendations, the participants underlined the need to:

1. set up a CIS Council on Youth Affairs;
2. expand cooperation between youth NGOs and state authorities in the implementation of youth policy and solution of urgent problems of the young people;
3. focus NGOs' projects and programmes on the solution of the most important social problems facing young people. To expand their financing from the state budget;
4. consolidate youth movement, coordinate the activities of youth NGOs and set up for this purpose a Council of National Committees of Youth NGOs of the CIS countries;
5. expand information basis of the youth movement and set up for this purpose a CIS International Youth Information Centre with the support of the CIS Executive Committee;
6. support the training programmes for youth leaders on the part of CIS state authorities and UNECE; and
7. expand international contacts of youth NGOs of the region and their involvement in the international youth structures at the European and world levels.

Closing plenary session

During the closing session, the Co-Chairpersons of each section reported on the outcome of the deliberations held in their sections that are summarized above.

An "Appeal of the Participants of the CIS Forum on Youth "Youth of the XXI Century: Realities and Perspectives" to Governments, Non-Governmental Organizations and CIS Youth" was read out by Ms. Marina Ezhova (Belarus) and adopted by the participants (see Annex).

In conclusion, Ms. Valentyna Dovzhenko thanked all the participants of the Forum for their active participation and wished them success in their future work.

Accompanying events

In the process of the preparation for the Forum an International Contest was launched in 7 nominations, namely: "Young entrepreneur – 2003", "Young lawyer – 2003", "Youth leader – 2003", "Young farmer – 2003", "Young scientist – 2003", "Young talent – 2003" and "Manager of youth social services – 2003". The Ukraine's National Organizing Committee has received a number of applications under the above nominations from the state authorities and NGOs, selected the winners and recommended that the winners of the International Contest be awarded with Diploma from UNECE and CIS Executive Committee. The awarding ceremony took place during the opening and closing sessions.

During the Forum an exhibition of 8 governmental organizations and 15 NGOs dealing with youth affairs was arranged in the lobby of the Conference Salle of the Kiev Institute of International Relations of the Kiev National University where the Forum took place. It gave the possibility to the participants to get better acquainted with the activities of these organizations, including concrete programmes and projects aimed at supporting young people.

After closing deliberations in sections, interested participants had the opportunity to visit: the Kiev Employment Centre, Youth Labour Exchange, NGO "Find Job Together", All-Ukrainian Youth Centre for Entrepreneurship Development, Centre for Social Aid to Youth of Dnepr District (Kiev), Centre on Work with People with Disabilities, City narcotic hospital "Sociotherapy" – clinics for treatment of drug-dependent youth, Rehabilitation Society "Marjina School", Centre of Youth Re-socialization of the All-Ukrainian Youth Association "Youth Against Crime and Drug Abuse", All-Ukrainian NGO "Youth Against Corruption" and International Centre "La Strata – Ukraine".

APPEAL

of the Participants of the CIS Forum on Youth
"Youth of the XXI Century: Realities and Perspectives"
to Governments, Non-Governmental Organizations and CIS Youth

We, representatives from 25 countries, participants of the CIS Forum on Youth "Youth of the XXI Century: Realities and Perspectives" that took place in Kiev (Ukraine) on 24-26 September 2003 under the aegis of the United Nations Economic Commission for Europe:

-   underline a fundamental role of youth in the formation and development of democracy in our countries;
-   welcome the efforts of the state authorities aimed at formulating youth policy that meets aspirations, interests and needs of youth;
-   consider that youth policy should be built upon the principle of active participation of youth itself in the formation and realization of youth policy, and envisage close alignment of youth policy with child and family policies;
-   deny violence, war and terrorism as inadmissible for youth;
-   believe that the process of globalization which secures access to the achievements of world civilization should be accompanied by strengthening and further development of cultural traditions of all the countries of the world;
-   voice concern over the existence of considerable problems of youth in the realization of its basic rights in education, on labour market, in public health care and in formation of the healthy way of life.

Following the traditions established by the First UNECE Forum on Youth held in Geneva on 24-26 August 2002, we call upon all the stakeholders for further mobilization of public action to overcome difficulties being experienced by many young people.

In the nearest future the priority directions in the realization of youth policy, work on the solution of problems faced by young people in the countries of the region should be:

-   state support of the youth movement, attraction of youth to the formation and realization of youth policy, broadening the international contacts of youth NGOs in the region and their joining international European and world youth structures, creation of the CIS Council on Youth Affairs, adoption of the programmes for training and support of those involved in work with youth and young leaders of the countries of the region;

-   promotion of youth employment, creation of conditions for youth professional orientation and training, guaranteeing young people the first work place;
-   development of entrepreneurial initiatives of youth, facilitation, to the extent possible, of the mechanisms of providing credits to young entrepreneurs, creation of conditions for international cooperation;
-   broadening the social protection of youth and deepening social work with youth, in particular young people living in poverty and young people with disabilities;
-   undertaking the range of practical measures to strengthen the state social policy aimed at securing the youth health, promoting the healthy way of life of young

people, prevention of spreading socially dangerous deceases, in particular drug abuse and HIV/AIDS.

We consider it necessary to convene regularly regional youth forums with the aim of further exchanging experience and strengthening friendship and cooperation.

We, participants of the CIS Forum on Youth "Youth of the XXI Century: Realities and Perspectives", call upon:

We, participants of the CIS Forum on Youth "Youth of the XXI Century: Realities and Perspectives", call upon:

- Governments and non-governmental organizations of the countries of the region to ensure possibilities for comprehensive development and social formation of youth; and
- Youth of our countries to actively participate in all activities in their countries as well as globally.

Kiev, Ukraine   26 September 2003

VOICES OF PARTICIPANTS OF THE CIS FORUM ON YOUTH

PAOLO GARONNA, DEPUTY EXECUTIVE SECRETARY, UNECE

"Youth is the future, and I believe we should involve young people in solving any problems facing the state and society.

The adults are not always able to find a right solution because they lack ambition, desire and passion, which are the attributes of youth".

Ukrainian independent information news agency "UNIAN", 26 September 2003

KATERYNA SAMOILYK, CHAIRPERSON OF THE COMMITTEE ON YOUTH POLICY, SPORT AND TOURISM, VERKHOVNA RADA (PARLIAMENT) OF UKRAINE

"I expect from this Forum a more precise identification of the problems, which we have in the area of youth. This is necessary for enabling us to draw the attention of the Economic Commission for Europe to the problems associated with HIV/AIDS, drug addiction, trafficking in women and young people.

We need financial support of international organizations to solve these problems, especially considering that all these problems were not born here, but came to us, regretfully, from the West".

Ukrainian independent information news agency "UNIAN", 26 September 2003

SERGEY BORSCHEVSKY, DIRECTOR OF DEPARTMENT, CIS EXECUTIVE COMMITTEE

"This Forum has to draw a road-map for bridging the gap between generations.

The Deputy Minister of Health of Ukraine was absolutely right saying that a dialogue between representatives of the State and non-governmental organizations is a life necessity.

Our region has become a kind of transit, buffer zone between Western Europe and countries of the third world and, first of all, Afghanistan. Realities associated with this are of concern to the West, and the assistance, which it provides to us, is linked to this fact.

Yesterday and today there were a lot young people at the Forum from Ukraine and other CIS countries. It is a good foundation for building up new normal and civilized relations between our countries, not as the former Soviet Union Republics, but as the Newly Independent States."

Ukrainian independent information news agency "UNIAN", 26 September 2003

YURIY SOSYURKO, PRESIDENT OF "UKRLEASING", CIS FORUM COORDINATOR

"I would like to note that since recently the attention to youth everywhere has been growing. This is not surprising. There is an OBVIOUS GLOBAL trend - the problems facing the youth have been on rise.

The United Nations' response was the establishment of a group of eminent public figures and outstanding leaders of industry, who were asked to make recommendations on what could and should be done to reverse this trend.

Our Forum is a joint initiative of the UNECE, UNDESA, ILO, UNADIDS, UNICEF and the Government of Ukraine. Its main purpose – mobilization of various stakeholders for addressing youth problems in our countries and region-wide, is fully in line with the UN strategy regarding the vulnerable groups mandated by the WORLD MILLENNIUM summit and recommendations of the UN Youth Employment Network. "

Ukrainian independent information news agency "UNIAN", 26 September 2003

I. Changes in the Youth Situation

Transition and Its Social Implications for Youth in the CIS Countries

UNECE Secretariat

From the very onset of transition its social implications have been both underestimated and downplayed due to varying reasons. They still are in some of the transition countries. Such a situation was prone to disastrous outcomes, as the rise of poverty and income inequality, conflicts and mass displacement, criminalization and corruption have attested. The price of transition in terms of social distress was high, and youth has paid its share

Youth is one of the high-risk groups, whose vulnerability could be easily augmented even under stable societal conditions. Transition, as any fundamental societal changes, has affected all basic institutions of society. It has made many forms of the earlier social organization obsolete, including the socialization of youth. Delay in social mobilization or failure to respond to new conditions in some of the CIS countries has lead to significant losses of human potential both in qualitative and quantitative terms. These losses will be felt more strongly with the years to come. This is the time, when forward-looking pro-active strategies need to be launched to alleviate their impact on the future.

Social effects of transition

Among the factors, affecting the youth situation in the CIS region, *changes in the opportunity set* have been most important. Under the previous social arrangements young people were guaranteed: employment, free access to health and education, minimum income and shelter. It was the responsibility of the State to deliver these social benefits and, therefore, ensure that individual social and economic rights could be fully exercised.

Under the new conditions, brought about by transition, this is not the case anymore in most instances despite the fact that some of the above-listed economic and social rights were assured by new Constitutions. Changes in property rights, including in the education and health sector, have dramatically altered the opportunity sets available to young people through the CIS countries. As the responsibility for raising and caring after the young has been shifted to families, their capacity to implement this task has become a crucial factor in shaping the opportunity set of youth.

Proliferation of poverty and income inequality in all the CIS countries since the beginning of transition indicates that the capacity of most families to meet this task is very limited (see Table 1).

Table 1. Poverty and Income Inequality in the CIS Countries

Countries	Poverty incidence*		Income inequality**		
	1990s	2003	1989	1995	2001
Armenia	-	48	25	42****	-
Azerbaijan	68	50	31	-	37
Belarus	22	25	23	25	24
Georgia	11	52	30	50*****	46
Kazakhstan	35	38	28		
Kyrgyzstan	40-51	44	26	39	51
Republic of Moldova	23	48	25	46***	43
Russian Federation	40	25	26	38	
Tajikistan	-	83	28	-	47******
Turkmenistan	-	58	28	25***	-
Ukraine	-	31	23	47	36
Uzbekistan	-	28	28	-	-

* Percentage share of the population below the official poverty line; ** Gini coefficient, in percentage; ***1997; ****1996; *****1998; ******1999

Source: The World Bank poverty data and Country Briefs 2003; UNICEF Social Monitor 2003, p. 94.

Transition reforms have changed the income structure, which in the past had been heavily dominated by wages. Prolonged economic depression and macro-economic instability, coupled with the failure of the State to provide an adequate social protection, brought about a significant erosion of the real value of household incomes. Real wages fell well below the 1989 level and have not yet fully recovered in most of the CIS countries (see Table 2). The same has happened to social benefits, especially family allowances, which in some countries were practically abolished (in Georgia, for example).

The erosion of labour and social income have deepened income inequality, which was further aggravated by privatisation of assets. In the majority of the CIS countries, production assets were actually captured by a few, giving rise to wealth inequality, which in combination with uncertain property rights regimes, restricted access to borrowing, administrative barriers to the entry to market, wide-spread corruption and other constraints, has prevented most households from utilizing new income opportunities, and, hence, creating new assets.

The lack of income opportunities in the formal economic sector has pushed many families into the informal economic sector. In some of the CIS countries, the size of the informal economy has swelled up to 40-60 per cent of GDP (in Armenia, Russia and Georgia, for example). The informal activities range from growing vegetables on private plots for household consumption to underground production, assembly and repair of sophisticated hi-tech equipment and criminal activities, such as drug trafficking, prostitution, etc. The conditions of work are generally harsh and dangerous, while the earnings are relatively low and unstable. The informal workers are open to abuse by employers, crime groups and corrupted officials.

Box 1. Poverty in the Russian Federation

*In an interview with **Novaya Gazeta**, the Director of the Institute of Socio-Economic Problems of the Population, reeled off a list of grim statistics about how poor most of Russia remains.*

The institute estimates that the minimum wage needed to live in Russia is 2,065 roubles (£41) a month, but the legal minimum wage is just 450 roubles (£9). In some regions, up to 70% of the population is living on 60 roubles a day (£1.20). Poverty is one of the main causes for the drastic decline in Russia's population, which, according to the estimates of the Institute, would decrease by a third by 2045.

Nor is the Russian population a picture of health. "The life expectancy of a modern Russian man aged 25 or older is equal to or lower than that at the end of the 19th century."

"Novaya Gazeta", 17 October 2003

Table 2. Changes in the Real Wages

(1989=100)

Country	Real wages		
	1991	**1995**	**2001**
Armenia	37	22	46
Azerbaijan	80	14	50
Belarus	100*	58	98**
Georgia	76	28	96
Kazakhstan	100	33	53
Kyrgyzstan	71	24	29
Republic of Moldova	105	51	65
Russian Federation	102	45	53
Tajikistan	90	24	19
Turkmenistan	100**	25	35****
Ukraine	114	62	59
Uzbekistan	96	9	25

*1993; **2000; ***1999

Source: UNICEF Social Monitor 2003

The Youth Situation

Poverty, but also insufficient economic growth, in many CIS countries, is one of the factors responsible for high youth unemployment, which is usually twice the level of adult unemployment, but not in this case (see Table 3 and Table 4). As many families are unable to pay for quality education of their young members and/or provide support while they are studying, the latter have to look for job. However, depressed labour markets in most countries have been unable to absorb the supply of young workers even in the aging societies.

Persistently high rates of registered youth unemployment (Uzbekistan, Kazakhstan, Tajikistan) imply deprivation of work experience, which is, together with education and training, play a crucial role in the formation of work habits, right attitudes, skills, and, therefore, determine future employment perspectives and income returns of young people.

Table 3. Real GDP

(1989=100)

Country	1990	1995	2000	2001	2002
Armenia	92.6	48.9	62.9	68.9	77.8
Azerbaijan	88.3	37.0	52.0	57.1	63.2
Belarus	97.0	62.7	85.1	88.6	92.8
Georgia	87.6	26.0	34.4	35.9	37.9
Kazakhstan	99.6	61.1	69.1	78.2	85.6
Kyrgyzstan	103.0	50.3	65.9	69.4	69.1
Republic of Moldova	97.6	38.3	33.7	35.8	38.4
Russian Federation	100.0	55.5	58.7	61.6	64.3
Tajikistan	98.4	41.0	47.1	52.0	56.7
Turkmenistan	102.0	63.6	75.4	84.4	88.7
Ukraine	96.0	45.0	40.7	44.4	46.5
Uzbekistan	101.6	83.4	98.1	102.5	106.8

Source: UNICEF Social Monitor 2003

Low average wages and, hence, per capita incomes in most of the CIS countries have had another implication for young people seeking jobs – most jobs that are made available to them are in the lowest-pay category. Some observers believe that the lack of economic opportunity for many of young people has led to the general loss of motivation, as well as alienation from the society. According to UNICEF estimates, in the CIS region, almost 18 million of young people in the age category of 15-25 were missing in 2001. They were neither at school nor in the labour force.

Because of economic problems facing most CIS countries, the Governments, at both the central and the local levels, have been obliged to drastically cut back on many of the services provided to the public. These include the medical services and education, with rural areas and small urban communities being the most adversely affected.

Reduced public funding of education coupled with growing poverty has been responsible for deterioration of school enrolments. The basic education enrolments declined in 10 of the 12

CIS countries, the general secondary enrolment rates - in seven, and the tertiary rates - in 3 countries, between 1989 and 1998.

Curtailed medical services, in their turn, have contributed to the sharp decline in male life expectancy, especially in Russia and Ukraine, which is now 61 compared to 65 in 1986 (female life expectancy is 70). Other causal factors include rising alcohol, tobacco and drug consumption.

Unemployment has been particularly serious among young people from economically backward regions, as well as those with low education levels and/or from socially deprived families. Specific categories of youth being most heavily affected were orphans, disabled and those in refugee camps. The probability of gaining employment among these latter categories of youth is the lowest.

Rural-urban social differences among youth have been further heightened by transition. In 1998, in Kyrgyzstan, for example, 41 per cent of the rural youth in the age category of 15-24 years old were unemployed against 27.4 per cent of the urban youth. Twenty-six per cent of the Kyrgyz rural youth were neither in education nor in the labour force against 17 per cent of the urban youth. In Russia, the corresponding figures were 21 per cent and 9 per cent.

Table 4. Youth and Adult Unemployment

Country	Annual registered unemployment rate (average % of labour force)					Age 15-24 registered unemployed (% of total year-average unemployed)				
	1995	1998	1999	2000	2001	1995	1998	1999	2000	2001
Armenia	6.6	9.4	11.2	11.7	10.4	19.0	12.2	9.2	8.3	6.9
Azerbaijan	0.8	1.1	1.2	1.2	1.3	50.0	49.3	-	-	-
Belarus	2.9	2.3	2.1	2.1	2.3	34.7	35.2	39.4	40.9	40.5
Georgia	2.6	5.0	5.5	5.2	5.0	7.1	33.1	30.1	36.4	36.6
Kazakhstan	4.2	3.7	3.9	3.7	-	46.5	32.6	29.9	29.1	30.8
Kyrgyzstan	2.9	3.1	2.9	3.0	3.3	-	17.8	15.8	26.1	24.8
Republic of Moldova	1.4	2.0	2.0	2.1	2.0					
Russian Federation	3.2	2.6	1.8	1.5	1.6	22.4	20.8	20.8	21.1	20.7
Tajikistan	2.0	3.2	3.0	2.7	2.3	30.1	32.1	40.6	39.2	36.5
Turkmenistan	-	-	-	-	-	-	-	-	-	-
Ukraine	0.4	3.7	4.3	4.2	3.7	27.8	-	-	-	-
Uzbekistan	0.3	0.4	0.4	0.4	0.4	61.9	60.5	59.0	57.2	57.9

Source: UNICEF Social Monitor 2003

Apart from the shortage of new jobs, the increasingly deepening mismatch between the supply of skills and labour demand has also been responsible for high rates of youth unemployment in the CIS countries. As some of the presentations in this publication show, this mismatch has stemmed from a whole set of factors:

---

[1] Young People in Changing Societies, The MONEE Project CEE/CIS/BALTICS, UNICEF Regional Monitoring Report No. 7, 2000, Florence, 2000, p. 74

- Slow response of the educational establishments to new conditions and a rapidly changing demand for skills
- Breakdown of ties between vocational training/high education schools and the enterprise sector
- Shortage of knowledge and expertise in some areas to provide training adequate to market requirements (such as in Finance, Marketing, Management, etc.)
- Strong hold of tradition on education with the emphasis on theoretical knowledge and, to a lesser degree, on the practical application of knowledge
- Drastic curtailing of public financing of education and the absence of alternative sources of funding
- Abrupt impoverishment of the population and inability of families to compensate for the loss of public funding
- Changes in value orientation among youth with regards to future profession and career choice
- Effects of societal anomie (wide-spread petty theft, corruption, organized crime, predator behaviour and etc) that have induced rent-seeking incentives

Joblessness at the early stage of adulthood has heavy psychological and, hence, social implications. Youth is full of expectations, hopes and energy and disappointments are not easily managed due to the lack of life experience. Responses may range from suicidal behaviour, escape to drugs and other substance abuse to rage and meaningless violence. In the Russian Federation and Ukraine, for example, the registered juvenile crime rate almost doubled between 1989 and 1995. In both countries, tough measures have been applied resulting in increase (by 100%) of the juvenile sentencing rates.

Other grim statistics confirm the pattern. Suicide rates of males in the age category of 15-19 years old dramatically increased in Belarus, Kazakhstan, Russian Federation (two times) between 1989 and 2001.[2] Substance abuse has been on rise among youth in many CIS countries, including drug-addiction (see Figure 1 and 2, Box 2).

Figure 1. Number of Drug Users Receiving Treatment in Substance Abuse Centers, Russian Federation

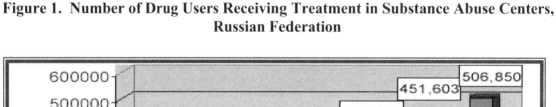
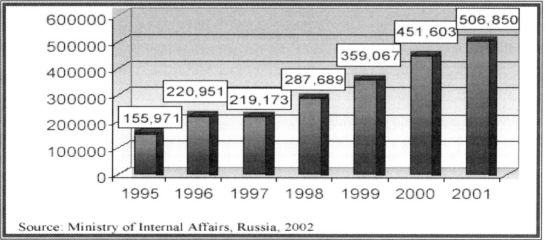

Source: Ministry of Internal Affairs, Russia, 2002

---

[2] UNICEF Social Monitor 2003, UNICEF Innocenti Research Centre, Florence (Italy), pp. 67, 88.

Figure 2. Officially Registered HIV/AIDS Infections in the Russian Federation

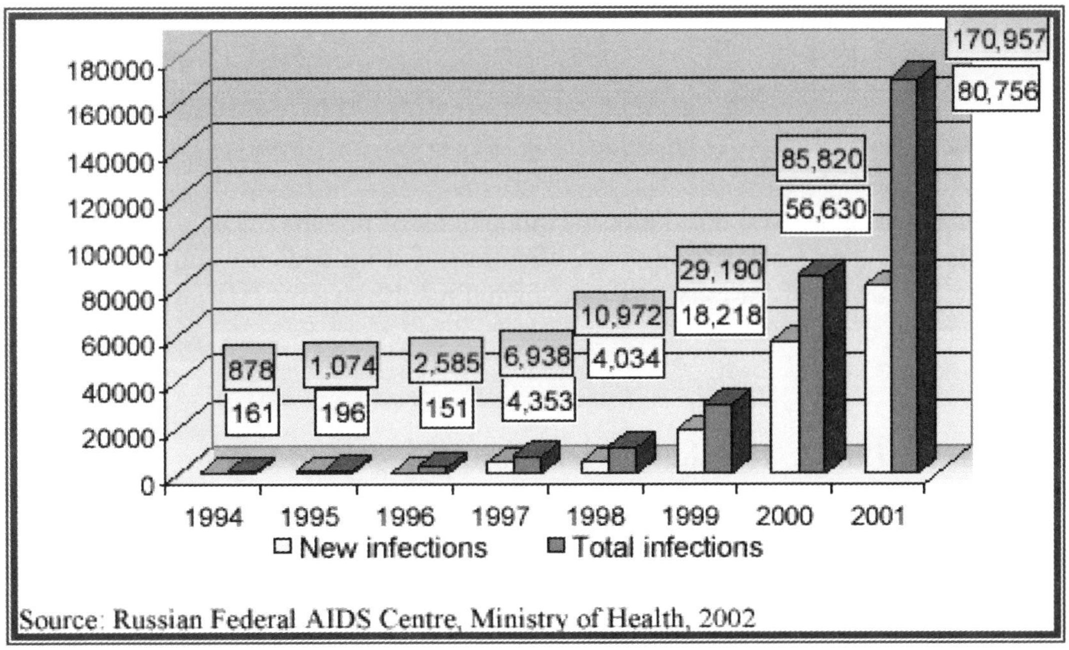

Bar chart showing New infections and Total infections from 1994 to 2001.

Year	New infections	Total infections
1994	161	878
1995	196	1,074
1996	151	2,585
1997	4,353	6,938
1998	4,034	10,972
1999	18,218	29,190
2000	56,630	85,820
2001	80,756	170,957

Source: Russian Federal AIDS Centre, Ministry of Health, 2002

Box 2. Tajikistan: Youth and Drugs

Tajikistan is one of the Central Asian states in the front line against drug traffickers operating from Afghanistan, the world's largest producer of opium.

"You only have to ask a couple of your friends and they know where you can go" says one young Tajik in a matter-of-fact tone.

"It's very popular and widespread in Dushanbe. In each street you can buy any kind of drug here."

According to the government Drug Control Agency, Tajikistan has in the last three years seen a sharp increase in drug addiction. It estimates that around two-thirds of the country's drug addicts are less than 30 years old.

Drug pushers are known to target universities and schools. In a playground, with the bell ringing for the end of lunch-break, one eight-year old pupil explained:

"They come and offer the first few doses free of charge. Then they come back with more, and you have to pay".

At a clinic for drug addiction in the capital Dushanbe a doctor confirmed that 70% of her patients were young people.

"I'm 21" whispered one of them - a pale, thin figure slumped on a bed.

29

"I've been using heroin for six months. Maybe because I have nothing to do - that's why I take drugs. So do my friends. They don't work either."

BBC News, 6 June 2000

Crime and substance abuse are not the only companions of poverty. The diseases and, hence, bad health also are (see Box 3). With proliferation of drug-addiction among youth in CIS countries, the incidence of various diseases, including the deadly HIV/AIDS infection, has been on rise among them (see Box 4).

Box 3. Russian Federation: Drugs and Crime

About four million Russians are addicted to drugs, according to the State Committee on Illegal Drugs.

More than 60 percent of addicts are under 30 years of age, and an estimated 20 percent are schoolchildren. The average Russian drug addict begins his or her habit at the age of 15-17, according to the official.

One in 10 crimes in Russia is now drug-related and the illegal trade is now worth about $10 billion a year. However, this is a mere fraction of global turnover - reckoned by some to be about $400 billion.

BBC News, 26 June 2003

According to UNAIDS, the Europe and Central Asia Region continues to experience the fastest-growing epidemic in the world. In 2001, there were an estimated 250,000 new infections, bringing to 1 million the number of people living with HIV/AIDS. The Russian Federation and Ukraine remain at the forefront of the HIV/AIDS epidemic in ECA, but many other countries are now experiencing rapidly emerging epidemics.

Box 4. UNICEF Warning

HIV/AIDS is spreading at a faster rate in parts of Central and Eastern Europe and the Commonwealth of independent States (CEE/CIS) than anywhere else in the world, according to UNICEF. It warns that infection from the virus is now the greatest threat to the health of the region's young people as it moves "virtually unchecked" into the mainstream population.

In the CIS, almost 80% of new infections were registered among people under 29 between 1997-2000. In Estonia, the report found that 38% of newly registered infections are among those aged under 20, with 90% among people less than 30 years of age.

UNICEF says the implications for the region's economic growth and social stability are "alarming". "Young people account for most new infections (in the region) and their low levels of HIV awareness, combined with increasingly risky behaviour, herald a catastrophe. It is clear that the gravity of the situation has been underestimated and that precious time has been lost. Without immediate and radical action, there is little to stop the spread of the disease."

By the end of 2001, there were an estimated one million people with HIV/AIDS in the region, up from 420,000 in 1998, and an infection rate 20 times higher than the EU average in some regions. The growth in substance abuse, particularly drug injection, the earlier sexual activity of young people and the growing numbers of sex workers have been the main reasons for the rapid spread of the disease. Women accounted for 25% of officially registered infections in CIS countries between 1997 and 2000, but their proportion has been on rise, suggesting – since women are less likely to be injecting drug users - sexual transmission has been probably a source of infection.

UNICEF has been increasingly concerned with large-scale national responses to HIV having little impact, with any small preventative successes being grass-root model.

Although the countries of Central Asia are still at the earliest stages of an HIV/AIDS epidemic, there is cause for serious concern. Drug trafficking routes pass through the region (see Table 5). There is ample evidence from other regions that drug-trafficking, injecting drug use, and HIV infection are closely woven together, with the spread of HIV following drug trafficking routes (see Box 5).

Surging HIV/AIDS infection in some of the Central Asian countries conform to this observation. Registered cases have almost doubled each year since 2000 in Kazakhstan. The first case was reported in 1987. By end-2001 the number of registered cases had grown to 2,343. UNAIDS estimates that the true number is at least twice as high, while other experts believe that the number is at least 10 times higher. All oblasts now have confirmed HIV+ cases. The worst affected regions are Karaganda, Pavlodar and Koustanay, and Almaty city. The most common mode of transmission is infected syringes and needles while injecting drugs.

The virus is concentrated among unemployed youth and prisoners. Almost 75% of affected persons were unemployed at time of infection. The disease is also increasing rapidly among prisoners.

Young people, especially young men, have been disproportionately affected. Over half the infected people are between 20-29 years, almost 90% are between 15-39 years, and almost 80% are men.[3]

The potential for continued rapid spread among injecting drug users is acute. There are 43 thousand registered drug users although the true number is probably five times greater (see Figure 3).

Table 5. Total Number of Drug-Addicts in Central Asia (estimates), 2002

Countries	Estimated number
Kazakhstan	165,000 - 186,000
Kyrgyzstan	80,000 – 100,000
Tajikistan	55,000
Uzbekistan	65,000 – 91,000

Box 5. Central Asia: Poverty Fuels the Drug Trade, Addiction and Hence, an Explosive HIV Crisis

- *Central Asia is a critical drug trafficking route, with cities on the route having some of the highest registered rates of HIV in Central Asia. The countries of Central Asia lie on the corridor through which much of the world's hard drug trade from Afghanistan, Pakistan, and Central Asia itself, is conducted. The cities of Timertau (Kazakhstan), Yangi Yul (Uzbekistan), and Osh (Kyrgyzstan), which lie directly on drug trafficking routes have some of the highest documented rates of HIV in Central Asia.*

- *Poverty is fuelling the drug trade in Central Asia and the narcotics industry has become deeply embedded in the economy. The collapse of the USSR hit Central Asia especially hard. As incomes from agriculture all but disappeared, the local population became increasingly involved in the drug trade as couriers, local distributors, and users. One report on Tajikistan found that 30% of the population is dependent on the illicit drug business. There are reports of women serving as drug couriers in exchange for food to feed their families and of payment for services in drugs rather than cash.*

- *Poverty is fostering an increase in drug use and the method of drug use is becoming more risky. A long history of psychoactive substance abuse is reported for the region. Now, access to more potent drugs is becoming both easier and cheaper. The Open Society Institute estimates that 10% of total drugs smuggled are consumed in country. Furthermore, people are switching from the more expensive vodka to cheaper heroin, and heroin users are starting to switch from smoking or snorting to injection.*

---

[3] UNAIDS data bank

32

- *The culture of fear is driving drug users 'underground' where they can spread the HIV virus undetected. Drug users often face arrest/persecution from police when they try to access services, even when they are drug-free. Control of a potential HIV epidemic that is concentrated amongst injecting drug users requires that drug users have access to service providers --clinics to treat STIs, harm reduction or needle exchange programs, and treatment centers to treat the drug addiction.*

The World Bank

Other long-forgotten diseases are back, such as, for example, tuberculosis, despite high immunization rates of children under one year old in all the CIS countries. The tuberculosis incidence tripled in Georgia and Kyrgyzstan between 1989 and 2001. It doubled in Russia, Ukraine and Moldova. This implies the worsening of living conditions, as well as the crisis of the health sector.

Various studies confirm that the access to health services and medication has been increasingly constrained by insufficient incomes (see Box 6). In all countries, the share of public expenditure on health in GDP fell. In Georgia, it shrank from 3.2 percent in 1990 to 0.9 per cent in 2001, in Kazakhstan – from 3.3 per cent to 1.6 per cent, and, in Moldova – from 4 per cent to 2.9 per cent.[4] In real terms, this fall was even more severe, when considered against the magnitude of the real GDP reduction.

The CIS countries urgently need to respond to the distress of youth in a persistent and systematic manner. This is critical for sustaining economic growth, eradicating poverty and ensuring future competitiveness at the global markets.

While many of them have established government bodies, whose responsibilities include youth affairs, the latter have been largely unsuccessful in remedying the situation. To some extent, the lack of funds could be blamed on, but not always. Apathy, mistaken assumptions (especially with regards to the capacity of families to substitute the State), lack of compassion and/or consensus on policy measures, etc., all have contributed to the delay of social mobilization.

Coordination between different government bodies has been meagre in many countries often due to the weakness of strategies. This has led to a diffusion of limited resources, reducing the impact of government action.

Formation of an institutional and organizational framework, which could allow for participation of other stakeholders in youth affairs, including the enterprise/corporate sector, has been slow in most countries. This has undermined the effectiveness of government measures, especially with regards to the integration of young people into the labour market.

---

[4] UNICEF Social Monitor 2003, UNICEF Innocenti Research Centre, Florence (Italy), p. 80.

Box 6. Health Care Crisis in the CIS Countries

The results of the 1997 survey in the Russian Federation indicate considerable inability to afford health services and prescription drugs, especially among some income groups. Figure 6 summarizes the percentage of households, across four income categories, reporting nonconsumption of health care due to lack of resources.

The lowest income group (those earning less than US$60 per month) did not purchase half of the prescribed drugs and had to forego more than one-third of medical visits due to income constraints. Even those in the highest of the four income groups were deterred from purchasing drugs and outpatient services roughly one-fifth of the time.

Figure 6
Percentage of Russian Federation Households Unable in December 1997 To Pay for Health Services Due to Lack of Income, by Income Categories and Type of Service[1]

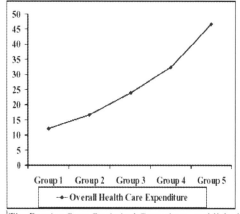

[1]The Russian State Statistical Committee established minimum subsistence in the forth quarter of 1997 as 408,500 rubles (about US$60 at 1997 exchange rate) Sources: Feeley, Boikov, and Sheiman 1998.

Patterns of outpatient use across the income quintiles for Poland can be seen in Figure 7. The highest income group in this case spends roughly five times what the lowest quintile household does. Evidence from the Kyrgyz Republic shows similar results. While 36 percent of the population overall could not afford to fill prescriptions, 70 percent of the poor were unable to do so (Abel-Smith and Falkingham 1996).

Figure 7
Average Per Capita Expenditures for Outpatient Care in Poland by Income Quintiles, 1998

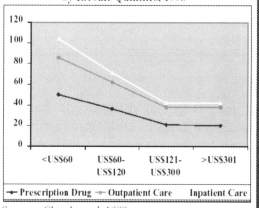

Sources: Chawla et al. 1999.

Why the poor pay less on average for services may be due to their lower or more limited consumption, or that they pay less for comparable services. The fact that demand for health care does not rise on a one-to-one basis with income would also suggest that the poor would spend relatively less than higher-income patients. Qualitative results from Azerbaijan and Ukraine suggest that providers will often set prices that discriminate in favor of low-income patients, particularly in rural areas (World Bank 1997b; KIIS 1999); this practice appears to be uncommon in Armenia, however (Kurkchiyan 1999).

Reports of the sick not seeking assistance due to the high cost of care suggest further impediments to access. Data illustrating the financial impediments to health care in six countries are shown in Figure 8. In Georgia, 94 percent of respondents were unable to seek health care in 1997 due to its high cost. High costs elsewhere, notably Albania and Tajikistan, also posed major difficulties for many people. A significant proportion of the populations in all six countries could not afford, or found it hard to find the resources to pay for, health care.

Under emerging market conditions, the CIS countries need to establish new mechanisms of youth integration. Structural mismatches between the skills supply and demand could be addresses through specific arrangements, involving educators, employers and trade unions. Barriers in the access to education and health services could be reduced through various targeted programmes.

The challenge of social re-integration of marginalized youth cannot be met by Governments alone. Participation of NGOs, but also enterprises, is extremely important in ensuring the effectiveness of government programmes. Governments could consider introducing various incentives, including fiscal ones, to encourage private companies to more actively participate in youth employment/entrepreneurship schemes.

Молодежное общественное движение в России и странах СНГ (1991-2002 годы)

Олег Рожнов, Общероссийская общественная организация "Российский Союз Молодежи", Российская Федерация

(Youth Movement in Russia and the CIS Countries (1991-2002), by Oleg Rozhnov, NGO "Russian Union of Youth", Russian Federation)

Эпоха перемен, к живущим в которой так сочувственно относились китайские мудрецы, в российском государстве и странах СНГ длится уже более десятка лет. Молодежное движение и общественные объединения России в полной мере ощутили на себе все преимущества и недостатки происходящего в стране становления нового общества, полноправными, хотя не всегда признанными, участниками формирования которого они являются.

Молодежное движение в России всегда в определенной степени повторяет существующую в тот или иной период исторического развития модель общества, принимает и копирует его «правила игры», зачастую в более гипертрофированных формах. Мы видим, что многообразие молодежных движений и течений отражало аналогичное состояние в обществе в начале века, реагируя на все то новое, что появлялось в общественно-политической жизни России. Затем, в советский период, произошла жесткая монополизация молодежной сферы в соответствии с линией партии, положительной стороной чего являлось содержание работы и количественный охват молодежи, но в то же время она отличалась идеологизацией и административно-командными методами работы. И, наконец, можно наблюдать широкий спектр отношения молодежи и общества в целом к молодежному общественному движению в первой половине 90-х годов: от полного отрицания его необходимости в какой-либо форме до попыток возврата к единой (по модели Комсомола) молодежной организации.

Безусловно, глубокие изменения во всех областях жизни общества в эти годы серьезно повлияли на молодежную среду. Прекращение деятельности Комсомола, как государственно-общественной всесоюзной организации, поставило перед обществом и государством целый ряд сложных вопросов. Какой будет и будет ли государственная молодежная политика в новом обществе? Кто станет ее субъектами? Каким образом будут работать общественные молодежные объединения?

1. Этапы развития молодежного движения

За период с 1991 по 2002 годы молодежное общественное движение в Российской Федерации претерпело целый ряд серьезных изменений.

Основными чертами эволюции молодежного общественного движения в начале 90-х были его демонополизация, поиск и экспериментирование. На федеральном уровне было заявлено о создании Государственного комитета по делам молодежи и необходимости формирования органов по делам молодежи в субъектах Российской Федерации (РФ). Субъекты РФ в то время по всем вопросам жизни региона активно опирались на позицию Президента России Б. Ельцина о развитии самостоятельности регионов («берите столько суверенитета себе, сколько сможете унести»), соответственно и по вопросам реализации молодежной политики определялись самостоятельно. «Парад суверенитетов» в то время приобретал самые разные формы.

Российский Комсомол был преобразован в Общероссийскую общественную организацию «Российский Союз Молодежи», а большинство комсомольских организаций течение 2 лет - в территориальные организации РСМ. В то же время создается много новых общественных объединений различного уровня (региональные, межрегиональные, общероссийские) и направленности (в настоящий момент в России действует более 427 тысяч молодежных и детских общественных объединений). Первая половина 90-х годов характеризовалась достаточно жесткой борьбой молодежных объединений, в том числе и политической направленности, за первенство в молодежной сфере. В этом соперничестве участвовали и организации, которые постоянно и стабильно работали в третьем секторе России, и организации, созданные в угоду политическим веяниям, для становления которых задействовался серьезный административный или финансовый ресурс. Даже создание в 1992 году Национального Совета молодежных и детских объединений России не принесло на первом этапе ожидаемых результатов по координации и взаимодействию между организациями.

Только во второй половине 90-х годов отмечается определенная стабилизация в молодежной сфере. Под стабилизацией здесь следует понимать прекращение деятельности слабых, неустойчивых организаций и укрепление, поступательное развитие сильных и перспективных объединений. Итогом развития общественного сектора стало оформление в целом достаточно стабильной системы функционирования общественных организаций. Молодежное общественное движение в России - реально существующий факт. Молодежное общественное движение на современном этапе можно характеризовать как демонополизированное, вариативное по направленности деятельности, разнообразное по формам и механизмам реализуемых программ и проектов. За 10 лет молодежные общественные объединения не только конституировались, но и на деле доказали свою значимость и роль в реализации государственной молодежной политики.

2. Современная ситуация в общественном молодежном движении

Сегодня в России существует целый спектр организаций, работающих по общественно важным молодежным программам. В этом спектре можно выделить несколько основных групп:

- Организации, объединяющие молодежь по роду занятий (Союз МЖК России, Молодежный союз юристов и т.п.).
- Организации, объединяющие молодежь по интересам, не связанным с основным родом занятий (научные организации, спортивные федерации).
- Общественно-политические организации как самостоятельные, так и при политических партиях (Молодые социал-демократы, Союз Коммунистической Молодёжи и т.п.).
- Организации, реализующие программы для всех категорий молодежи (Российский Союз Молодежи, ДИМСИ).

Большинство общероссийских и межрегиональных общественных организаций входят в Национальный совет молодежных и детских объединений России – официальную зонтичную структуру, в которую с 1995 года получили право входить координационные советы (круглые столы) общественных организаций регионов РФ. В настоящее время этим правом воспользовались 30 таких советов. Существуют также другие зонтичные структуры, но Национальная молодежная лига объединяет организации одного плана (спортивных единоборств), а Союз молодежных организаций России – от общероссийских объединений до школьных советов самоуправления.

Большинство реально действующих организаций включены в Федеральный реестр организаций, пользующихся государственной поддержкой. Согласно Закону «О государственной поддержке молодежных и детских общественных объединений», на включение в реестр могут рассчитывать организации, имеющие в своих рядах более 3 000 индивидуальных членов, являющиеся юридическим лицом и действующие не менее 1 года.

По состоянию на 1 мая 2002 года в Федеральный реестр молодежных и детских общественных объединений, пользующихся государственной поддержкой, включены 57 общественных организаций, из них: 15 детских, 42 молодежные; 26 общероссийских, 29 межрегиональных, 2 международные.

Соответствующие реестры существуют и в регионах РФ. В них включены организации, осуществляющие деятельность в том или ином регионе России, особенно плодотворно эта работа осуществляется в субъектах РФ, где приняты свои законы и программы по молодежи.

3. Законодательная и нормативная база молодежной политики в РФ

Определенные этапы в своем развитии прошла законодательно-нормативная база молодежной политики. Первым специальным федеральным документом, приступившим к оформлению отношений государства и молодежных общественных объединений, стал Указ Президента Российской Федерации от 16 сентября 1992 «О первоочередных мерах в области государственной молодежной политики». Далее последовало Постановление Верховного Совета Российской Федерации от 3 июня 1993 года «Об основных направлениях государственной молодежной политики в Российской Федерации», в котором определялось, что государственная молодежная политика является деятельностью государства, направленной, в том числе на развитие молодежных общественных объединений, движений и инициатив. Констатируется, что государственная молодежная политика осуществляется государственными органами и их должностными лицами, молодежными объединениями, их ассоциациями, молодыми гражданами. Поддержка деятельности молодежных и детских общественных объединений определяется как приоритетное направление и важный механизм реализации государственной молодежной политики.

Обозначенные в «Основных направлениях государственной молодежной политики в Российской Федерации» принципы нашли свое развитие в президентской программе «Молодежь России» (1998-2000 годы), утвержденной Постановлением Правительства РФ от 18 июня 1997 года, и в федеральной целевой программе «Молодежь России» (2001-2005 годы), утвержденной Постановлением Правительства РФ от 27 декабря 2000 года.

Важным шагом явилось определение правового поля деятельности общественных объединений в ряде принятых федеральных законов – «Об общественных объединениях» (19 мая 1995 г.), «О государственной поддержке молодежных и детских общественных объединений» (18 июня 1995 г.), «О благотворительной деятельности и благотворительных организациях» (11 августа 1995 г.), «О некоммерческих организациях» (12 января 1996 г.), «О профессиональных союзах, их правах и гарантиях деятельности» (12 января 1996 г.). Указанные законы определили трактовку понятий: общественное объединение и государственная поддержка общественного объединения; сформулированы принципы государственной поддержки общественных объединений, основные направления и формы ее реализации, в определенной мере разграничили деятельность органов государственной власти и общественных объединений. По сути, были заложены подходы к созданию системы взаимодействия государственных органов и общественных объединений. В 2001 г. Правительственной комиссией по делам молодежи одобрена Концепция государственной молодежной политики в Российской Федерации.

Однако законодательно-нормативная база государственной молодежной политики сегодня далека от идеала вследствие, прежде всего, отсутствия реально действующих механизмов реализации положений, провозглашенных законами.

В настоящее время наметились позитивные сдвиги в этом направлении, в июле 2002 года Президент РФ дал поручение готовить вопрос по государственной молодежной политике на заседании Госсовета России, сформирована рабочая группа, которая в настоящее время ведет подготовку документов.

4. **Практика взаимодействия государственных органов и молодежных общественных объединений**

К сожалению, в настоящее время существует целый ряд негативных моментов в отношении государства к молодежи и в практике взаимодействия государственных органов с общественными объединениями, что серьезно сдерживает развитие реально действующих молодежных общественных объединений и использование их потенциала для развития общества. К ним относятся:

A. Отношение в целом к молодежной политике, которая по-прежнему остается на периферии деятельности государства и, соответственно, недооценивается острота проблем молодежи. Как следствие, отсутствие общего стратегического анализа имеющихся и потенциальных проблем, а также стратегического планирования по их решению, что ведет к выделению в качестве требующих решения конъюнктурных, сиюминутных проблем.

B. Отношение органов власти к общественным объединениям молодежи, которое, во-первых, зачастую носит конъюнктурный характер, в котором, во-вторых, отсутствует система основополагающих принципов взаимодействия и система критериев, на основе которых принимаются решения о поддержке (в том числе и финансовой) деятельности молодежных общественных объединений.

C. Отсутствие ряда позиций в законодательстве, регулирующих формы взаимодействия органов власти и общественных структур, способов общественного контроля, отсюда как следствие фрагментарность поддержки общественных объединений.

D. Отсутствие механизмов и технологий, позволяющих молодежи (через своих лидеров или иными способами) принимать участие в принятии государственных решений и соответственно нести за них ответственность.

Решение указанных проблем возможно в случае создания эффективной системы государственной поддержки молодежных общественных объединений. Основой такой системы являются взаимные обязательства государственных органов и общественных объединений. Со стороны государства они должны выражаться, прежде всего:

- в признании важности роли молодежных общественных объединений в реализации государственной молодежной политики;
- во внимании государства к содержанию деятельности общественных объединений молодежи, осознании важности ее социальной направленности;
- в поддержке разнообразия форм, идеологии, содержания деятельности общественных объединений;
- в создании условий для качественного развития молодежных общественных объединений, в признании важности становления сильных организаций, способных решать серьезные проблемы в сфере государственной молодежной политики;
- в расширении сфер взаимодействия государственных органов управления с общественными объединениями, увеличении финансовой и материально-технической поддержки.

В настоящее время только Департамент по молодежной политике Министерства образования РФ уделяет достаточно серьезное внимание вопросам взаимодействия с общественными объединениями и их поддержке, проводятся конкурсы проектов и программ, выделяются средства по грантам и оказывается поддержка молодежным инициативам. Такую работу, на наш взгляд, должны вести и другие министерства и ведомства.

Следует также отметить, что государству необходимо дифференцировать отношение и уровень поддержки тех или иных общественных объединений в зависимости от их содержательной (программной) деятельности. Не должно приветствоваться появление организаций, которые претендуют на исключительное положение в молодежной среде, не имея за собой ни одного конкретного дела, ни одной социальной программы. Громкое название или редкие массовые акции не могут быть основанием для получения государственной поддержки. Главным и, пожалуй, единственным критерием оценки деятельности какой бы то ни было общественной организации должны стать ее дела, реализуемые программы и их социальная значимость.

5. Общероссийская общественная организация «Российский Союз Молодежи»

Согласно положениям принятой на Правительственной комиссии Концепции государственной молодежной политики и проекту Доктрины, которая готовится к заседанию Госсовета, РСМ является одной из крупнейших общероссийских общественных организаций России. Сегодня РСМ имеет свои территориальные организации в 75 субъектах РФ и более 250 000 индивидуальных членов. В 2002 году в программах РСМ участвовало более 1 000 000 молодых россиян.

С момента преобразования в 1991 году из российского Комсомола и по сей день деятельность организации направлена на развитие и становление личности молодого человека, на разработку программ, позволяющих юношам и девушкам реализовать свой потенциал, проявить себя, найти свое место в жизни. Российский Союз Молодежи работает во всех сферах жизни и деятельности молодежи: профориентация и занятость, образование и культура, досуг и спорт. В работе РСМ принимают участие различные группы молодых людей: учащиеся школ и колледжей, студенты средних специальных и высших учебных заведений, работающая молодежь и предприниматели.

РСМ реализует более 20 общероссийских программ. В том числе: «Российские интеллектуальные ресурсы», «Арт-Профи Форум» (программа профтехобразования для молодежи), «Молодой рабочий» (для работающей молодежи промышленных предприятий), «Юниор-лига КВН», «Молодежный Интернет-клуб», «Студенческая наука», «Достижения», «Международные молодежные лагеря» («Бе-Ла-Русь», «Лагерь славянской молодежи», «Русская зима»), «Планета РСМ» (программа недорогого содержательного отдыха).

Среди приоритетных программ также «Молодежная карта EURO<26» - это составная часть общеевропейской программы «EURO<26», цель которой – социальная поддержка молодежи через создание и развитие системы скидок и льгот при приобретении товаров и услуг. «Российская студенческая весна» - программа создания условий для реализации творческого потенциала студенческой молодежи, выявления талантливых исполнителей и коллективов, оказания помощи в повышении их профессионального уровня. Программа включает многожанровые факультетские, вузовские, городские, региональные и межрегиональные фестивали. Финал программы - ежегодный всероссийский фестиваль.

К приоритетным направлениям деятельности организации относятся социальная поддержка молодежи, пропаганда здорового образа жизни и патриотическое воспитание.

Российский Союз Молодежи представляет Россию в двух международных организациях: Европейская Конфедерация молодежных клубов и Европейская Ассоциация молодежных карт. РСМ активно развивает двухсторонние связи с молодежными организациями других стран. Прежде всего, с Всекитайской федерацией молодежи и Союзом молодых служащих земли Северный Рейн – Вестфалия.

РСМ неизменно занимает активную гражданскую позицию и ведет активную работу с молодежью на территории всей страны. Так, в 2000 году РСМ вел активную агитацию на выборах Президента России в поддержку В.В. Путина.

Российский Союз Молодежи не связан обязательствами ни с одной политической силой, но, учитывая силу единства, поддерживает диалог и работает с различными движениями и партиями, молодежными организациями, которые способствуют возрождению нашей страны и реально решают проблемы молодежи.

РСМ не копирует слепо прошлый опыт, но и не отказывается от своей истории. При определенных недостатках Комсомол имел и неоспоримые достоинства, которые РСМ продолжает и развивает. Реорганизовавшись в некоммерческую, неполитическую, неправительственную организацию, Российский Союз Молодежи унаследовал разветвленную структуру, корпоративность и традиции предшественника, продолжил активную работу в большинстве регионов России. Сегодня РСМ по праву считают самой массовой, авторитетной и влиятельной молодежной организацией России.

6. РСМ и молодежное сообщество СНГ

Существует целый ряд программ, направленных на развитие партнерских отношений с молодежными организациями других государств, на многостороннее и двухстороннее международное сотрудничество. РСМ представляет Россию в трех международных организациях (Европейская Конфедерация молодежных клубов, Европейская Ассоциация молодежных карт и Российско-Белорусский Союз Молодежи).

Практически со дня своего создания РСМ поддерживает и развивает отношения с партнерами в странах СНГ. Наиболее показательны отношения с молодежными организациями Беларуси. Так, РСМ продолжил традицию организации Лагеря славянской молодежи на стыке трех границ: Беларуси, России и Украины, который был проведен в этом году уже в 28 раз, продолжил систему обменов молодежными делегациями. Основным партнером Российского Союза Молодежи остается Белорусский Республиканский Союз Молодежи (БСМ) – правопреемник белорусского Комсомола.

В 1992 году совместно с БСМ и «Союзом за прогресс молодежи Латвии» был организован также международный лагерь «Бе-Ла-Русь» (по первым буквам государств-участников), который проводится до сих пор на Кургане Дружбы – стыке трех границ. Программа лагеря «Бе-Ла-Русь» включает творческие конкурсы, спортивные соревнования, концертные мероприятия. В разное время в этом лагере выступали группы «Песняры», «Манго-манго». Каждый год в лагерь приезжает около 1000 молодых людей из трех государств, а само мероприятие пользуется большой популярностью в молодежной среде.

В середине 90-х годов РСМ и БСМ предпринимали попытки установления более тесных контактов с молодежными организациями на всем пространстве СНГ, но, к сожалению, эта работа не увенчалась успехом. Для этого имелись объективные причины. Прежде всего, в первой половине 90-х годов деятельность общественных организаций не была востребована ни государством, ни обществом, а молодежь была предоставлена сама себе. Считалось более престижным мыть машины на улицах вместо того, чтобы не только заниматься общественной деятельностью, но и учиться в школах или в ВУЗах.

К счастью, сегодня ситуация существенно изменилась, появилось понимание необходимости работы общественных объединений с молодежью, их важной роли в процессе создания условий для всестороннего развития молодого человека в различных сферах общественной жизни, для социальной адаптации молодежи. Изменилось и отношение к международному молодежному партнерству. Как подтверждение этому, Европейской экономической комиссией ООН 26–28 августа 2002 года в Женеве был проведен Первый международный форум по вопросам молодежи, на котором делегация РСМ представляла Россию и в ходе которого подавляющее большинство представителей стран СНГ высказались за активное взаимодействие и организацию совместной деятельности. На данном форуме, впервые на таком уровне, международное сообщество поставило вопрос о необходимости серьезного подхода к молодежной проблематике.

Следует отметить, что форум позволил молодежным организациям СНГ найти взаимопонимание, обменяться мнениями, поставить вопрос о необходимости проведения подобного форума в рамках СНГ. Особо следует отметить роль наших украинских коллег в этом вопросе, их инициативу в проведении такого форума.

Что касается РСМ и БСМ, то проработав 10 лет в тесном партнерстве и учитывая курс руководства двух стран на построение единого государства, они пришли к выводу о необходимости создания единой организации – Российско-Белорусского Союза Молодежи (РБСМ). В мае 2000 года в Москве прошел Учредительный съезд, на котором был принят устав организации, избран на паритетных началах ее исполком и сопредседатели.

Создание РБСМ придало новый импульс сотрудничеству и взаимодействию. В частности, российская молодежь стала принимать активное участие в молодежном волонтерском лагере по восстановлению Брестской крепости «Твердыня над Бугом», возросло количество совместных мероприятий.

5-6 сентября 2002 года в Минске было окончательно оформлено объединение двух наиболее авторитетных в молодежной среде Беларуси организаций: БСМ и Белорусского Патриотического Союза Молодежи (БПСМ). На объединительном съезде, в котором участвовал Президент Республики Беларусь, а члены делегации РСМ были почетными гостями, были приняты: название (Белорусский Республиканский Союз Молодежи (БРСМ)), символика, соответствующие документы и избрано руководство. БРСМ принял на себя права и обязательства БСМ и БПСМ, и по окончании съезда была достигнута договоренность о том, что БРСМ и РСМ останутся и в дальнейшем стратегическими партнерами в молодежной сфере.

РСМ поддерживает партнерские взаимоотношения и с другими молодежными организациями Беларуси. По программе «Молодежная карта EURO<26» (общеевропейской дисконтной системе, которую РСМ эксклюзивно представляет в России) мы взаимодействуем с Молодежным информационным центром. Российский Союз Молодежи также участвует в совместных программах с Национальным советом молодежных объединений Беларуси. В 2002 году РСМ принял участие в работе вышеуказанного международного форума и в Фестивале молодежных инициатив, проходившего в Москве.

Эти отношения – своего рода модель, которую мы хотели бы использовать и в двухсторонних отношениях с молодежными организациями других стран СНГ. Например, в этом году впервые организован международный молодежный лагерь на границе с Казахстаном.

Формирование правовой культуры молодежи в Украине: проблемы и перспективы

Владимир Хоменко, общественная организация
«Украинская социал-демократическая молодежь», Украина

(*Formation of a Legal Culture of the Youth of Ukraine: Problems and Perspectives,*
by Vladimir Khomenko, "Ukrainian Social-Democratic Youth", Ukraine)

Среди наиболее острых социальных проблем на сегодняшний день в молодежной среде является недостаточность правового образования молодежи, отсутствие необходимых правовых знаний в различных сферах жизнедеятельности. Правовое воспитание молодежи является актуальной задачей всего украинского общества и, прежде всего, государства, его молодежной политики.

Сложная социально-экономическая ситуация в стране, имущественное расслоение общества, недостатки в организации учебно-воспитательного процесса, снижение воспитательного потенциала семьи, наличие способов и сфер нетрудового обогащения, отсутствие условий для лечения и социальной реабилитации несовершеннолетних наркоманов, алкоголиков, распространение беспризорности среди детей и подростков способствуют росту правонарушений и преступлений, асоциальных проявлений в поведении у детей и молодежи.

Уровень антиобщественных проявлений в молодежной среде остается высоким. Увеличивается удельный вес молодежи среди осужденных. Если в 1995 году он составлял 51,1 процента, в 1998 году – 52,3 процента, то в 2000 году – 55 процентов.

С целью предупреждения асоциальных проявлений, правонарушений и преступлений была принята Комплексная программа профилактики преступности на 2001-2005 годы (Указ Президента Украины № 1376/2000 от 25.12.00), которая предусматривает:

- усиление роли семьи, школы, средств массовой информации, органов исполнительной власти, общественных организаций в процессе формирования правовой культуры, предупреждения негативных проявлений в поведении молодежи;
- приведение нормативно-правовой базы относительно несовершеннолетних и молодых лиц, совершивших преступления, в соответствие с современными условиями и международными нормами;
- расширение сети бесплатных консультационных центров правовой поддержки молодежи с привлечением к деятельности молодежных и других общественных организаций, приютов для несовершеннолетних, кризисных центров;
- широкое привлечение молодых людей к работе общественных формирований по охране правопорядка на улицах, в местах массового скопления и отдыха граждан;
- проведение общегосударственных и региональных оперативно-профилактических мероприятий по предупреждению негативных проявлений в молодежной среде и т.д.

Для формирования у молодого поколения правовой культуры с целью выполнения вышеуказанной программы, а также Национальной программы «Дети Украины» (Указ Президента Украины №42/2001 от 24.01.01) общественной организацией «Украинская социал-демократическая молодежь» совместно с Государственным комитетом Украины по делам семьи и молодежи реализуется проект «Правовой всеобуч молодежи».

Проект направлен на профилактику правонарушений в молодежной среде путем повышения ее правовой культуры, предоставления помощи по правовым вопросам, преодоления правового нигилизма молодежи, создания условий для защищенности молодежи в обществе. Понимая, что правовое образование молодежи – это процесс освоения не только знаний основ государства и права, но и воспитания уважения к закону, правам человека, неравнодушного отношения к нарушению законности и правопорядка. Акцент делается на конкретную ежедневную помощь молодым людям Украины.

Проект состоит из двух этапов. На первом этапе программы производится отбор учебных заведений (школ, профтехучилищ) и читаются 10 лекций на темы: «Молодежь и милиция», «Молодежь и армия», «Работа молодежи», «Молодежь и жилье», «Права и льготы молодежи». На этом этапе отбираются 2-3 человека из каждого региона, которые, пройдя учебный семинар, приобретают навыки предоставления необходимой правовой помощи и чтения публичных лекций.

На втором этапе подготовленные специалисты вместе с привлеченными специалистами-правовиками, а также представителями органов местной власти, милиции, преподавателями школ читают лекции по правовым вопросам в школах и профтехучилищах. На лекциях подростки могут получить информацию о правовых вопросах, которые их беспокоят ежедневно. Кроме того, на лекциях распространяются информационные буклеты, памятки и карманные книжечки на темы: «Молодежь и милиция», «Молодежь и армия», «Работа молодежи», «Молодежь и жилье», «Права и льготы молодежи», а также другие информационно-правовые материалы. На этом этапе создаются мобильные консультационные пункты в областных центрах с целью посещения небольших городов и сел, где повышение уровня правовой грамотности молодых людей является достаточно актуальным.

Проект «Правовой всеобуч молодежи» является важной частью работы общественных организаций по борьбе с правовым нигилизмом среди молодых людей. Ведь для молодежи, которая находится на стадии перехода к самостоятельной жизни, необходимо приобретение правовой культуры, которая была бы своеобразным регулятором ее поведения, важным каналом освоения коллективного жизненного опыта общества.

Young people in the CIS countries: a global perspective

Joop Theunissen, Department of Economic and Social Affairs,
United Nations

Part 1: A few concepts
What is youth? ☐ A statistical definition: 15-24 years ☐ A period of transition from protection in childhood to self-determination in adulthood **Why does the concept change?** ☐ Extending maturity gaps ☐ Changes in historical age, social age

How does youth fit in globally?		
Kids (<15)	**1.8 billion**	**30%**
Youth (15-24)	**1.1 billion**	**18%**
Adults (25-64)	**2.8 billion**	**46%**
Older persons (65>)	**0.4 billion**	**7%**
Total	**6.1 billion**	**100%**

1.1 billion youth - 85% live in the South	
Asia and the Pacific	**659 million**
Africa	**161 million**
Latin America and the Caribbean	**101 million**
North America	**42 million**
Europe	**100 million**

Youth in the CIS region
65 million young people in CEE/CIS regions
Characterized by period of enormous transition
Increased opportunities & increased risks

Part 2. Ten priorities of the United Nations for youth	
1. Education	6. Drug abuse
2. Employment	7. Delinquency
3. Hunger and poverty	8. Leisure
4. Health issues	9. Girls and young women
5. The environment	10. Participation in decision- making
United Nations World Programme of Action for Youth to the Year 2000 and Beyond, 1995	

1. Education

Globally:

– 130 million children not in school
– 133 million youth are illiterate
– Large gender differences

CIS:

– 41% enrolment rate (CEE/CIS) in 1998
– Sharp reduction in basic school completion
– Large numbers of dropouts
– Important issues: access & quality

2. Employment

Globally:

– 74 million young people were out of work in 2002 (up from 58 in 1995)
– Youth constitutes 41 percent of the world's unemployed
– Last ones in, first ones out: youth unemployment 2-3 times higher than average unemployment

CIS:

– Critical issue for the region (21 million (32%) of youth (CEE/CIS) employed)
– Very high youth unemployment rates (Unemployment: 37% in Kyrgyzstan & 33% in Tajikistan)
– Link between education & employment
– Gender differences

YEN
(YOUTH EMPLOYMENT NETWORK)

Four strategies to reduce youth unemployment (4 Es):

1. **Employability – investing in education**
2. **Equal opportunities – for men and women**
3. **Entrepreneurship – start and run businesses**
4. **Employment creation – as part of macroeconomic policy**

Source: Secretary-General's Youth Employment Network, www.ilo.org/yen

---

3. Hunger and Poverty

Globally, young people & poverty:

– **Malnutrition: 38 to 110 million**
– **On <$1 per day: 238 million**
– **On <$2 per day: 462 million**

CIS:

– **End 90s, estimated 16 million children & youth in CIS region living on < $2.15/day**

---

4. Young people and health

Global youth health risks include:

– **Reproductive health risks**
– **Behavioral risks**
– **Risk of poverty-related disease**

CIS:

– **Increasing STI rates, including HIV**
– **Limited access to information & services**

---

5. Youth and the environment

Globally:

– **Youth have a special concern & special responsibility for the environment**
– **Youth have a special responsibility for the environment**
– **Messages in the media and the education system are most crucial to activate young people's involvement**

6. Drugs

Globally:

– Most alcohol, tobacco & illicit drug use starts during adolescence
– Supply side: slow progress on restrictions (curbs on advertising and marketing), yet more choice of drugs
– Demand: Globalization of demand for drugs among young people (stabilizing high rates in increasing # of countries)

CIS:

– Increase in substance use (tobacco, cannabis, etc.)
– Link between drug use & HIV

7. Juvenile Delinquency

Globally:

– Youth more likely to commit crimes
– Most young people will eventually desist from criminal or deviant behaviour

8. Leisure

Globally:

– Leisure = discretionary hours not in school and not in paid work
– Is beneficial for the young person's development and promotes social integration and cohesion of society
– Volunteerism, sports, and community participation of young people are best examples

9. Girls and young women

Globally, including CIS:

– Gender-based stereotyping, including discrimination
– Unequal treatment in the worlds of education and work
– Access to reproductive health services to prevent STDs and pregnancy
– Violence against women; female infanticide, genital mutilation; sexual abuse and exploitation
– Human trafficking

10. Participation in decision-making

Globally, youth participation:

– Leads to better decisions and better outcomes
– Strengthens young people's commitment and understanding of human rights and democracy
– Promotes social integration and cohesion in society

CIS:

– Young people are often disengaged in political processes/distrust of institutions
– Need to encourage youth participation

You thought that was all?

Not yet.... 8 years is a long time for young people!

Part 3. Five New Youth Issues

Agreed upon at the UN Commission for Social Development, February 2003:
- Globalization
- ICT
- HIV/AIDS
- Youth and conflict prevention
- Intergenerational relations

11. Globalization and Youth

Economic globalization – two views:

– Benefits young people: they are quick adapters
– Hurts young people: they are being exploited

Social aspects of globalization:

– young people come closer together: local issues become global issues vice versa: globalization– it has created a more uniform youth culture -> see next topic.

12. Information and communication technology

Traditional forms of socialization of young people are being challenged

New technology brings a uniform culture of
– Information
– Pleasure
– Autonomy

A new global youth media culture?

13. HIV/AIDS

Global:

– Almost 12 million young men and women live with HIV/AIDS
– 6,000 young people get infected every day – 2.5 million new cases in 2002
– Gender imbalance in infection rates

CIS:

– HIV infections on the rise!!!

14. Young people and conflict

Globally:

– Young people are offenders and victims - they kill and are being killed, more than any other group.
– 111 armed conflicts over the last decade – "War retards development, and development retards war"
– 2 million deaths and 5 million wounded
– 300,000 child soldiers fighting in some 49 countries

CIS:

– Armed conflicts since 1989 in several countries
– Issues include: refugees/IDPs
– Disruption in schooling for children/youth
– Ongoing instability

15. Intergenerational issues

Globally:

– An ageing society: 4 times as many old people in 2050
– Increasing old-age dependency ratio
– Multi-generational societies
– Who gets to decide on how to share the resources?

☐CIS:

– Decline in birth rate
– Change in the nature of the family

Conclusion: Youth as Agents for Social Change

- Volunteerism and Community Participation

- No democracy without participation

- Participation in policy-making

II. Responding to Challenges of Transition: New Policies and Policy Instruments

Основные проблемы
государственной молодежной политики Украины

*Валентина Довженко, Государственный комитет
по делам семьи и молодежи, Украина*

**(Main Problems of the State Youth Policy of Ukraine, by Valentina Dovzhenko,
State Committee on Family and Youth Affairs, Ukraine)**

За последние десять лет количество молодых людей в Украине как в абсолютном исчислении, так и относительно к общей численности населения в стране увеличилось.

Тем не менее осложнение социально-экономического положения в Украине оказало отрицательное воздействие на молодежь. Уровень официальной безработицы среди молодежи возрос по сравнению с 1995 годом почти в 11 раз. Молодежь составляет 28% всех официально зарегистрированных безработных. Среди молодых людей Украины наблюдается массовое табакокурение и наркомания (90% наркоманов – молодые люди в возрасте до 30 лет). 40% молодых граждан заняты в нерегламентированном секторе экономики. Уровень преступности и правонарушений среди молодежи в 1,5 раза выше по сравнению с началом 90-х годов, хотя на протяжении последних лет он начал снижаться. Объем государственных средств, выделенных на предоставление кредитов для получения образования, охватывает лишь 0,1% тех, кто учится на условиях контрактной оплаты обучения. По данным исследований, для половины семей высшее образование недоступно, 34% молодых людей не учатся и не повышают квалификацию из-за отсутствия условий.

Для решения острых молодежных проблем Правительство Украины приняло ряд государственных программ, направленных на решение проблем трудоустройства молодежи, поддержку и развитие молодежного предпринимательства, предупреждение отрицательных проявлений в молодежной среде, содействие становлению молодой семьи, реализацию творческого потенциала молодежи.

Создана развитая сеть центров социальных служб для молодежи (643 центра) и их специализированных формирований (1500), начато формирование сети центров ресоциализации наркозависимой молодежи "Твоя победа" (9).

Благодаря целенаправленной деятельности государственных органов в тесном сотрудничестве с молодежной общественностью удалось снизить уровень молодежной безработицы (на 38,7 тыс. лиц в 2001 году), уменьшилось количество инфицированных потребителей инъекционных наркотиков (с 84% в 1997 г. до 58% в 2001 г.), остановлен рост преступлений, совершенных подростками и молодежью.

Возрастает гражданская активность молодежи, которая проявляется в участии юношей и девушек в деятельности молодежных общественных организаций (109 всеукраинских и свыше 4,5 тысяч региональных организаций), в работе на должностях советников по молодежным вопросам в центральных и местных органах исполнительной власти.

В новых условиях молодежь чувствует себя уверенней и более самостоятельной, если полагается на собственные силы и стремится к самосовершенствованию. Четверо из пяти молодых людей высказываются в пользу ускорения экономических реформ, демократических преобразований.

Положение молодежи, основные тенденции ее развития обуславливаются спецификой социально-экономической трансформации общества, что также характерно и для других стран, которые проходят через этот этап.

В обеспечении стабильного и поступательного развития украинской молодежи следует учитывать и активно внедрять мировой опыт.

Чрезвычайно важным является дальнейшее усиление и консолидация работы по социальному становлению молодежи, ее вхождению в самостоятельную жизнь, получению образования и профессии, трудоустройству.

Талантливые молодые люди, ученые, художники должны иметь возможности для полной реализации своего интеллектуального и творческого потенциала на благо Родины.

По оценке европейских экспертов, молодежное законодательство в Украине является одним из наилучших не только на постсоветском пространстве, а и во всем Старом свете. Вместе с тем на современном этапе социально-экономического развития страны нужно сделать еще больше в области обеспечения эффективной защиты прав наших сограждан, по расширению возможностей их обучения и легальной работе за пределами Украины.

Молодежное сообщество и государственная власть должны объединить свои усилия с тем, чтобы молодежь имела возможность полностью реализовать свой общественный потенциал, ведь она не только наше будущее, но и настоящее. Она — главный стратегический ресурс украинской перспективы, не иссякающий источник социального оптимизма.

Молодежь XXI столетия: реалии и перспективы

Виктор Дьяченко, Министерство труда и социальной политики, Украина

(Youth of the XXI Century: Realities and Perspectives, by Victor Diachenko, Ministry of Labour and Social Policy, Ukraine)

Забота о подрастающем поколении является неотъемлемой составной социальной политики, осуществляемой Министерством труда и социальной политики Украины. На выполнение стоящих перед нами задач направлена реализация программ материальной поддержки молодежи, в том числе молодых семей. Государство через систему нормативно-правовых актов поддерживает молодых людей, назначая и выплачивая им пособия.

Поддержка малоимущего населения, в том числе и молодых семей в Украине, осуществляется путем предоставления семьям с малым достатком помощи в соответствии с Законами Украины «Про государственную помощь семьям с детьми» и «О государственной социальной помощи малоимущим семьям», безналичных субсидий на оплату жилищно-коммунальных услуг и субсидий в денежной форме на приобретение сжиженного газа, жидкого и твердого печного топлива.

Упомянутые выше виды социальной помощи получают около 5 млн. малоимущих семей и семей с детьми. Общая сумма затрат на их предоставление достигает около 3 млрд. гривен.

Основным объектом социальной защиты является семья. Социальная помощь предоставляется одному из членов семьи, исходя из установленного в соответствии с возможностями бюджета уровня прожиточного минимума (гарантированного минимума) и в зависимости от среднемесячного совокупного дохода. При определении права семьи на помощь учитывается и ее имущественное состояние.

Женщинам предоставляется помощь по беременности и родам, одноразовая помощь при рождении ребенка (в 2003 году 200 грн.), помощь по уходу за ребенком до достижения им трех лет (в 2003 году 40 грн. ежемесячно), право на получение которых имеют лица, не застрахованные в государственной системе обязательного социального страхования.

К их числу относятся:

- женщины из числа военнослужащих Вооруженных Сил, Пограничных войск, СБУ, войск гражданской обороны, других военных формирований, из числа лиц командного и рядового состава органов внутренних дел;
- женщины, уволенные с работы в связи с ликвидацией предприятия или организации независимо от формы собственности при условии, что беременная женщина была уволена с работы не раньше, чем за шесть месяцев до приобретения права на получение помощи;
- женщины, зарегистрированные в службе занятости, как безработные;

- аспирантки, докторантки, клинические ординаторы, студентки высших учебных заведений I-IV уровня аккредитации и профессионально-технических учебных заведений; неработающие женщины.

Опекунам предоставляется помощь на опекаемых детей, если получаемые на них пенсия по утрате кормильца или алименты не превышают гарантированного минимума (в 2003 году 80 грн., предлагается на 2004 год 120 грн.). Размер помощи рассчитывается, как разница между установленной суммой и полученными на ребенка доходами.

Одиноким матерям (отцам или усыновителям) предоставляется помощь на каждого ребенка (если сведения об отце/матери внесены в Книгу регистрации актов гражданского состояния с их слов). Размер предоставляемой помощи составляет 10 % прожиточного минимума на ребенка соответствующего возраста: до 6 лет - 30,7 грн., на детей старше 6 лет (от 6 до 16) и учащимся до 18 лет предоставляется 38,4 грн.

Одновременно семьи, совокупный доход на каждого члена которых не превышает прожиточный минимум (80 грн. в расчете на одно лицо), могут получить государственную социальную помощь малоимущим семьям. Государство гарантирует им денежные доходы на установленном гарантированном минимуме.

Если семья не может оплачивать свое жилье, ей предоставляется жилищная субсидия. Выплачивается субсидия в размере 15-20% среднемесячного совокупного дохода получателя субсидии за полученные жилищно-коммунальные услуги или 15-20% годового совокупного дохода при приобретении топлива.

Семьи, имеющие несовершеннолетних детей, получают в виде субсидий 15% от своих доходов, если среднемесячный совокупный доход на каждого члена семьи не превышает 50% прожиточного минимума на одно лицо в расчете на месяц (171 грн.).

Сегодня Министерство работает над тем, чтобы в 2004 году повысить уровень социальных гарантий при непременном полном финансовом обеспечении государственных программ социальной защиты.

Огромное внимание со стороны Министерства уделяется вопросам трудоустройства молодежи, в том числе выпускников школ и других учебных заведений.

Стало традиционным проведение молодежных ярмарок профессий, где осуществляется подбор работы «по душе» не только выпускниками, но и учащимися старших классов.

Учитывая устойчивую тенденцию по увеличению численности инвалидов в Украине, этому вопросу уделяется большое внимание как в политических кругах, так и со стороны общественности. За прошедшее десятилетие существенно изменилось отношение как к инвалидам, так и к их проблемам. Принятие целого ряда нормативно-правовых актов привело к повышению уровня жизни этого незащищенного слоя населения. От политики государственной поддержки инвалидов посредством назначения пенсии мы пришли к созданию разветвленной сети учреждений по реабилитации инвалидов. Целью таких кардинальных изменений является дальнейшая интеграция инвалидов в общество для полноценной жизни. Жизнь подтверждает правильность такого решения.

Число инвалидов из года в год увеличивается и наблюдается рост инвалидности среди детей. По состоянию на начало текущего года численность детей-инвалидов составляла более 153 тысяч. Поэтому вопрос реабилитации, в частности ранней, является ключевым в политике государства по отношению к этой категории детей.

Для проведения реабилитации в Украине создана широкая сеть реабилитационных центров. Это более 158 центров ранней социальной реабилитации и 38 региональных центров профессиональной, медицинской и социальной реабилитации для взрослых, в том числе молодых инвалидов. Благодаря этому создана целостная система реабилитации детей-инвалидов, подготовки инвалидов к трудовой деятельности и их трудоустройства.

Большую роль в формировании сети реабилитационных учреждений сыграло открытие Государственного комплекса ранней социальной реабилитации в г. Николаеве. Благодаря уже наработанным методикам по работе с детьми-инвалидами только за последний год возвращено к полноценной жизни более 200 таких детей. Создание в 2002 году Всеукраинского центра профессиональной реабилитации инвалидов в г. Лютеже, в котором одновременно могут проходить реабилитацию и учиться 135 человек, стало примером подготовки конкурентоспособных на рынке труда специалистов. Молодежь при зачислении в этот Центр имеет преимущество. Всех выпускников Реабилитационного центра трудоустраивают. Они имеют постоянную работу, живут полноценной жизнью.

Повышение уровня предоставления услуг по протезированию также способствует реабилитации инвалидов. Под руководством Министерства создана и работает отечественная протезная отрасль. В перечень выпускаемых ею изделий входит более 800 наименований. Для обеспечения активной жизненной позиции молодых инвалидов, для занятий спортом начат выпуск колясок активного типа. Отечественные протезные заводы освоили производство колясок для танцев, фехтования, гонок, игры в теннис и других видов спорта. В этом году начат выпуск колясок с электроприводом.

В Украинском научно-исследовательском институте протезирования, протезостроения и восстановления трудоспособности (г. Харьков) создано отделение детского протезирования, введена в действие уникальная лаборатория по разработке новых материалов и технологий в протезировании. Отечественная протезно-ортопедическая продукция по качеству не уступает аналогичным изделиям зарубежного производства.

Комплексная система мероприятий по реабилитации инвалидов включает также обучение, приобретение профессиональных навыков. Наряду с учреждениями системы Министерства науки и образования эту задачу успешно выполняют учебные заведения Министерства труда и социальной политики. В сфере Минтруда функционирует 5 специализированных учебных заведений, осуществляющих профессиональное обучение инвалидов.

Несмотря на существующие проблемы в экономике, численность работающих инвалидов за последние 3 года возросла до 354 тыс. человек. При содействии государственной службы занятости в прошлом году получили работу 3,4 тыс. инвалидов или каждый второй состоящий на учете в Центре занятости. Уровень их трудоустройства превысил в 2,5 раза соответствующий уровень среди трудоспособных граждан.

Вопросу повышения уровня жизни инвалидов уделяется большое внимание. Проводится поэтапное повышение размеров пенсий по инвалидности. Введенный в действие в 2002 году Закон Украины «О государственной социальной помощи инвалидам с детства и детям-инвалидам» дал возможность выбора в назначении более высокого уровня государственной помощи по сравнению с пенсией. Возможности бюджета, к сожалению, не позволяют уже сейчас реализовать нормы этого Закона в полном объеме. Но даже сегодняшний размер этой помощи, хоть и незначительно, но улучшает материальное положение молодых инвалидов.

При проведении общегосударственных акций, таких как «Лучший работодатель», «Зори надежды», выделяются отдельные номинации для поощрения представителей молодого поколения.

Участие молодежи в волонтерском движении красноречиво свидетельствует об активной жизненной позиции молодых людей.

Это позволяет сделать вывод, что у нашей страны есть будущее.

Социальная работа с молодежью

Михаил Волынец, Ровенская областная государственная администрация, Украина

(Social Work with Youth, by Mikhail Volynets,
State Administration of the Rovno Region, Ukraine)

В настоящее время в Ровенской области проживает свыше 284 тысячи молодых людей в возрасте от 14 до 28 лет, что составляет 24,1% от общей численности населения области. Кроме того, в области проживает 45945 молодых семей.

С 1992 года в Украине начала создаваться новая система молодежных органов - областные и районные управления и отделы по делам семьи и молодежи, центры социальных служб для молодежи.

Ровенская область была первой в Украине, которая выполнила Постановление Кабинета Министров Украины от 21.01.1998 года № 68 "О дальнейшем развитии сети центров социальных служб для молодежи и повышении эффективности их деятельности", завершив в 1998 году формирование сети отделов по делам семьи и молодежи райгосадминистраций, горисполкомов, районных и городских центров социальных служб для молодежи. Их создание в значительной мере содействовало улучшению социальной работы с молодежью.

В настоящее время в области работает 16 отделов по делам семьи и молодежи райгосадминистраций, 4 отдела по делам семьи и молодежи горисполкомов, 21 центр социальных служб для молодежи (1 областной, 16 районных, 4 городских).

При отделах по делам семьи и молодежи райгосадминистраций и горисполкомов работают 74 клуба для подростков, в которых занимаются свыше 7,8 тыс. детей, причем 28 клубов находятся в сельской местности. Количество этих клубов за последние годы постоянно увеличивается. Так, в 1998 году их было 61, в 1999 г. – 66, в 2000 г. – 73.

Управление по делам семьи и молодежи осуществляло свою работу по следующим приоритетным направлениям:

- Трудоустройство и занятость молодежи;
- Молодежное жилищное кредитование;
- Социальная защита детей, молодежи и студентов;
- Женская и семейная политика;
- Военно-патриотическое воспитание детей и молодежи;
- Досуг молодежи и детей, поддержка творческих инициатив;
- Работа с общественными молодежными организациями.

В рамках выполнения мероприятий по трудоустройству и занятости молодежи управлением по делам семьи и молодежи облгосадминистрации был реализован ряд программ и мероприятий. В частности, на протяжении апреля - мая 2002 года отделами по делам семьи и молодежи райгосадминистраций и горисполкомов совместно со службами занятости населения проведены ярмарки профессий и образовательных программ для выпускников общеобразовательных школ, профессионально-технических училищ и высших учебных заведений. В ярмарках профессий приняли участие свыше 10 тыс. молодых людей.

Во время летних каникул 2002 года была организована работа 7 студенческих отрядов с общим количеством участников 96 человек.

Проведен областной конкурс на лучший молодежный бизнес-план. Из районов и городов области на конкурс поступило больше 30 бизнес-планов, из которых экспертный совет отобрал 10 лучших для направления на всеукраинский конкурс.

В 2001 году в Ровенской областной службе занятости находилось на учете 36,4 тысяч молодых людей. По вопросам трудоустройства в центры занятости области на протяжении 2002 года обратилось 35,2 тыс. молодых людей, то есть на 1,2 тыс. меньше. За 2002 год службой занятости трудоустроено 10,3 тыс. молодых людей, что на 1,6 тыс. больше по сравнению с 2001 годом.

В области создан и действует молодежный центр труда. Основные направления работы центра: трудоустройство молодежи, услуги по перепрофилированию и обучению, информационные услуги для незанятой молодежи, консультирование молодежи по вопросам предпринимательской деятельности, открытия собственного дела, консультирование молодежи по вопросам трудоустройства за границей, направление молодежи на работу за границей.

С марта 2003 года при Молодежном центре труда действует бизнес-центр, который предоставляет следующие услуги: бухгалтерское и юридическое обслуживание, временное офисное обслуживание.

Молодежным центром труда направлено на работу за границей (Чехия, Австрия, Германия, Испания, Италия, Великобритания) 180 лиц. Консультации по трудоустройству за границей предоставлены 618 молодым людям.

С целью активизации жилищного строительства и решения жилищных проблем молодых семей проводилась следующая работа.

На базе районных и городских центров социальных служб для молодежи действует сеть консультационных пунктов по разъяснению положений и документов по предоставлению молодежных кредитов на строительство (реконструкцию) жилья. В частности, в Ровенской области зарегистрированы 1182 молодые семьи, которые желают получить кредит и оформили все соответствующие документы.

В 2002 году на предоставление льготных жилищных долгосрочных кредитов молодым семьям Ровенскому региональному отделению Государственного фонда содействия молодежному жилищному строительству из государственного бюджета было выделено 1881 тыс. грн., из местных бюджетов разных уровней - 794 тыс. грн. и Ровенским горисполкомом было выделено 352 тыс. грн.

28 декабря 2002 года были вручены свидетельства на право собственности, ключи и сувениры 43 молодым семьям.

В 2003 году в местных бюджетах разных уровней предусмотрено 2 миллиона 280 тысяч гривен для предоставления льготных жилищных долгосрочных кредитов молодым семьям.

В соответствии с законодательством по защите прав детей и молодежи и государственными нормативными документами управление постоянно занимается вопросами оздоровления детей и молодежи из социально незащищенных слоев населения.

Летом 2002 года 42946 детей были оздоровлены, в том числе 1040 детей-сирот и детей, лишенных родительской заботы, 1235 детей-инвалидов, 10640 детей из многодетных и малообеспеченных семей, 1009 детей, предрасположенных к правонарушениям, 798 победителей конкурсов, олимпиад, 318 лидеров и активистов детских общественных организаций, 396 отличников учебы, 96 детей из семей, которые пострадали от стихийного бедствия, более 6 тыс. детей других категорий. За весь 2002 год 50090 детей были оздоровлены. За минувший год было открыто 2 детских дома семейного типа в г. Ровно.

В районах и городах области на протяжении последнего года отделами по делам семьи и молодежи райгосадминистраций, горисполкомов постоянно предоставлялись консультации, проводились праздники, предоставлялась материальная помощь детям из социально незащищенных категорий населения.

На протяжении 2002 года проводился месячник "Украинская семья", мероприятия, посвященные Международному дню семьи, Дню матери, Международному дню защиты детей. Совместно с украинским представительством европейской организации "Ла страда" проведен семинар по предотвращению торговли женщинами.

Важным направлением работы является патриотическое воспитание подрастающего поколения, пропаганда здорового образа жизни. В районах и городах области был проведен юношеский спортивно-патриотический сбор "Зарево". 19 команд из районов и городов области приняли участие в сборе.

Управлением ежегодно проводятся международные фестивали студенческих театров эстрадных миниатюр "Шалантух", акустической музыки "Я и гитара", КВН.

В области зарегистрировано 60 общественных молодежных организаций, в том числе 18 областных организаций.

В январе - феврале 2003 года управлением проведен конкурс программ и проектов общественных молодежных организаций. По результатам конкурса, участие в котором приняли 8 областных организаций, поддержаны проекты 7 организаций на общую сумму 35 тыс. грн. Во всеукраинском конкурсе победу получил проект "Премьер-лига".

Box 7. Strategy of Integration of Youth in the Economic Sphere (Стратегии интеграции молодежи в сферу экономики)

Выработка антикризисных моделей социального развития не может обойтись без анализа интеграционных процессов, протекающих в недрах общества. В связи с этим одним из наиболее важных исследовательских направлений является определение направленности и устойчивости социальной интеграции молодежи, характера ее взаимодействия с нестабильным обществом.

Несмотря на всеобщую «маркетизацию» нашего экономического пространства, государственный сектор по-прежнему доминирует в структуре занятости молодых людей. Однако не более половины работающей сейчас на госпредприятиях и в учреждениях молодежи осталась бы в них работать, имея возможность выбора. Несмотря на это, государственная сфера экономики продолжает ассоциироваться в молодежном сознании с неприемлемой командно-административной системой, с которой молодежь не желает идентифицироваться.

Вследствие конфликта между социальными интересами молодого поколения и социальными условиями, вызванного ограничением их прав и возможностей, большинство молодежи живет на грани или за чертой бедности и преодолевает экономическую и социальную маргинальность лишь за пределами верхней границы молодежного возраста, т.е. старше 30 лет. Достижение молодым человеком полноценного статуса взрослого, символами которого являются профессиональное самоопределение, создание семьи и приобретение собственного дома, другими словами, становление субъектности, отодвигается на неопределенный срок. Напротив, отмечается возрастание зависимости молодежи от родителей, от государства, от общества, что в социальной перспективе означает сведение к минимуму ее активного участия в социальном производстве.

Анализ нашей действительности убедительно показывает, что за годы реформирования общества государство так и не определилось в отношении конечной цели начатых системных преобразований. Отсутствием их концептуального ведения страдают как сторонники реформ, так и их оппоненты. Одной из программных целей молодежной политики могла бы стать выработка оптимальных интеграционных стратегий, направленных на преодоление отчуждения молодежи от своей основной функции – воспроизводства потенциала развития.

Ярослав Кулик
Национальная металлургическая академия, Украина

Part Three

ADAPTING TO NEW CONDITIONS

I. Combating Youth Unemployment

South Caucasus Youth Development Agency

Kakha Nadiradze, Georgian World Development Bank Network, Georgia

Georgia, as a former Soviet Republic, has gone through a number of stages of socio-economic transformation. Today Georgia, being a sovereign state, has the political will and commitment, strategy and ideological orientation to bring out the country and the whole population from the current economic and social difficulties. Therefore, the creation of an institutional environment supportive of constructive efforts and the overall development process is considered to be one of the fundamental tasks for both, the governmental and non-governmental sectors.

I have the honor to introduce the achievements of the network of non-governmental youth organizations - the Youth Employment Summit's Country Network of Georgia, which were accomplished since its foundation on 30 May 2002, at the initiative of the Association for Farmers' Rights Defense, AFRD. The network embraces nearly 30 non-governmental organizations. This significant arrangement was preceded by active and truthful negotiations and consultations with our future partner organizations and governmental, non-governmental and youth organizations, different local and international institutions, donors and diplomatic representatives accredited in our country. The inauguration meeting gathered over 30 NGOs, experts, stakeholders (business, Governments, NGOs, academies of sciences, mass media), and youth representatives.

Previously isolated, Georgia is now facing the challenge of becoming a part of the global processes. This requires many social, economic and political changes in the Georgian system, which was inherited from the past. Nowadays, Georgia is transforming itself from the old, centrally planned, economy into a new free market one. Within the context of transformation, the question of employment of the population, especially the employment of youth, is very acute. Moreover, the impact of the civil war and unsettled conflict makes the need to address the employment issues even more urgent. This is one of the reasons, why the problem of youth employment assumes such a great importance for Georgian non-governmental organizations.

Georgia and South Caucasus countries are not the only ones that are facing youth unemployment, the other former Soviet republics also are. Our purpose is to develop a coordination mechanism between the young people of the three Caucasian countries on the basis of mutual projects, programs, monitoring, seminars and trainings. Our purpose is: the alleviation of youth problems, and this purpose guides our lobbyist activities in defense of the rights of youth everywhere, in governmental and non-governmental and other institutions, in close cooperation with UNDP, UNECE, UNICEF, ILO, FAO, WYB, YES.

The short and long-term concerns of youth, all are important to us. If the Government takes these concerns into consideration, it could create necessary conditions for solving youth problems. Therefore, we are striving for a certain synergy of our and government's efforts in improving the youth situation. It is, for example, necessary to simplify the banking requirements and reduce rates on borrowing and mortgage that bar youth from testing their strength in private business. The establishment of youth banks or youth funds is necessary for any developing country, if a full participation of youth in the mainstream economic activities is sought.

We welcome and encourage the establishment of World Youth Bank's Network in Georgia, which is especially important for our country and for the youth of Georgia. With a view of establishing a better coordination, our network has put forward an initiative to create a **South Caucasus Youth Development Agency**, the main function of which would be: reducing youth unemployment through retraining, improving professional skills and promoting integration of youth in the world youth, student and professional institutions and organizations.

We also hope that by joining efforts with the Southern-Caucasian Youth Parliament, the South Caucasus Youth Development Agency could be able to contribute to establishing closer links with the Youth Parliament of the European Council and, thus, creating additional opportunities for our region, from the socio-political perspective.

No country is capable to sustain progress without promoting entrepreneurial activities, including those of youth, and the creation of small and medium enterprises on the mass scale. However, to bring in youth would require some additional measures, such as: provision of youth with long-term loans under beneficial terms, neutralizing gender-biased attitudes and practices, rendering assistance to students during probation period, provision of the opportunity to acquire second profession and improvement of professional skills.

We hope that the issue of youth unemployment and the provision of jobs will be solved on the basis of coordination between the governmental, private, non-governmental organizations, donors and different financial institutions. And this could be realized provided that this activity is widely implemented in all CIS countries, and the experiences and expertise are widely shared among all.

CONCEPT OUTLINE: BUILDING A YOUTH EMPLOYMENT INFRASTRUCTURE

Among the critical challenges facing the present generation of young people in Georgia, Armenia, and Azerbaijan is the lack of employment opportunities, and with this comes the loss of positive motivation and hope for a better future. This is true for youth living in municipalities and cities with traditional labor markets, and in the rural areas, where jobs are few.

The situation is not unexpected. Few institutions and organizations in the South Caucasus region are specializing in the preparation of youth for work. In the post-Soviet era, far too many out-of-school and out-of-work youth are not getting up-to-date career information or have a necessary training or background to be employable; this is, unfortunately, now true for the secondary school and college graduates. Most youth are not aware of different career or entrepreneurial activity choices that may exist now or appear in the future, and they do not have the education, entry-level job skills, confidence, or practical experience that employers want. For many young people, the very notion of entrepreneurship and self-employment is unknown or is not considered to be realistic.

In addition to the detrimental impact that persistent unemployment has on individual young people and their families, there are serious societal implications that, over time, will adversely affect macro-economic situation, social services, delinquency patterns, and ultimately the overall community stability. Unless concerted action is taken at the policy and program level to reverse the downward trends and create more coherent and stable pathways to productive employment, future generations of young people would share similar fate marked by poverty and human deprivation.

This proposal aims to create an organizational infrastructure to systematically and strategically address youth unemployment in three South Caucasian countries.

EMERGING COLLABORATION

For the past year or so, representatives of 30 NGOs in Georgia, Armenia, and Azerbaijan have been investigating a possibility to form a regional network to address education and employment needs of young people in the South Caucasus – with special attention being given to the rural youth unemployment.

Our idea is to build up a comprehensive regional "second-chance" youth employment system that will significantly improve the education, economic, and social conditions for unemployed young men and women in each country. The target population is youth aged 18 to 30, whose future prospects are limited by background, gender, poor motivation, insufficient education or job skills, and access to productive work, self-employment opportunities, training or credit because of geography or other circumstances.[1]

The GWYB has set up an ambitious 5 to 10 year youth employment development agenda, which envisages the development of projects and joint ventures aimed at preparing youth to better utilize employment opportunities, as well as to create a range of self-employment possibilities for those young people, who:

- are school-leavers and graduates, and who have not found productive, decent, or full-time employment;
- have not been successful at the existing labor market or are under-employed;
- do not have the basic education, self-confidence, linkages to employers, job training, specific occupational or technical skills, or the work experience required by employers; or
- are not aware of the knowledge and skills needed for starting up a small-sized business, or do not have the financial means, social status, and professional skills needed to become a self-employed.

---

[1] The term "second chance" refers to a structured approach to assist out-of-school youth without adequate job or career skills or access to employers, are under-employed, require additional education or training, or have an interest and aptitude in exploring self-employment opportunities – hence, a comprehensive approach to providing young people with a "second-chance" to be successful.

While these needs are similar, the solutions cannot be the same for each of the three South Caucasian countries. Experience in other countries has demonstrated that relying on just one single approach to youth unemployment is not sufficient to improve job and career prospects of diverse populations of youth with multiple needs.[2] The issues are also too complex to rely on simple and incomplete solutions. Therefore, a comprehensive strategic approach needs to be developed over the next 12-18 months, which would specify priorities for each country, while achieving common goals. This approach requires joint planning, goal-setting and selection of a programme model, which would be effective in alleviating the distress of youth of the South Caucasian region.

South Caucasus Youth Development Agency

The operational vehicle for this historic regional initiative will be the **South Caucasus Youth Development Agency (SCYDA)**, an independent project to be jointly undertaken by committed individuals and innovative organizations. Once operational, the SCYDA will work with public officials, private sector representatives, international donors, and non-governmental organizations in to accomplish five core tasks:

- To provide career information to young people;
- To develop and administer pilot training and projects;
- To launch, monitor, and evaluate youth employment programs serving a large number of youth in all three countries;
- To expand youth employment initiatives that demonstrated promise and are successful; and
- To promote education and employment policies beneficial to young people.

As a first step, since early in 2003, the GWYBN Network has been assessing the existing local and national youth policies and the education and workforce development models currently in use to establish a baseline before making any recommendations concerning new policies or programme models. Simultaneously, it has launched a consultation process, which aims at:

- Convincing local and regional leaders to conduct a study on youth employment situation and gaining their active support;

- Beginning a dialogue with young people in Georgia, Armenia, and Azerbaijan about their education and employment needs and the critical problems they face in gaining skills and jobs;

- Establishing a **South Caucasus Youth Development Agency** Working Group charged with research and making recommendations on the organizational structure, program priorities, means and ways of implementation and the SCYDA governance, including on how to better coordinate projects and programmes with a wide-range of multi-sectoral partners;

- Securing public and private partnerships to provide support and resources needed to launch SCYDA initiatives; and

---

[2] Prior research and practical experience designing, implementing, and assessing the characteristics of successful youth employment programs throughout the world suggest that a range of policies, program models, and services are needed.

- Establishing the Board of Directors, who will be responsible and accountable for the activities of the SCYDA.

The purpose of this process is to ensure that all stakeholders and potential partners understand the purpose of the SCYDA, are committed to its goals, participate in key decisions, and accept a joint responsibility for the results of its activity.[3] By working together and being intimately involved in the planning and decision-making for the SCYDA, participants will establish stronger working relationships, build internal leadership, and be better prepared to work cooperatively in the years to come.

The GWYBN is confident that it would be able to gain a support of our governments, parliamentarians, and key private and public sector stakeholders, representing industry, academia, secondary education, mass media, business and financial institutions, and, of course, young people and their families in undertaking this initiative. However, given the lack of regional stability, it goes without saying that the GWYBN must be sensitive to the history, culture, customs, beliefs, and local power structures of our countries that can affect the ability of SCYDA to improve the life circumstances and change the employment outcomes for young people in the South Caucasian countries.

---

[3] The development process has been adapted from a model used to engage diverse stakeholders in communities in the United States.

Молодежная политика в сфере занятости и трудоустройства: организация новых форм занятости молодежи и подростков

Абдул Азис Идрисов, Республиканская молодежная биржа труда, Кыргызстан

(Youth Policy in the Area of Employment: Organization of New Forms of Employment of Youth and Adolescents, by Abdul Azis Idrisov, Republican Youth Labour Exchange, Kyrgyzstan)

Проблема молодежной занятости является актуальной на современном этапе перехода к рыночным отношениям. Увеличивающиеся темпы инфляции, спад в экономике влекут за собой массовые сокращения на предприятиях и в организациях. Многие из них вынуждены сократить штат до минимума либо полностью прекратить свое существование. В сложившейся ситуации даже квалифицированные кадры остаются без работы.

Современное производство основано на новейших достижениях научно-технического прогресса с применением более усовершенствованных технологий и оборудования. В связи с этим в настоящее время к работникам предъявляются дополнительные требования, основными из которых являются знание иностранных языков, компьютерной техники, наличие стажа. Молодежь, однако, оказалась совершенно неконкурентоспособной на современном рынке труда в силу недостаточности опыта, квалификации, практики и образования. Для современной молодежи характерна неадекватная оценка собственных профессиональных интересов и возможностей. Она имеет нереальное представление о профессиях (особенно связанных с рыночной экономикой) и недостаточно информирована о состоянии рынка труда, о спросе на конкретные специальности, имеющиеся возможности профессионального обучения. Она не имеет достаточного представления о профессиональном самоопределении: среди молодежи наблюдается отсутствие инициативы при решении вопросов трудоустройства, неготовность к самостоятельным действиям на рынке труда.

В поисках работы на Республиканскую молодежную биржу труда (РМБТ) в основном обращаются социально незащищенные слои населения: из многодетных и неполных семей, студенты-сироты, а также молодежь, испытывающая специфические трудности, обусловленные физической или умственной отсталостью. Отсутствие работы, пособий и стипендий ставит их на грань нищеты, голода и преступления. Мы видим, что оказания социальной помощи только в проведении консультационных мероприятий по трудоустройству молодежи недостаточно.

Работниками РМБТ изучаются общетеоретические проблемы молодежной занятости в условиях рыночной экономики. Молодежная биржа труда является не только центром трудоустройства молодежи и студентов, но и научным центром, где студентам предоставляется возможность прохождения преддипломной практики, выполнения курсовых работ, касающихся тем занятости молодежи.

В целях экстренного трудоустройства и оказания социальной помощи в трудоустройстве выпускникам школ, ССУЗов и ВУЗов ежемесячно работниками МБТ проводится «Ярмарка вакансий и профессий», которая в значительной степени помогает снизить напряженность на молодежном рынке труда. Данное мероприятие необходимо эффективно проводить и в дальнейшем, поскольку оно является одним из инструментов активной политики в области занятости молодежи и студентов, где возможности трудоустройства молодых безработных наиболее реальны, т.к. на «Ярмарке вакансий и профессий» они непосредственно встречаются с работодателями.

В целях организации летней занятости студентов и подростков в период летних каникул Молодежной биржей труда был разработан и введен в действие проект «Сезонная занятость студентов и школьников», в рамках которого было охвачено 80 подростков.

Налаживаются связи с частными предпринимателями, осуществляющими свою деятельность в сфере сельского хозяйства, с целью временного и сезонного трудоустройства студентов и школьников. Также данную категорию молодежи планируется в летний период задействовать в сфере торговли и обслуживания.

Необходима программа создания специальных рабочих мест для подростков, молодежи и студентов. Она должна быть нацелена не только на временное трудоустройство, но и на профессиональную подготовку молодых специалистов в условиях жесткой конкуренции на рынке труда. Следует осуществлять избирательный подход для расширения возможностей трудоустройства молодежи: создание дополнительных видов работ, к которым можно отнести практику «частных» работ с неполным рабочим днем и сезонные работы.

Для успешного проведения работы по трудоустройству молодежи предлагаем следующие программы, которые могли бы способствовать повышению уровня занятости среди молодежи и подростков:

i.   **Программа работы с неполным рабочим днем**

Эта форма частично применяется в процессе работы Республиканской молодежной биржи труда. Она удобна тем, что включает в себя элементы образовательной подготовки, производственной практики и дальнейшего трудоустройства.

ii.   **Программа летней молодежной занятости**

Данная программа нацелена на обеспечение молодежи в возрасте 14-21 лет временной, сезонной работой, а также предусматривает одновременное обучение на рабочем месте для приобретения не только профессии, но и профессионального опыта работы (формирование и подготовка студенческих отрядов, молодежных бригад).

iii.   **Программа стимулирования работодателей к приему на работу подростков и молодежи**

Данная программа предлагает принятие государством дополнительных мер, направленных на создание для молодежи определенных условий на рынке труда в виде специальных льгот для приобретения опыта работы и профессии. Эти формы могут также включать в себя специальные квоты на рабочие места, доплату к заработной плате.

iv. Программа занятости для особых категорий молодежи

Эта программа предусматривает оказание специализированной помощи по социальному обеспечению, образованию, предоставлению посильной работы особым категориям молодежи. Необходимо законодательно закрепить за государственными и частными предприятиями обязанность нанимать на отдельные виды работ определенное число молодых инвалидов, лиц с отклонениями в физическом и умственном развитии и др.

Планируется разработка программы создания специальных рабочих мест для студентов и подростков, имеющих физические или умственные недостатки.

v. Программа организации и проведения «Ярмарок вакансий»

В целях оказания молодежи дополнительной помощи по содействию в трудоустройстве и усиления взаимодействия с работодателями необходимо ввести в практику и качественно улучшать проведение ежемесячных «Ярмарок вакансий».

«Ярмарка вакансий» – один из инструментов активной политики обеспечения занятости молодежи, где возможности трудоустройства молодых безработных наиболее реальны, так как на ярмарке они непосредственно встречаются с работодателями, ищущими работников. Данное мероприятие значительно снижает напряженность на рынке труда и заметно повышает уровень трудоустройства молодежи и подростков.

Планируется проводить «Ярмарки вакансий» с организацией культурной программы для безработной молодежи: концертов, выставок, показов социальных фильмов.

vi. Программа содействия предпринимательству и занятости молодежи

Данная программа рассчитана на предприимчивую категорию молодежи, обладающую определенными знаниями и навыками, но неосведомленную в области бизнеса.

В Республике в поддержке малого бизнеса уже участвуют такие международные программы развития, как «Тасис», ООН, Всемирный банк развития («Всеобщее партнерство ради развития»).

Необходимо расширить возможности для молодежи в прохождении практики и стажировки в странах с развитой экономикой.

В целях поддержки занятости и предпринимательской инициативы молодежи основные действия должны быть направлены на:

- ее консультирование и профессиональную ориентацию с целью определения возможностей эффективной деятельности молодых людей в качестве предпринимателей;
- обучение безработной молодежи основам предпринимательства;
- организацию консультаций по открытию собственного дела, составлению бизнес-планов и ведению финансовой документации;

- финансовую поддержку на стадии становления собственного дела.

vii. Программа организации волонтерского движения

С 21 по 28 июня в г. Гданьске, Польша, проходила международная конференция по волонтерскому движению, где приняли участие страны Центральной Европы, Азии и СНГ. В ходе конференции обсуждались вопросы, связанные с ролью волонтерского движения в гражданском обществе. Многие участники подчеркивали актуальность волонтерства в социальной сфере, а также в системе трудоустройства и занятости молодежи и подростков. Основываясь на опыте зарубежных стран, можно сделать вывод, что в нашей стране, переживающей сложный переходный период, необходимо организовать данное добровольное движение. При этом нужно отметить, что все необходимые условия для этого у нас имеются.

Данная программа рассчитана на категорию молодежи с высоким интеллектуальным уровнем, чувством патриотизма и энтузиазмом.

Программа волонтерства охватывает широкую гамму областей, среди которых: сельское хозяйство, здравоохранение и образование, за которыми следует улучшение социальных условий жизни молодого населения, их профессиональная подготовка, развитие промышленности, транспорта и улучшение демографической ситуации.

Члены волонтерских групп собирают информацию об условиях труда тех, кто нашел себе работу через РМБТ в контексте безопасности и охраны труда. Они следят за четким соблюдением всех пунктов трудового договора с работодателями. Это помогает избежать целый ряд различных недоразумений и притеснений юных работников и способствует закреплению молодежи на новых рабочих местах.

Группа волонтеров будет организовывать также культурные акции для безработной молодежи: походы в горы, «Дни безработных» с предоставлением возможности бесплатного посещения музеев, спортивные мероприятия.

Решение проблем молодежи через организацию вторичной занятости

Виктор Полянин, НПО «Лига добровольного труда молодежи»,
Республика Беларусь

(Solving Youth Problems by Organizing a Secondary Youth Employment
by Victor Polyanin, "League of voluntary youth labour", Republic of Belarus)

В условиях нормально развивающейся экономики сфера занятости населения является сферой реализации способностей, знаний и умения человека. В последние годы спад производства, финансовая нестабильность и, как результат, финансовый кризис привели к ситуации социального выживания. Сложившаяся экономическая ситуация негативно отражается на состоянии молодежной среды, снижает значимость молодежи как основы будущего.

В этой связи одним из важнейших направлений политики занятости является предвидение и смягчение социально-нравственных и других негативных последствий безработицы среди молодежи. Временное трудоустройство является одной из форм, способствующей приобретению трудовых навыков у молодежи, начинающей трудовую деятельность, материальной поддержки, сохранения мотивации к труду, а также смягчения общей ситуации на рынке труда.

Республиканская молодежная общественная организация «Лига добровольного труда молодежи» занимается трудоустройством студентов и учащейся молодежи в свободное от учебы время в рамках Республиканской программы «Молодежь Беларуси».

За десятилетний период более 25 тысяч молодых людей приняли участие в программах и проектах организации.

Основные формы организации вторичной занятости:

- студенческие отряды (строительные, сельскохозяйственные, педагогические, сервисные и т.д.)
- лагеря труда и отдыха для молодежи
- школьные ученические бригады
- волонтерское движение

Анализируя нормативно-правовую базу по организации временной занятости молодежи Беларуси, следует отметить, что на данный момент существующая нормативно-правовая база, касающаяся деятельности студенческих отрядов, «морально» устарела, а новые документы еще находятся в стадии разработки.

Волонтерское движение на сегодняшний день не имеет должного нормативно-правового обеспечения, не определен в законодательном порядке статус волонтера, как человека, добровольно и безвозмездно прилагающего свой труд с целью совершенствования общественных отношений и развития гражданского общества.

К основным проблемам можно отнести следующие:

1. Многие субъекты хозяйствования остро нуждаются, с одной стороны, в рабочей силе, особенно в летний период, с другой стороны, имеют проблемы с содержанием, питанием участников студенческих отрядов, с их изначальной массовостью и необходимостью при всем при этом платить заработную плату.

2. Неурегулированность вопросов регистрации и оплаты труда наших молодых людей (необходимость регистрации и уплаты налогов принимающей стороной в России, в Украине).

3. Оплата дороги за счет студентов, низкие расценки за выполнение нормы, устаревшие базы для приема студентов, в которых условия проживания становятся просто «спартанскими».

Выводы и предложения:

1. Отметить, что трудоустройство белорусской молодежи в Российской Федерации и Украине в летний период пользуется спросом как у работодателей, так и белорусских студентов, но из-за неурегулированности вопросов регистрации и оплаты труда наших молодых людей оно становится невыгодным и трудоемким. Так, система налогообложения для белорусов в Российской Федерации носит явно дискриминационный характер (налог для граждан Российской Федерации составляет 13%, а для граждан Беларуси – 33%, регистрация в Украине стоит для граждан Беларуси порядка 40 долларов США).

Box 8. Biased Treatment of Belarus Student

Belarus students, working in the Russian Federation during their summer vacation, are to pay taxes on their earnings exceeding three times the level of local taxation. The registration fee to be paid by Belarus students in Ukraine is $40, which is two times the real average monthly wage of most adult Ukrainian workers.

Victor Polyanin, "League of voluntary youth labour", Belarus

2. Признать, что перспективным является создание лагерей труда и отдыха, способных усовершенствовать и облегчить осуществление государственных программ оздоровления подростков и организации вторичной занятости.

3. В рамках СНГ целесообразно решить вопрос координации деятельности государственных структур, общественных организаций и др., занимающихся трудоустройством молодежи.

Учитывая вышеизложенное, необходимо совершенствовать работу в области вторичной занятости молодежи и организации волонтерского движения в наших странах.

Молодежь и рынок труда в Узбекистане

Хадича Джафарова, Ассоциация деловых женщин Самаркандской области, Узбекистан

(*Youth and Labour Market in Uzbekistan, by Khadicha Djafarova, Association of Business Women of the Samarkand Region, Uzbekistan*)

Ситуация, складывающаяся на молодежном рынке труда в Узбекистане в последние годы, является достаточно напряженной и характеризуется тенденциями к ухудшению. Растут масштабы регистрируемой и скрытой безработицы среди молодежи, увеличивается ее продолжительность. Возможности молодых людей и без того ограничены в силу их более низкой конкурентоспособности по сравнению с другими категориями населения.

В условиях СССР интеграция молодежи в производственную сферу была жестко регламентирована. Приток молодых кадров осуществлялся за счет:

- выпускников школ и лиц, закончивших профессионально-технические училища и решивших идти на производство;
- выпускников других учебных заведений, которые распределялись с учетом вакансий, с обязательным условием работы на данном месте в течение нескольких лет.

Формирование рыночных отношений в сфере занятости началось с изменения приоритетов государственной политики: отказа от конституционных гарантий права на труд, сохранения за государством лишь функции содействия трудоустройству граждан. Кроме того, расширились права работодателей в вопросах найма и увольнения работников, что предполагало более эффективное использование рабочей силы.

Необходимость анализа положения молодежи на рынке труда в Узбекистане обусловливается двумя важнейшими обстоятельствами.

Во-первых, молодые люди составляют около 35% трудоспособного населения Узбекистана, во-вторых, что самое главное, они – будущее страны, и от стартовых условий их деятельности зависит ее последующее развитие. Молодежь уже сегодня во многом определяет политические, экономические и социальные структуры общества. Вместе с тем она во всем мире является одной из особо уязвимых групп на рынке труда, особенно в нашей стране. Несмотря на актуальность перечисленных проблем, молодежи уделяется мало внимания в научных исследованиях, средствах массовой информации, правительственных документах.

Нынешняя ситуация с подростковой занятостью вызывает большую тревогу. Чаще всего это самозанятость, вроде мойки автомашин и торговли газетами или работа в "теневом" секторе экономики. Легальный рынок неквалифицированного детского труда крайне узок. Поэтому, если не решить проблему государственного контроля за занятостью этой молодежной группы, возникнет опасность увеличения криминального потенциала общества.

Согласно утверждённой программе содействия занятости молодёжи, в 2002 г. было заключено 62 договора на организацию временной занятости несовершеннолетних. Создано 4177 временных дополнительных рабочих места, трудоустроены на эти места 5058 подростков.

Молодежь в возрасте 18-24 лет – это студенты и молодые люди, завершающие или завершившие в основном профессиональную подготовку. Они являются самой уязвимой группой, вступающей на рынок труда, так как не имеют достаточного профессионального и социального опыта и в силу этого менее конкурентоспособны.

В 25-29 лет молодые люди в основном уже делают профессиональный выбор, имеют определенную квалификацию, некоторый жизненный и профессиональный опыт. Они знают, чего хотят, чаще всего уже имеют собственную семью и предъявляют достаточно высокие требования к предлагаемой работе. Очевидно, поэтому, именно в данной группе, наибольшая доля зарегистрированных в Узбекистане молодых безработных.

Важнейшими показателями ситуации на рынке труда являются динамика уровня безработицы, емкость и конъюнктура рынка труда, соотношение спроса и предложения и его структура.

Наша статистика не отражает в полной мере ситуацию на рынке труда и особенно в его молодежном сегменте. Молодежь реже регистрируется на бирже труда, чем люди других возрастных групп. Статистика позволяет оценивать тенденции развития только официальной части открытого рынка труда и преимущественно в государственном секторе. Служба занятости охватывает лишь часть спроса на труд и предложений рабочей силы. В результате не учитывается все многообразие новых явлений в сфере занятости, связанных с особенностями рыночных отношений, и в частности скрытая безработица. Если принять во внимание спад производства, то ее можно считать равной 40%, около четверти которой составляет работающая молодёжь.

Для молодых людей скрытая безработица представляет не меньшую опасность, чем зарегистрированная, так как именно они рискуют в первую очередь оказаться за воротами предприятий. Кроме того, вынужденное безделье действует разлагающе на формирующееся сознание. Понятно, что в подобной ситуации большинство молодых людей стремится к стабилизации своего трудового статуса, пытается различными способами избежать возможности потери заработка.

Как показывают различные исследования, более 50% молодёжи, занятой на предприятиях государственного сектора, работает по совместительству, около 25% подрабатывает в различных альтернативных формах занятости. Молодые люди активно занимаются предпринимательством: около 70-80% регистрируемых предприятий альтернативного сектора экономики организуется людьми 25-30-летнего возраста. Собственное дело имеют 2,5-3,5% общей численности молодёжи.

Снижение общего уровня жизни населения привело к сверхзанятости среди учащейся молодежи, вынужденной работать в свободное от учебы время. В 2002 г. она достигла самой высокой отметки по сравнению с предыдущими годами. По моим прогнозам, тенденция роста предложений рабочей силы молодежи, в том числе учащейся, на рынке труда сохранится, достигнув максимальной величины в 2004-2006 гг.

Возрастает количество предложений рабочей силы за счет выпускников учебных заведений. Отсутствие механизма, регулирующего трудоустройство выпускников учебных заведений и, в частности профессиональных, приводит к возникновению серьезных проблем. За 2002 г. было устроено на работу 60% от обратившихся в бюро по трудоустройству. Особенную тревогу вызывает утрата молодежью ценности профессионализма. "Деньги - любым путем" - такова формула времени для многих молодых людей. Проявляется четкая тенденция люмпенизации молодежи, что в ближайшей перспективе отразится на социальной структуре узбекского общества со всеми вытекающими отсюда негативными последствиями.

Из-за падения престижа производительного труда среди значительной части молодых людей стал характерен социальный пессимизм. Они не верят в возможность иметь интересную, содержательную работу, оплачиваемую в соответствии с мерой своего труда на уровне мировых стандартов. Происходят резкие изменения в трудовой мотивации. Квалифицированные молодые кадры часто меняют специальность, что в дальнейшем может привести к дисбалансу в профессиональной структуре рабочей силы. Приоритет отдается не содержательному труду на производстве, а труду с низкой интенсивностью, направленному на получение значительной материальной выгоды любым путем. Все это, конечно, не может способствовать подъему экономики как нашего города, так и всей страны.

Уменьшение объемов производства, рост числа убыточных предприятий, усиление платежного кризиса оказывают самое негативное влияние на спрос рабочей силы. Повсеместно увеличивается высвобождение работников.

Среди безработных, претендующих на вакантное место, каждый пятый – молодой человек в возрасте 16-29 лет. Отношение числа всех обратившихся в поисках работы в службу занятости к количеству вакансий (конкуренция) составляет почти 17 человек, каждый третий из них - молодой человек в возрасте до 29 лет. Это свидетельствуют о значительном резерве рабочей силы, в том числе молодежной, который коррелируется с показателями напряженности на рынке труда.

В последнее время безработица среди молодежи все больше приобретает застойный характер. В 2002 г. средняя ее продолжительность составляла 5,6 месяца. Повсеместно наблюдается сокращение емкости официального рынка труда и усиление разбалансированности между спросом и предложением рабочей силы, что приведет к дальнейшему росту общей безработицы, в том числе среди молодежи.

Особенности безработицы определяются структурно–регрессивным спадом производства при разрушении прежних рынков (экономического пространства) и механизмов функционирования хозяйства, медленном формировании новых рынков, рыночных механизмов регулирования и саморегулирования экономики. Тенденции формирования безработицы закрепляются инвестиционным кризисом.

Box 9. Youth Situation in Uzbekistan

Youth unemployment is increasingly becoming long-term. In 2002, the average duration of youth unemployment was 5.6 months.

Each fifth unemployed in Uzbekistan is a young person of 16-25 years of age.

Many students have to work in order to meet their subsistence needs.

Low pay received by young workers force them to look for additional job. Many work at two-three places simultaneously. Almost 50 per cent of the young workers employed in the public sector have additional job.

Young people dominate the SME sector. Around 80 per cent of the newly registered SMEs are those created by young people of 25-30 years of age. Almost 3 per cent of total youth established their own businesses.

Khaditcha Djafarova
Association of Business Women of the Samarkand Region
Uzbekistan

В результате спада производства во многих отраслях увеличился удельный вес сырьевых отраслей с низкой степенью переработки сырья. Позитивным моментом можно считать устойчивый рост доли отраслей непроизводственной сферы. Возникли новые сектора экономики: банки, страховые, консалтинговые, аудиторские и инвестиционные компании. Здесь особенно быстро увеличивалась численность занятых, причем именно молодых людей.

Положительная реакция молодежи на возможности активного участия в «свободной» экономике налицо: это быстрорастущий слой предпринимателей и лиц, занимающихся индивидуально-трудовой деятельностью, более 2/3 из них составляют люди в возрасте 25-30 лет. Однако структурные сдвиги в спросе на рабочую силу являются скорее отражением кризиса в экономике, а не структурной перестройки. И тем не менее рынок трансформирует отраслевую структуру в соответствии со своими потребностями. Стремительно растет спрос на рабочую силу в отраслях непроизводственной сферы, особенно в тех, которые быстрее адаптировались к рыночным условиям.

Если существующие в настоящее время тенденции в воспроизводстве квалифицированных кадров не изменятся, то в ближайшей перспективе можно ожидать роста безработицы среди неквалифицированного населения и, прежде всего, среди молодежи – выпускников общеобразовательных школ, не продолжающих дальнейшего образования, не имеющих профессии или должной квалификации. Поэтому необходима рациональная организация общеобразовательного и профессионального образования молодежи, согласованного как с развитием национальной экономики, так и с мировыми тенденциями на рынке труда.

В последнее время все большее число молодых людей считает получение полноценного образования необходимым условием достижения желаемого социального статуса и более высокого материального положения, определенной гарантией от безработицы. Профессиональное обучение становится важнейшим элементом инфраструктуры рынка труда, который поддерживает качественно сбалансированный спрос и предложение труда, во многом определяет эффективность мер по реализации молодежной политики занятости. Вот почему, при сокращении подготовки квалифицированных кадров в колледжах и средних специальных учебных заведениях, прием студентов в ВУЗы из года в год увеличивается.

Большое значение имеет развивающаяся в службе занятости система профессионального обучения незанятого населения. Она способствует улучшению профессиональной адаптации высвобождаемых работников и незанятого населения, повышению их конкурентоспособности на рынке труда. Профессиональное обучение безработных осуществляется по трем направлениям: переподготовка кадров, первоначальное обучение, повышение квалификации.

По мере развития рыночных отношений и конкуренции, ускорения перестройки отраслевой структуры занятости ценность общеобразовательной и социальной подготовки работника неизбежно возрастет. Это будет способствовать увеличению занятости молодежи на учебе, снижению напряжения на рынке труда. Мировой и отечественный опыт подтверждает устойчивую тенденцию роста продолжительности обучения молодежи и более позднего вступления в активную трудовую деятельность. Одновременно изменяются и требования нанимателей к рабочей силе. От тактики быстрой максимизации сиюминутной прибыли предприниматели переходят к долговременной стратегии получения устойчивых доходов в условиях конкуренции, поэтому в перспективе у них появится потребность в расширении найма квалифицированной молодой рабочей силы. В противоположном направлении будет действовать фактор роста цены рабочей силы и в особенности профессионально подготовленной. Поэтому уровень занятости среди молодежи будет зависеть от общей ситуации на рынке труда. Тем не менее он будет увеличиваться, хотя, очевидно, и меньшими темпами, чем в среде взрослой части работников.

Рыночная трансформация экономики приводит к изменению положения личности в сфере занятости. Личность становится субъектом рыночных отношений, осуществляет самостоятельный профессиональный и экономический выбор, несет ответственность за его последствия в виде: размеров заработной платы, условий труда, возможностей для развития своих способностей и профессиональной карьеры.

Комплексное исследование, проведенное Центром при Ассоциации, было сфокусировано на следующих аспектах занятости молодежи:

-   наличие диспропорций на молодежном сегменте рынка труда;
-   причины незанятости безработной молодежи;
-   конкурентоспособность основных потоков учащейся молодежи (учащиеся школ, школ-интернатов, учебно-производственных центров и детских домов, учащиеся колледжей, ВУЗов) при первичном выходе на рынок труда, с точки зрения профессионально-квалификационной подготовки, ценностной ориентации в сфере труда и социально-психологической ориентации на рынке труда города;

- факторы успешной профессиональной карьеры;
- проблема координации деятельности социальных институтов, решающих задачи профессионального самоопределения и занятости молодежи;
- несоответствие действующей в городе системы психолого-профориентационной работы новым экономическим реалиям; и
- другие особенности молодежного сегмента рынка труда.

Как показало исследование, молодежь не получает знаний о современном рынке труда, о правилах поведения на рынке труда, о слагаемых построения успешной профессиональной карьеры, о своих правах и обязанностях в сфере трудовых отношений. Молодежь не готова конкурировать и быть субъектом на рынке труда.

При первичном выходе на рынок труда у молодежи преобладают идеалистические представления о будущей профессии, трудовой и профессиональной карьере, которые с первых шагов на рынке труда разрушаются и приводят к возникновению сложных социально-психических состояний (тревога; состояние депрессии, влияющее на коммуникативную сферу и сопровождаемое ощущением безысходности, комплексом вины) в условиях невозможности трудоустройства. Столкновение с реальностью рынка труда приводит к переориентации либо деградации трудовых ценностей. Таким образом, безработица негативно влияет на социально-психологическое развитие молодых людей и часто приводит к исчезновению взгляда на труд как средство личной самореализации, а сам процесс нормальной социализации оказывается нарушенным.

Вместе с тем положение молодежи на рынке труда определяется и деятельностью образовательных учреждений города, которые через процесс подготовки и воспитания задают профессионально-квалификационный уровень подготовки своих выпускников, формируют ценностные ориентации на труд, модель поведения на рынке труда и в сфере трудовых отношений.

В настоящее время в системе непрерывного образования молодежи отсутствует целенаправленная, систематическая психолого-профориентационная работа, которая должна содействовать личности в профессиональном самоопределении с учетом не только потребностей и возможностей, но и с учетом ситуации на рынке труда; отсутствует система комплексного взаимодействия социальных институтов, призванных решать задачи профессионального самоопределения и занятости; отсутствует подготовка специалистов для оказания качественных психолого-профориентационных услуг молодежи с учетом специфики образовательного учреждения (школа, детские дома, школы-интернаты, профессиональные учебные заведения разного уровня подготовки).

В современных социально-экономических условиях одним из рациональных путей решения проблемы безработицы является переподготовка специалистов из числа безработных граждан, имеющих высшее образование, но чьи профессии устарели или существует избыток данных профессий на рынке труда города, района или области.

Опыт Киевского молодежного центра труда в решении проблемы безработицы среди молодежи

Валерий Ярошенко, Киевский молодежный центр труда, Украина

(Experience of the Kiev Youth Employment Centre in Solving the Youth Unemployment Problem, by Valeriy Yaroshenko, Kiev Youth Employment Centre, Ukraine)

Проблема занятости является одной из важнейших в жизни каждого человека. Особо большого значения она приобретает для молодежи, которая делает первые шаги во взрослую жизнь. Именно с целью предоставления молодежи города помощи в трудоустройстве в апреле 1993 года Распоряжением Представителя Президента Украины был создан Киевский молодежный центр труда (КМЦТ).

Фактически это была попытка продолжить лучшие и наиболее эффективные направления деятельности работы Городского штаба студенческих строительных отрядов.

Большинство присутствующих на нашем Региональном форуме помнит времена своих студенческих лет, когда работа в студенческих строительных отрядах являлась реальной подработкой во время летних каникул.

С учетом новых экономических и социально-политических условий, которые сложились в государстве, работа Центра была сосредоточена на следующих направлениях помощи молодежи:

- временное и полное трудоустройство (в том числе той молодежи, которая не имеет статуса безработных);
- правовая и экономическая защита;
- поддержка предпринимательских инициатив;
- развитие международного молодежного сотрудничества;
- развитие собственной хозрасчетной деятельности для создания новых рабочих мест (с этой целью были созданы:
    - ремонтно-строительная служба;
    - туристический отдел;
    - отдел стажировки и обучения за границей, учебный отдел).

С 1993 года начали действовать международные молодежные программы, такие как: молодежные волонтерские лагеря в Украине и за границей, международные студенческие обмены, программы повышения квалификации, стажировки за границей, международные семинары, конференции, тренинги с привлечением молодежи г. Киева.

С 1994 года начал проводиться фестиваль для молодежи "М-Обсерватория", известный не только в Украине, но и далеко за ее пределами.

Для расширения сферы деятельности Центра созданы 15 филиалов в высших учебных заведениях г. Киева, а также открыты районные молодежные центры труда в

Святошинском и Соломенском районах, задача которых состоит в реализации молодежных программ, участии в организации и проведении мероприятий и акций, связанных с работой, отдыхом и досугом молодежи.

С 1995 года по инициативе КМЦТ лучшие студенты Киева награждаются премиями и стипендиями Киевского городского председателя (ежегодно вручается 150 стипендий и 50 премий).

В этом же году предложения Киевского молодежного центра труда о развитии предпринимательской деятельности молодежи вошли в Комплексную программу "Молодежь г. Киева", а также начала работу программа летнего отдыха и оздоровления студентов высших учебных заведений г. Киева в совмещении с работой (ежегодно отдыхают и оздоровляются более 1000 студентов).

С 1996 года по инициативе КМЦТ в рамках выполнения Указа Президента Украины "О мероприятиях по трудоустройству молодежи г. Киева" проводится конкурс бизнес-планов предпринимательской деятельности среди молодежи в номинациях "Студенческие инициативы" и "Молодой предприниматель", который превратился в комплексную программу развития молодежного предпринимательства в 27 регионах Украины. Ежегодно во Всеукраинском конкурсе принимают участие более 300 молодых предпринимателей Украины.

С 2001 г. Молодежный бизнес-центр Киевского молодежного центра труда включен в Региональную программу "Развитие малого предпринимательства г. Киева на 2001-2002 гг.". Инициировано проведение конкурса "Молодой предприниматель года".

В 2002 году Молодежный бизнес-центр награжден грантом Президента Украины. В этом же году КМЦТ представил проект "Молодежный бизнес Украины" на первом Региональном форуме по вопросам молодежи Европейской экономической комиссии ООН (г. Женева, Швейцария).

Учитывая сложную, даже критическую ситуацию на рынке труда в первой половине 90-х гг., нами было предложено создать в 1997 году новое подразделение – Киевскую молодежную биржу труда. Однако любые инициативы требуют реальной организационной и финансовой поддержки. Именно такую конкретную помощь мы нашли у мэра г. Киева. На создание Молодежной биржи труда были выделены необходимые средства и предоставлено удобное помещение в центральной части города.

Государство гарантирует молодежи право на работу, но из-за отсутствия достаточного практического опыта, социально-правовых и профессиональных знаний, а часто и нравственно-психологической неподготовленности к конкуренции на рынке труда, реализовать свое законное право на работу молодым гражданам довольно сложно. Именно на обеспечение условий для реализации такого права на работу и направлена деятельность Молодежной биржи.

За 6 лет деятельности услугами Молодежной биржи воспользовались приблизительно 40 000 молодых людей (из которых каждый четвертый был трудоустроен).

Основная категория молодежи (64%), которая обращается за услугами к Молодежной бирже труда, являются молодые люди г. Киева без опыта работы, из них 31%

составляют студенты, 27% - выпускники учебных заведений I – IV уровня аккредитации и 6% - несовершеннолетние и выпускники школ. Остальные (36%) - это молодежь города, которая уже имеет опыт работы, или молодые люди, которые хотят изменить работу и обращаются повторно, или те, кто имеет небольшой опыт работы до 1 года.

До 2001 года активно шел процесс роста количества обращений к Молодежной бирже труда. Каждый год количество обращений увеличивалось на 2-3 тысячи молодых людей.

С 2002 года наблюдается тенденция уменьшения количества обращений в связи с тем, что в Киеве постоянно создаются новые предприятия и соответственно возрастает число вакантных рабочих мест, появляется больше возможностей для самостоятельного поиска работы.

Подобные изменения в численности молодых безработных подтверждаются данными Государственного центра занятости.

В то же время уменьшилось количество обращений молодых людей без высшего образования и без опыта работы. Молодежь хорошо понимает, что без достаточной профессиональной подготовки все более трудно найти ожидаемую работу с приличной заработной платой.

На Киевской молодежной бирже создан и постоянно пополняется банк вакансий предприятий, организаций и предпринимательских структур города. В банке данных постоянно появляются вакансии таких государственных предприятий как "Київміськбуд", "Житло-інвест", "Київгаз", "Київміськшляхміст", "Парковка", "Київпастранс". Ежедневно предлагается более 200 свободных вакансий. Неиспользованные вакансии каждую неделю публикуются в специализированных газетах: "Предлагаю работу", "Новая работа", "Работа и учеба".

По нашим наблюдениям, причиной изменений на рынке труда является поэтапный переход торговых предприятий в разряд производственных. Главным спросом на рынке труда сегодня пользуются: персонал среднего звена в производстве, технологи, строители, высококвалифицированные мастера, специалисты в пищевой области, в машиностроении, в промышленном производстве, финансисты, специалисты по продажам.

Бесспорным является то, что около 40% молодых выпускников столичных ВУЗов, которые обратились за услугами к бирже труда, не являются киевлянами, и именно в столице они стремятся найти работу для возможной самореализации. Такая заинтересованность связана с постоянным развитием инфраструктуры города, постоянным созданием новых рабочих мест.

Проблема трудоустройства выпускников высших учебных заведений усугубляется отсутствием государственного изучения потребностей в тех или других категориях специалистов как в г. Киеве, так и в регионах.

Практически отсутствует прогнозирование и координация заказов на обучение и подготовку специалистов. Сегодня достаточно много молодых экономистов и юристов, которые не могут найти не просто высокооплачиваемую, но любую работу по специальности, в том числе и те, кто учился по государственному заказу.

Экономистов и юристов работодатели готовы брать только при наличии качественного образования, полученного в авторитетном профильном ВУЗе, а таким могут похвалиться далеко не все выпускники.

Министерство образования, определив высшее образование многоступенчатым (бакалавр, специалист, магистр), на практике сделало его беспрерывным, поэтому получить опыт работы по специальности во время обучения (пройти реальную практику) не всегда удается, что резко снижает конкурентоспособность выпускников на рынке труда. Об этом свидетельствуют частые повторные обращения к бирже.

Важной остается профориентационная работа среди молодежи. Хорошей традицией стали ежегодные муниципальные выставки для молодежи "Образование. Работа. Бизнес". Основная цель данных выставок - проинформировать выпускников учебных заведений города о мире профессий и пути их обретения, предоставить возможность встречи с будущими работодателями и представителями учебных заведений.

Отдельную группу искателей работы составляют несовершеннолетние, которые требуют дополнительного внимания как со стороны наших работников, так и со стороны потенциальных работодателей. Так, в трудовом кодексе четко обусловлены условия труда несовершеннолетних, которые регламентируются статьями 183-200 Кодекса Законов о труде Украины.

Работа несовершеннолетних (Ст. 187- 195 КЗОТ). Разрешается работать с 16 лет (в порядке исключения – с 15):

- легкая, не вредная работа;
- сокращенный рабочий день (1-2 ч.);
- сниженные нормы выработки;
- работа лишь в дневное время;
- работа лишь в рабочие дни;
- оплата работы приравнивается к взрослым;
- отпуск в первую очередь.

Необходимо:
- разрешение родителей;
- разрешение медицинской комиссии;
- рабочее место предоставляется, как правило, с 5% квотой вакансий службы занятости на предприятиях.

Сотрудничая со службой по делам несовершеннолетних, мы координируем усилия по трудоустройству несовершеннолетних, в особенности тех подростков, которые оказались в затруднительном положении. Для несовершеннолетних в основном предлагается временная работа (курьеры, интервьюеры, раздача рекламных открыток, общественные работы и т.п.).

Результативной формой временной занятости являются общественные работы. В 2002 году они были организованы совместно с Киевским городским центром занятости по приведению в порядок объектов социального назначения, таких как детский дом "Березка", больница им. Павлова, музей Пирогова, Киевский зоопарк, Голосеевский парк им. Максима Рыльского, детские сады, средние школы. В результате были трудоустроены 574 безработных киевлян.

В 2002 году при поддержке фонда "Возрождение" на базе Молодежного центра труда совместно с общественной организацией "Альтернатива-В" создан "Центр социальной адаптации для лиц, которые были привлечены к уголовной ответственности". Для примера, в 2002 году в Киев возвратились из мест лишения свободы 929 лиц, из которых 46 обратились в наш социально-реабилитационный центр.

Одним их главных направлений деятельности Центра является помощь в трудоустройстве и обучении лицам, которые возвратились из мест лишения свободы. Для их трудоустройства нами оборудован и запущен в работу деревообрабатывающий цех. По договоренности с Городским центром занятости предоставляется помощь в получении профессионального образования и переквалификации. При необходимости с данной категорией работает психолог, юрист и врач.

Еще одной проблемой, которую старается решить Киевский молодежный центр труда, является трудоустройство молодежи с функциональными ограничениями. На данный момент разработан проект по созданию в городе дома быта по предоставлению инвалидами услуг населению и обучение прикладным специальностям молодых людей с функциональными ограничениями с дальнейшим их трудоустройством на дому. Решение этой проблемы возможно при координации усилий со стороны Главного управления социальной защиты населения, Киевского городского центра социальных служб для молодежи, общественных организаций и всех небезразличных.

Киевский молодежный рынок труда постоянно изменяется. Международный опыт показывает, что только при эффективном экономическом стимулировании работодателей, наличия государственного и общественного контроля возможно постоянное создание дополнительных рабочих мест для молодых безработных.

Работа по трудоустройству не была бы эффективной без взаимодействия с Главным управлением труда и занятости, которое координирует Киевскую городскую программу "Занятость населения на 2001-2004 гг.".

Молодежный центр в значительной мере рассматривает развитие молодежного предпринимательства скорее с точки зрения социального аспекта, чем экономического. Так, услуги молодежного бизнеса-центра в первую очередь направлены на:

- проведение конкурсных программ для студенческой молодежи и начинающих предпринимателей;
- разработку бизнес-планов с помощью консультанта бизнес-центра;
- проведение семинаров и тренингов – программа "Молодежная школа лидерства";
- организацию стажировки на малых предприятиях и организацию встреч с успешными предпринимателями и известными людьми в студенческих бизнес-клубах;
- предоставление консультаций и повышение квалификации молодежи;
- информационную поддержку, поиск деловых партнеров и коммуникаций.

Если обратиться к статистике, то только за последние 2 года количество зарегистрированных субъектов предпринимательской деятельности –

налогоплательщиков увеличилось в г. Киеве почти на 55 тыс. По состоянию на 1 января 2003 года насчитывается свыше 225 тыс. зарегистрированных субъектов предпринимательской деятельности.

На 10 тыс. лиц имеющегося населения в г. Киеве приходится в 2,7 раза больше малых предприятий, чем в среднем по Украине; малое предпринимательство обеспечивает работой почти четверть работающих киевлян.

Молодежный бизнес-центр разработал и каждый год постепенно внедряет механизм стимулирования, а также стартовой поддержки молодых предпринимателей. Главным для нас является работа с конкретным молодым специалистом, который получил теоретические знания и нуждается в помощи по адаптации к рыночным реалиям, то есть в мостике между теорией и практикой. Сам механизм предусматривает поэтапную системную работу на разных стадиях становления предпринимателя.

В рамках программы "Молодежная бизнес-школа лидерства" молодежный бизнес-центр уделяет много внимания консультативно-информационной поддержке, обучению персонала руководителей проектов. Параллельно бизнес-центр отбирает и готовит квалифицированных менеджеров, способных осуществлять руководство финансовыми ресурсами. Способствует овладению ими навыков управления производственным процессом и профессиональной оценки эффективности и рискованности бизнеса.

Учитывая значительный потенциал малого предпринимательства, политика государства должна быть, по моему мнению, направлена на внедрение дополнительных организационно-экономических (в том числе и налоговых) механизмов поддержки предпринимательской деятельности молодежи.

Комплексной программой "Молодежь города Киева на 2001-2005 годы" на Киевский молодежный центр труда возложена задача по активизации программ международных молодежных обменов.

Основные международные программы, которые реализует КМЦТ:

- Международные молодежные волонтерские программы (волонтерские лагеря в Украине и за границей, долгосрочное волонтерство)
- Организация международных студенческих обменов;
- Программы повышения квалификации и стажировка за границей;
- Организация международных семинаров, конференций, тренингов с привлечением молодежи.

В качестве примера можно привести встречу членов Альянса Европейских волонтерских организаций, которую КМЦТ проводил в марте 2002 года. В этой встрече приняли участие 120 представителей 59 организаций из 34 стран мира.

Основной задачей международных молодежных программ является предоставление молодежи возможности получения неформального образования, а именно нового жизненного опыта, знаний, привычек межличностного общения, межкультурного взаимодействия, т.е. всего того, что невозможно получить, сидя за партой.

В таких программах участники привлекаются к общественно полезной работе (реставрация, реконструкция, сохранение исторического достояния, работа с детьми, инвалидами, охрана окружающей среды и т.п.). Это дает возможность увидеть, как в других странах решаются проблемы социальной направленности, которая в свою очередь оказывает содействие в привитии молодежи активной гражданской позиции и помогает избавиться потребительского отношения к жизни.

Только в рамках программы международных молодежных волонтерских лагерей за последние 5 лет свыше тысячи иностранных студентов посетили Украину, такое же количество украинских студентов приняли участие в разных проектах за границей.

Деловые и партнерские отношения Центр поддерживает с организациями и учреждениями, которые занимаются молодежными проблемами: Главным управлением внутренней политики, Главным управлением образования и науки, Киевским городским центром занятости, Ассоциацией студенческих профсоюзов, учебными заведениями города.

Реально решая целый комплекс молодежных проблем города, Киевский молодежный центр труда постоянно разрабатывает и воплощает в жизнь новые программы с целью предоставления молодежи города ежедневной и разнообразной помощи по вопросам временного и полного трудоустройства, переподготовки и повышения квалификации молодежи, предоставления правовой и экономической защиты, создания новых рабочих мест.

Box 10. Some Policy Aspects of the High Education Institutions in the Area of Employment of Students
(Некоторые аспекты политики высших учебных заведений в сфере занятости студентов)

Сегодня довольно остро стоит проблема занятости студентов и их социальной поддержки. Уровень стипендии студента в настоящее время, к сожалению, не может обеспечить даже самые минимальные потребности молодого человека. Поэтому необходима активная социальная поддержка студентов как со стороны исполнительной власти и органов местного самоуправления, так и со стороны высших учебных заведений. Данная социальная поддержка также должна включать в себя обеспечение студентов возможностью трудоустроиться в свободное от учебы время.

В Национальной металлургической академии Украины в настоящее время активно функционирует система студенческого самоуправления. Поэтому не случайно в рамках специальной комплексной программы академии "Образование и система труда" было создано студенческое Агентство по трудоустройству, организация работы которого была возложена на Комитет по делам молодежи академии. Цель проекта - предоставление студентам возможности дополнительного заработка, стажировки и последующего трудоустройства.

Исходя из цели проекта, были определены следующие основные направления деятельности:

1. *Организация трудоустройства студентов в свободное от учебы время (временная, сезонная, единоразовая работа, неполный рабочий день и т.д.).*
2. *Организация стажировок студентов на предприятиях малого и среднего бизнеса.*
3. *Трудоустройство выпускников – как результат успешного выполнения первых двух направлений.*

Была разработана схема формирования базы данных студентов, а также механизм поиска вакансий. Здесь была использована следующая модель:

1. *Поиск вакансий самостоятельно на предприятиях силами организационной группы.*
2. *Вакансии, созданные самой академией.*
3. *Специальная подборка информации о вакансиях из уже существующих баз данных (Интернет, СМИ, центры занятости и биржи труда).*

В перспективе планируется размещение баз данных в сети Интернет и обеспечение работы Интернет-сайта данной программы.

Дмитрий Павлов
Национальная металлургическая академия, Украина

Практика работы общественной организации "Украинская социал-демократическая молодежь" в сфере обеспечения занятости и развития предпринимательской деятельности молодежи в Украине

Евгений Ковальский, "Украинская социал-демократическая молодежь", Украина

(Practical Work Experience of Non-governmental Organization "Ukrainian Social-Democratic Youth" in the Area of Youth Employment and Entrepreneurship Development in Ukraine, by Evgeny Kovalsky, NGO "Ukrainian Social-Democratic Youth", Ukraine)

Оганизация "Украинская социал-демократическая молодежь" является одной из наиболее известных в Украине общественных молодежных организаций, созданной в 1992 году. Сегодня организация имеет свои представительства во всех областях страны и насчитывает в своих рядах 52 тысячи членов.

Самым главным направлением работы организации является обеспечение социальной защиты молодежи. А украинскую молодежь больше всего беспокоят такие социальные аспекты, как: трудоустройство, помощь в развитии собственного бизнеса, предоставление льготных кредитов для строительства жилья, проблемы обучения и получения качественной медицинской помощи.

"Украинская социал-демократическая молодежь" также уделяет значительное внимание развитию молодежного предпринимательства в Украине.

Как свидетельствует статистика, сегодня в стране насчитывалось более 3,2 миллиона представителей только малого бизнеса, не считая десятков тысяч средних и крупных предприятий. Но лишь 5 % лиц в возрасте от 18 до 28 лет занимаются предпринимательской деятельностью. Более 35 % молодежи - безработные (по данным независимых общественных организации значительно больше), 40 % из них имеют высшие образование.

Различные опросы выявили, что около 40 % молодежи желает заняться предпринимательской деятельностью. К сожалению, нехватка необходимых знаний по вопросам законодательства, налоговой системы и юридических вопросов и отсутствие жизненной системы поддержки легального бизнеса сдерживают развитие молодежного предпринимательства.

Важным проектом, реализуемым нашей организацией в Украине совместно с общественно-политическими организациями, является проект «Кадровый резерв «Новая сила Украины». Данный проект является широкомасштабным исследованием состояния кадров на территории страны, направленное на выявление наиболее эффективных предпринимателей и управленцев как среди тех, кто уже успешно работает, так и среди перспективных молодых людей (особенно студентов высших учебных заведений Украины).

Полученный в результате реализации проекта реестр кадрового резерва будет передан в органы государственного управления и специально созданные центры, куда могут обращаться учредители новых и руководители действующих организаций для формирования или обновления кадров руководящего состава.

Одной из программ по развитию молодежного предпринимательства, реализуемых нашей организацией, является создание в Одессе, Житомире, Николаеве, Мукачево, Черкассах и др. приемных для предоставления юридических консультаций людям по всем вопросам предпринимательской деятельности, в том числе молодежного предпринимательства.

Только за последние годы юристами приемных было принято и оказана юридическая помощь более чем 3000 человек.

"Украинская социал-демократическая молодежь" регулярно проводит семинары по вопросам развития молодежного предпринимательства практически во всех регионах страны с привлечением известных политиков, юристов и экономистов, представителей органов местной власти.

Успешное проведение данных программ убедило руководство организации в необходимости систематизировать накопленный опыт и разработать проект, охватывающий территорию всей страны, конечно, с учетом географических, экономических, социально-культурных особенностей регионов, а также ошибок, допущенных при реализации вышеуказанных программ. Таким проектом является всеукраинская программа «Молодежное предпринимательство».

На первом этапе планируется предоставлять юридическую и психологическую помощь молодым предпринимателям, особенно тем, кто только начинает свой путь в бизнесе.

Акцент на юридическую помощь молодым представителям малого и среднего бизнеса делается неспроста, так как в Украине существует правовой нигилизм. Истоки этого явления надо искать в недавнем прошлом нашей Родины, когда слова "предприниматель" и "бизнес" считались крамольными. Если к этому добавить проблему подготовки молодых правоведов (с одной стороны, большинство учебных заведений, готовящих юристов, не имеют традиций и материальной базы для их подготовки, с другой стороны, будущие специалисты не имеют возможности получить определенный опыт в юридической работе), то общественное значение этого вопроса резко повышается.

Оказание юридической помощи молодым предпринимателям будет осуществляться по следующим направлениям:

1)   *Помощь в регистрации и перерегистрации предприятий, в том числе разработка и приведение в соответствие с действующим законодательством (учредительные документы и внутренние нормативные положения).*

Особое внимание будет уделяться предоставлению помощи представителям молодежи в сельской местности при регистрации и перерегистрации сельскохозяйственных предприятий. Вопросы создания новых предприятий (крестьянских фермерских хозяйств, сельскохозяйственных кооперативов, частных хозяйств), реорганизации предприятий, выделения земельных и имущественных паев в реорганизованных хозяйствах, выделения имущества в натуре, получения земли в собственность или в аренду очень актуальны в аграрном секторе Украины, а возможность получения квалифицированной юридической консультации в сельской местности практически отсутствует.

2) *Бесплатная юридическая консультация. Консультация будет осуществляться напрямую и при помощи технических средств связи.*

Прямая юридическая консультация молодых предпринимателей будет предоставляться в специальной приемной, где на постоянной основе будут работать опытные юристы. Одновременно планируется привлечение молодых юристов на стажировку для приобретения необходимого опыта и практических навыков работы с субъектами хозяйственной деятельности.

При помощи технических средств связи предоставление юридических консультаций планируется осуществлять через Интернет (с этой целью создается центральный сайт со страницами для каждой региональной организации) и телефон (создание телефонной бесплатной правовой службы).

Применение технических средств связи позволит эффективно и быстро консультировать представителей малого и среднего бизнеса, особенно из дальних городов и сел Украины.

Кроме того, реализация этого направления позволит создать несколько сот рабочих мест и даст возможность стажироваться до 500 молодым юристам в год, то есть тем, кто через год-два создадут собственный бизнес или будут работать юристами-правоведами в иностранных и украинских компаниях.

3) *Разработка и изготовление специальной методической литературы.*

Наша организация в рамках создаваемых молодежных центров планирует создание правовых библиотек, где можно будет бесплатно ознакомиться с необходимой юридической (и бухгалтерской) литературой, газетами и журналами.

Для проведения подобных мероприятий планируется привлечение к сотрудничеству преподавателей из высших учебных заведений, политиков, представителей местных органов власти, руководителей бизнес-структур, психологов, представителей общественных организаций.

Учитывая вышеизложенную информацию, хочется отметить, что наша организация заинтересована всесторонне и активно развивать отношения со всеми организациями как государственными, так и общественными с целью обмена опытом и выработки единого плана действий.

Все это поможет не только развивать молодежное движение в наших странах, внедряя в жизнь достижения других стран (учитывая национальные особенности), но и станет шагом в деле построения Единой Европы.

Box 11. Youth Unemployment Problem: Realities and Consequences (Проблема безработицы среди молодежи: реалии и последствия)

С распадом Советского Союза обострились экономические проблемы нашей страны, а разрыв многих хозяйственных связей с бывшими братскими республиками негативно отразился на экономике и в целом на жизни Украины. Сегодня ситуация в стране стабилизируется, но остается неудовлетворительной и прежде всего это ощущается в социальной сфере.

Уровень официально зарегистрированной безработицы на начало 2003 года достигает 3% от числа экономически активного населения. А если учесть такую особенность, как предельно низкий процент зарегистрированных безработных, станет понятным, что реальная цифра несколько больше. Это вызывает особое беспокойство, тем более что основная часть безработного населения формируется из наиболее активной, образованной, динамичной, перспективной части населения - из молодых людей (20-40% от общего числа зарегистрированных безработных как в экономически развитых странах Европы, так и у нас в стране составляет молодежь в возрасте до 29 лет). Подобная ситуация чревата самыми острыми социально-экономическими последствиями для современного общества.

Безработица среди молодого населения ведет к повышению уровня бедности и сокращению бюджетов молодых семей (как следствие – увеличение числа разводов, абортов, снижение рождаемости, увеличение числа беспризорных и брошенных детей). Снижение социальной защищенности и неадекватная оценка молодежного труда способствуют уменьшению национального патриотизма, приводит к оттоку молодых специалистов в развитые капиталистические страны. Обостряется криминогенная обстановка в стране, увеличивается количество экономических и уголовных преступлений.

Все вышеперечисленное является ярким свидетельством необходимости активизации государственной политики, направленной на уменьшение безработицы среди молодежи. В последнее время правительством Украины и органами местного самоуправления сделаны значительные шаги в этом направлении. Сегодня создаются центры молодежного трудоустройства в городах и областях страны. Кроме того, подобные центры создаются и в высших учебных заведениях, в том числе и в НМетАУ. Важность таких центров очевидна, и мы надеемся, что они выполнят поставленные перед ними задачи.

Сергей Остренко
Национальная металлургическая академия, Украина

Трансформация деятельности высших учебных заведений с целью поднятия конкурентоспособности молодежи на рынке труда

Александр Левченко, Кировоградский государственный технический университет, Украина

(Transformation of the Activity of High Education Establishments with the Aim of Raising Youth Competitiveness in the Labour Market, by Alexander Levchenko, Kirovograd State Technical University, Ukraine)

Среди основных недостатков современной системы высшего образования, которые мешают полноценному формированию и реализации кадрового потенциала молодых специалистов, следует отметить тот факт, что высшие учебные заведения всех уровней аккредитации действуют почти автономно, в отрыве от реальных тенденций на рынке труда. Принципы их функционирования не связаны с конечным результатом деятельности, то есть трудоустройством выпускников.

Высшие учебные заведения выполняют важную функцию повышения общеобразовательного уровня человеческих ресурсов, но для обеспечения эффективного их использования этого недостаточно. Актуальность последнего обуславливается тем, что даже при существовании прогноза относительно перспективной потребности в кадрах, на данный момент не существует реальных инструментов влияния на высшие учебные заведения с целью корректирования структуры подготовки молодых специалистов. Это объясняется такими факторами:

- Во-первых, как свидетельствуют статистические данные, большинство студентов учатся или за счет государственного заказа, или за счет собственных средств. При этом доля предприятий и местных органов власти в процессе финансирования подготовки кадров в ВУЗах является довольно незначительной, то есть административные или экономические рычаги относительно коррекции структуры студентов высших учебных заведений, в частности, на уровне региональных рынков труда, применить в полной мере невозможно;

- Во-вторых, сами студенты ориентируются на избрание специальности в плоскости "настоящее - прошлое", т.е. ориентируются на те специальности, которые считаются престижными, например, "экономические или юридические", а не на реальные потребности рынка труда. В то же время предприятиям нужно подбирать кадры в измерении "настоящее-будущее". В результате возникает несоответствие ориентаций потребителей образовательных услуг и потребителей квалифицированной рабочей силы. Например, на рынке труда Кировоградской области постепенно уменьшается спрос на экономистов и постепенно возрастает спрос на технологов, производственных менеджеров и т.д. Несмотря на это, почти остается стабильным приток абитуриентов на экономические специальности в высших учебных заведениях;

- В-третьих, отсутствует сформированная информационная база данных относительно современных и перспективных потребностей разных областей хозяйственного комплекса, в частности, на уровне регионов в специалистах с высшим образованием различного профиля, а также соответственно механизм доведения данной информации до выпускников школ и студентов. С целью своевременного формирования адекватных профессиональных ориентаций будущих абитуриентов необходимо иметь прогнозы на 5-10 лет;

- В-четвертых, отсутствует действенная система профориентации, которая в соответствии с потребностями рынка труда и способностями молодых людей помогала бы в выборе той или иной специальности;

- В-пятых, отсутствует динамичный механизм управления качеством образовательных услуг на уровне непосредственно высших учебных заведений, который позволял бы им своевременно корректировать качественные параметры подготовки молодых специалистов в соответствии с реальными и потенциальными потребностями работодателей.

Таким образом, на текущий момент сложилась ситуация, при которой конъюнктура рынка образовательных услуг не отвечает в полной мере конъюнктуре рынка труда.

Одним из путей решения сложной проблемы с трудоустройством молодых специалистов, особенно на региональном уровне, может стать формирование механизма взаимодействия между высшими учебными заведениями, как местом подготовки специалистов, и предприятиями, как местом их практического дальнейшего использования, для формирования специальных знаний и навыков молодых специалистов еще на стадии обучения в учебном заведении с учетом потребностей конкретных предприятий.

С целью выяснения позиций руководителей предприятий области относительно необходимости формирования такого механизма, а также потребности в молодых специалистах и уровне их подготовки, нами был проведен социологический опрос руководящего состава около 50 основных производственных предприятий Кировоградской области.

Так, на вопрос ощущают ли предприятия потребность в молодых специалистах 72,7 % респондентов ответили положительно, 18,2 % отметили частичную потребность и лишь 9,1 % отметили отсутствие такой необходимости.

Таким образом, большинство предприятий области признают свою заинтересованность в молодых специалистах.

Среди основных специальностей, в которых ощущается дефицит кадров на предприятиях области на текущий момент, были отмечены следующие: инженер-механик (23,2 %), технолог и маркетолог (19,2 %), экономист и менеджер (11,5 %), финансист и конструктор (7,7 %).

В современных условиях, как свидетельствуют результаты исследования, работодатели уже не хотят довольствоваться посредственными специалистами, а желают нанимать тех, кто имел бы именно те знания, навыки, психофизиологические качества, которые непосредственно нужны для работы на их предприятиях. Подтверждением этому служит тот факт, что 83,4 % работодателей отметили необходимость проведения специального отбора среди будущих специалистов даже еще на стадии их обучения в учебном заведении.

В связи с этим 81,8 % опрошенных предприятий согласны постоянно брать студентов на производственную практику. 54,5 % предприятий-респондентов имеют возможность уже сейчас отбирать и трудоустраивать студентов старших курсов на условиях частичной занятости с целью их дальнейшего трудоустройства после окончания университета, а еще 18,2 % опрошенных предприятий согласились на такие условия при возникновении соответствующих вакансий.

Кроме этого, среди основных пожеланий, которые были высказаны предприятиями, были следующие:

- увеличение сроков практики, в особенности преддипломной, до 3-5 месяцев;
- формирование информационной базы студентов, заинтересованных как в поиске временной работы, так и в трудоустройстве после получения диплома;
- увеличение практической ориентации в подготовке молодых специалистов;
- повышение качественного уровня специальных знаний;
- улучшение уровня владения компьютерной техникой и иностранными языками.

Особое значение имеет формирование информационной базы данных для работодателей, в частности, банка данных студентов.

Банк данных должен способствовать решению таких вопросов, как:

- специальный подбор студентов (по желанию предприятий) для прохождения производственной практики с целью внесения наиболее перспективных студентов в состав кадрового резерва предприятий или их частичного трудоустройства еще во время учебы;
- предоставление предприятиям необходимой информации относительно будущих выпускников с целью решения кадровых вопросов;
- сбора информации (в процессе сотрудничества с предприятиями) с целью внесения корректив в процесс подготовки специалистов.

Таким образом, в современных условиях высшие учебные заведения должны не только ставить своей целью подготовку специалистов с высшим образованием, но и реально способствовать формированию структуры выпуска подготавливаемых специалистов, их профессиональных знаний и навыков в соответствии с потребностями рынка труда, что будет увеличивать как отдачу от вложенных средств и времени самих студентов, так и повышать конкурентоспособность высших учебных заведений на рынке образовательных услуг.

II. Integrating Disadvantaged, Marginalized and High-Risk Youth

Associative Sector of Young People in the Republic of Moldova. Contribution of Associative Life in Solving the Youth Problems

Olga Rosca, Youth Business Centre, Republic of Moldova

The difficult economic situation of the last decade has been largely responsible for a high rate of youth unemployment, no possibilities for self-realization and absence of social guaranties – all these estrange young people from the actual processes of the economic and social life of the country and make them to lose belief in their own prosperous future.

A solution of the youth employment problem cannot be achieved without simultaneously addressing the whole range of economic, political, educational and other factors, shaping the youth situation in Moldova.

It is only when considered against this background, the unique role of the associative sector becomes apparent in providing young people with opportunities for development and self-realization. From the total number of about 2.700 non-governmental organizations of the Republic of Moldova, there are about 200 youth NGOs, concerned with the youth problems. There are some specific domains where youth NGOs managed to achieve some successes. These are human rights and health education, social exclusion prevention, the work with persons infected with HIV/AIDS. A sign of maturity of youth organizations is represented by the consolidation of National Youth Council of Moldova formed of 44 youth NGOs, including those regional. The Council is an umbrella organization that promotes the youth interests in relation with the state and international organizations. Thus, young people that are members of these organizations have the possibility to develop themselves, to get acquainted with the opportunities that they have, to be involved actively in some social projects, where they acquire practices and abilities of work, which will be used in realization of their own initiatives.

Speaking about youth participation in the decision making process, the most significant projects are the Youth Parliament, the Children Parliament, local Councils of Children and Youth. Thousands of children and young people benefited from information about and their direct involvement in the decision-making process. As a part of the Children and Youth Local Councils project, about 50 local councils have been created in towns and villages throughout Moldova. They provided young people with the possibility to participate in the community life, to be involved in solving of local problems.

Apart from the youth participation projects, youth NGOs have been also very successful in the health education. They established a network of "trust phone" in some towns of the country. This network offers daily informational and counseling services to young people in psychological distress. The majority of these successful models have been financially supported by UNICEF Representation in Moldova and other international organizations. Unfortunately, the State does not dispose any sufficient funds for assuming and multiplying these practices.

Nevertheless, even if all the above-mentioned projects are examples of success, the number of young people actually involved in the community activities is very low, about 5% of the total number of young people.

With regards to the support of the States, a very limited material and financial support was made available. The Youth and Sport Department of the Republic of Moldova announces annually a project contest for youth NGOs. The total amount of grants does not exceed 15,000-18,000 USD for all NGOs. This amount constitutes about 70% of the public budget for the national youth policy.

In order to avoid the decrease of the human potential of the youth of Moldova, it is necessary to orient the national youth policy towards solving the major problems facing the young generation, creating the conditions that will ensure the participation of youth in the economic and social life, decision making, stimulate youth activism. In this context, in order to facilitate the social integration and civic participation of youth, the National Program of Actions for Youth has been elaborated. This Program focuses on the promotion of durable policy, oriented to the youth development, economic support and establishing of collaborative mechanisms of public authorities with the associative sector.

Highlighting the activity of Youth Business Centre of Moldova (YBCM, founded in October 2002), which <u>main goal</u> is to support youth entrepreneurship, the following important projects should be mentioned:

I.   Organization of the International Workshop "Promotion of Small and Medium Enterprises – Development of Youth Entrepreneurship", 27-28 March 2003, with the support of United Nations Economic Commission for Europe, Black Sea Economic Cooperation, Konrad Adenauer Foundation (financial support).

II. Implementation of the project "Practical Studies", March-May 2003. <u>Purpose:</u> to offer a support to the students studying economics, in order to observe directly how the principles of market economy are being implemented in practice. <u>Activities:</u> organization of some visits at enterprises, at their departments and section of production; participation in an organized dialog with the general director and an expert.

These projects had a great impact on youth entrepreneurship promotion, stimulation of youth activity in the associative sector.

Participation of the representatives of Youth Business Centre of Moldova in international conferences contributed to discovering new visions, work strategies, the cooperation in the associative sector, for example, participation at the Study Session „ Regional Cohesion in Youth NGOs' Work", European Youth Centre Budapest, Hungary, 2-9 February 2003. This purpose of this event was the exchange of knowledge and experience between about 40 youth NGOs from eastern Europe, Caucasus and the Baltic States.

In conclusion, there are a lot of problems that young people face, but the fact is that the associative sector assumes the responsibility for solving them and a lot of successes have been achieved in different domains as health, education, business, etc. The most important fact is that young people discovered for themselves that there is still a chance for a good future and a great opportunity to realize their ideas and wishes even if it is a hard and long way.

Box 12. UNICEF Executive Director Launches Regional Campaign to Combat Exclusion of Children

- *Over 18 million children are excluded by poverty*

- *More than 1 million live in institutions instead of families*

- *Minority children bear the brunt of discrimination*

ISTANBUL, 16 June 2003 – Arguing that the exclusion of millions of children in the countries of Eastern Europe and the Commonwealth of Independent States is undermining the development of those nations, UNICEF Executive Director Carol Bellamy joined civil society representatives from 27 countries at the launch of a major regional campaign to "Leave No Child Out" ».

Speaking to representatives of hundreds of non-profit groups from across the region, Bellamy declared that "exclusion from basic services and a dignified start in life creates a vicious cycle of disadvantage, with harm passed from one generation to the next in a legacy of poverty, ill health, lack of education, and lack of prospects. It undermines stability and democracy and holds societies back economically due to over-burdened public services and lost productivity." "A world fit for children, " she said, recalling the vision that emerged from last year's UN Special Session on Children, "is a world in which no child is discriminated against or excluded. The enormous challenges emerging in this region can only be overcome by investment in the well-being of children – all children. "

The yearlong advocacy campaign is being spearheaded by the Regional Network for Children (RNC) in Central and Eastern Europe, the Commonwealth of Independent States and the Baltic States – an association of non-governmental organizations that work with children in partnership with UNICEF. The campaign follows on the heels of the Say Yes for Children initiative that gathered 26 million pledges in the region in 2001-2002, identifying "Leave No Child Out" as the number one priority from among ten key issues facing children globally.

Organizers said the campaign is based on the non-discrimination principle of the 1989 Convention on the Rights of the Child. It targets seven main forms of discrimination and exclusion: poverty, ethnicity, institutionalisation, disability, the impact of conflict, gender discrimination, and the stigma of HIV/AIDS.

Noting that these factors often work in combination to create layer upon layer of exclusion, RNC Secretary-General Diana Nistorescu said they "slow progress being made on other fronts and undermine the original goals of democratic transition" that began with the fall of the Berlin Wall in 1989.

Research conducted by UNICEF's Innocenti Research Centre See .www.unicef-icdc.org puts numbers to the problem of discrimination in the region:

- *Of the region's 117 million children, nearly 18 million are living in poverty, often denied basic services and opportunities to which they are entitled.*

- *Children belonging to minority groups – such as the Roma population of some 9 million – receive "second-class" education in many countries, often suffer from ill-health and face prejudice and violence in their communities.*
- *Around 1.5 million children are living in public care instead of with their families, an increase of 150,000 since 1989. Around 1 million of them live in Soviet-style institutions.*
- *In the one-third of the countries of the region where armed conflicts have taken place since 1989, there were approximately 2.2 million internally displaced people and almost 1 million refugees in 2000 – most of them women and children.*
- *And now the region faces the fastest growing rates of HIV infection in the world, with over a million cases estimated by UNAIDS – most of them young people who face stigma and exclusion.*

UNICEF added that excluded children are particularly vulnerable to violence, exploitation, and abuse, and noted that trafficking of women and children is a large and growing trend in the region. "One of the keys to leaving no child out is ensuring that all children are raised in a protective environment; in other words, that the adults around them – in school, at home, in law enforcement, and at work – understand children's unique vulnerabilities and act together to protect them from exploitation."

Emphasizing that "all of this exclusion is preventable," Bellamy said that the return of economic growth and the consolidation of democracy in nearly all countries in the region mean that the resources and the basic policies are in place to turn things around.

The "Leave No Child Out" campaign will include year-long efforts to raise the issues of exclusion in the media; roundtable symposiums at the university as well as community level; research into the impact of exclusionary policies on progress for children in the region; and advocacy with governments and other key institutions.

The ultimate goals, said organizers, is to remind the region's governments of the commitments they have made to ensure the rights of all children – including the obligation to uphold the Convention on the Rights of the Child and agreement to achieve the Millennium Development Goals. The NGOs participating in the 3-day conference in Istanbul are drafting an Open Letter that will appeal to governments to honour the promises they have made to children.

UNICEF Regional Director Philip O'Brien stressed, however, that the campaign does not only seek improved policies, laws and services – as important as these are. "It must also address the deep-seated prejudices that fuel exclusion and intolerance, while celebrating the diversity that represents the region's richness and potential," he said.

Деятельность центров социальных служб для молодежи

Светлана Толстоухова, Государственный центр
социальных служб для молодежи, Украина

(Activity of the Centres of Social Services for Youth, by Svetlana Tolstoukhova,
State Centre of Social Services for Youth, Ukraine)

В независимой Украине социальная работа заявила о себе как неотъемлемая составляющая развития государства, гражданского общества. Сделаны первые шаги в теоретическом осмыслении места и роли социальной работы в общественных процессах, создана база для подготовки, переподготовки и повышения квалификации социальных работников. Стабильно функционирует разветвленная сеть социальных служб, разработаны и апробированы социально-педагогические технологии, адаптирован положительный международный опыт. Сама же Украина успешно интегрирована в систему международного сотрудничества в сфере социальной работы.

Сегодня в государстве функционирует сеть центров социальных служб для молодежи (ЦССМ). В соответствии с Законом Украины "О социальной работе с детьми и молодежью" центры ССМ – специальные учреждения, уполномоченные государством принимать участие в реализации государственной молодежной политики путем осуществления социальной работы с детьми и молодежью.

Приоритет деятельности центров социальных служб для молодежи – социальная поддержка разных категорий семей и профилактика негативных явлений.

В соответствии своим функциям центры социальных служб для молодежи:

- принимают участие в реализации государственных, отраслевых, региональных программ социальной работы с детьми, молодежью и семьями;
- осуществляют социальное обслуживание детей, молодежи и семей путем предоставления им психологических, социально-педагогических, юридических, социально-медицинских, социально-экономических, информационных услуг;
- осуществляют социальное сопровождение неблагополучных и приемных семей, детских домов семейного типа, молодежи, которая находится в местах лишения свободы или освободилась из них;
- проводят социально-профилактическую работу по предотвращению правонарушений и последствий отрицательных явлений в детской и молодежной среде, пропагандируют совместно с органами внутренних дел, здравоохранения, образования, службами по делам несовершеннолетних здоровый образ жизни;
- осуществляют социально-реабилитационные мероприятия по восстановлению социальных функций, психологического и физического состояния детей и молодежи, которые подверглись насилию, попали в экстремальные ситуации.

Сегодня в Украине действует 731 центр социальных служб для молодежи: Государственный центр социальных служб для молодежи, Республиканский АР Крым,

24 областных, Киевский и Севастопольский городские, 464 районных, 146 городских, 37 районных в городах, 56 поселковых и сельских.

При центрах функционируют 1630 специализированных служб, включая:

- службы социальной поддержки семей;
- службы психологической помощи «Телефон Доверия»;
- кризисные центры социально-психологической помощи;
- центры социально-психологической реабилитации детей и молодежи с функциональными ограничениями;
- мобильные консультативные пункты социальной работы в сельской и горной местности;
- консультативные пункты для инъекционных потребителей наркотиков «Доверие»;
- службы социального сопровождения несовершеннолетних, которые находятся в местах лишения свободы и возвратились из них;
- службы вторичной занятости молодежи.

Служба социальной поддержки семьи

В Украине действуют 608 служб социальной поддержки семьи, клиентами которых являются 55 приемных семей, 114 детских домов семейного типа и более 58 тыс. неблагополучных (кризисных) семей.

Основные задачи службы:

- социальное сопровождение неблагополучных семей, приемных семей, детских домов семейного типа и оказание услуг (психологических, юридических, социально-педагогических, информационных);
- подготовка молодежи к семейной жизни.

Служба психологической помощи „Телефон Доверия"

При центрах ССМ созданы и действуют 92 службы "Телефон Доверия" (включая "горячие" линии), специалистами которых ежегодно предоставляется свыше 100 тысяч индивидуальных услуг.

Основные задачи службы:

- предоставление помощи абонентам с суицидальными намерениями, которые имеют проблемы межличностных отношений в семье, проблемы, связанные с воспитанием, здоровьем, злоупотреблением химических веществ, сексуальные проблемы, проблемы адаптации, занятости, финансов, досуга и т.п.;
- информирование и консультирование по проблемам социализации и развития молодого человека;
- сотрудничество с другими учреждениями, общественными организациями, правоохранительными органами для предоставления помощи в кризисных случаях.

Мобильные консультативные пункты социальной работы в сельской и горной местности

Сегодня в Украине действуют 466 мобильных консультативных пунктов. Основные задачи службы:

- пропаганда здорового образа жизни, репродуктивного здоровья, профилактика отрицательных явлений, распространение знаний о ВИЧ-инфекции, СПИДе, ИППП и т.п. среди детей, молодежи и разных категорий семей в сельской и горной местностях, где отсутствуют стационарные специализированные учреждения социальной работы;
- проведение "психологических десантов" в воинских частях с целью профилактики, направленной на предупреждение аморального, противоправного, асоциального поведения, предотвращение отрицательного влияния на жизнь и здоровье, выявление и устранение причин отрицательных проявлений среди военнослужащих.

Служба социального сопровождения молодежи, которая находится в местах лишения свободы и возвратилась из них

Сегодня работой 224 служб социального сопровождения молодежи, которая находится в местах лишения свободы и возвращается из них, охвачено 11 воспитательных колоний для несовершеннолетних, 19 следственных изоляторов, 38 исправительных колоний.

Основная задача службы:

- предоставление социальных услуг несовершеннолетним, которые находятся в местах лишения свободы;
- осуществление социального сопровождения несовершеннолетних, которые возвращаются из мест лишения свободы.

Основные функции службы:

1. В исправительной, воспитательной колонии, следственном изоляторе:
   - психолого-педагогическое и правовое консультирование воспитанников ИК и СИЗО для социальной реабилитации, подготовки к освобождению;
   - информационно-просветительская и воспитательная работа;
   - взаимосвязь с ЦССМ по месту жительства молодежи, которая освобождается из мест лишения свободы.
2. Специализированные социальные службы при ЦССМ осуществляют:
   - учет клиентов;
   - социальное сопровождение с целью адаптации несовершеннолетних и молодежи, которые возвращаются из мест лишения свободы;
   - взаимосвязь с компетентными учреждениями и специалистами;
   - работа с семьями;
   - содействие обучению и трудоустройству.

Кризисные центры социально-психологической помощи

На сегодня действует 3 кризисных центра. На протяжении 2003 года планируется открыть еще 12.

Основные задачи службы:

- социальная помощь в кризисной ситуации семьям или отдельным ее членам;
- восстановление социальных функций, стабилизация психологического и физического состояния лиц, которые попали в экстремальные ситуации.

Консультативные пункты "Доверие" для инъекционных потребителей наркотиков

Действуют 37 КП "Доверие", из которых в 20 осуществляется обмен шприцев.

Главная задача службы – профилактика ВИЧ/СПИДа среди молодежи, которая употребляет наркотики инъекционным путем.

Функции службы:

- предоставление социально-медицинских, психолого-педагогических, правовых, информационных консультаций;
- распространение информационно-просветительских материалов;
- организация групп взаимопомощи;
- обмен и утилизация использованных шприцев.

Центры социально-психологической реабилитации детей и молодежи с функциональными ограничениями

Сегодня при центрах ССМ действует 53 центра социально-психологической реабилитации детей и молодежи с функциональными ограничениями. Услугами центров ежегодно пользуются около 30 тыс. человек, которым предоставляются услуги на предмет физической, психологической, трудовой реабилитации, развития творческих способностей и т.п..

Основные задачи службы:

- социально-психологическая, трудовая и физическая реабилитация детей и молодежи с функциональными ограничениями, развитие творческих способностей;
- организация и проведение творческой смены в МДЦ "Артек" для детей с функциональными ограничениями, которые являются победителями региональных фестивалей "Поверь в себя!";
- обеспечение участия творческих работ детей и молодежи, которые имеют функциональные ограничения, во Всеукраинской благотворительной акции "Аукцион работ детей и молодежи с функциональными ограничениями".

В Международном детском центре "Артек" с целью содействия развитию творческих способностей детей, психологической реабилитации и интеграции их в общество традиционно проводится творческая смена для детей с функциональными ограничениями "Поверь в себя, и в тебя поверят другие!" Ее участниками ежегодно становятся около 300 детей, победителей региональных творческих фестивалей.

Специализированные службы вторичной занятости

В Украине действует 147 специализированных служб вторичной занятости. Целью их деятельности является информационная помощь, профориентация, содействие в трудоустройстве и вторичной занятости молодежи.

Государственный центр социальных служб для молодежи (ГЦССМ) является методической базой для центров социальных служб для молодежи.

Сделаны первые шаги к созданию системы повышения квалификации социальных работников Украины. Это результат совместной работы Государственного центра и ведущих учебных заведений страны, среди которых:

- Национальный педагогический университет имени Драгоманова;
- Межрегиональная академия управления персоналом;
- Тернопольский государственный педагогический университет.

Главными партнерами ГЦССМ по реализации социальных программ являются:

- Государственный департамент Украины по вопросам выполнения наказаний (социальная работа с несовершеннолетними и молодежью, которые находятся в местах лишения свободы и возвращаются из них);
- Главное управление социально-воспитательной работы Министерства обороны Украины (социальная работа с военнослужащими, допризывной молодежью; организация работы консультпунктов в военкоматах, проведение психологических десантов в воинских частях);
- Отдел криминальной милиции по делам несовершеннолетних Министерства внутренних дел Украины (сопровождение неблагополучных семей, профилактика правонарушений среди несовершеннолетних);
- Детский Фонд Объединенных Наций (ЮНИСЕФ) (реализация совместных проектов «Профилактика ВИЧ/СПИДа среди молодых людей, которые употребляют наркотики инъекционным путем», «Дружественные услуги для молодежи»);
- Украинский офис Христианского детского фонда (организация и проведение совместных обучающих семинаров по социальной работе);
- Международный женский правозащитный центр "Ла-Страда Украина" (решение вопросов профилактики торговли людьми и насилия в семье);
- Ассоциация трудовых объединений молодежи Украины (организация общественных работ и вторичной занятости молодежи).

Социальная работа с молодежью.
Опыт Школы равных возможностей

*Дарья Непочатова, международная общественная организация
"Школа равных возможностей", Украина*

*(Social Work with Youth. The Experience of the "Equal Opportunity School",
by Daria Nepochatova, International non-governmental organization
"Equal Opportunity School", Ukraine)*

Международная общественная организация «Школа Равных Возможностей» (ШРВ) создана в 2000 по инициативе молодых людей из разных регионов Украины, которые прошли обучение в «Летней школе – 2000 по предупреждению торговли людьми». Ее целью является участие в формировании гендерной политики в Украине.

Деятельность ШРВ охватывает такие направления, как:

- организация и проведение тренингов;
- проведение информационных профилактических кампаний;
- работа в «кризисных» и «маргинальных» молодежных группах;
- оказание поддержки социально активным представителям молодежи в реализации общественных просветительских программ.

ШРВ поднимает и делает все, что решить такие проблемы, как: торговля людьми, утверждение гендерного равенства, защита прав детей, предупреждение домашнего насилия, борьба с наркотиками и табакокурением.

В ШРВ реализует следующие программы:

Зимние и летние гендерные школы по предупреждению торговли людьми

Цель программы – подготовка тренеров среди активной молодежи для организации и осуществления деятельности (тренингов, информационных кампаний), которая направлена на предотвращение торговли людьми (особенно молодыми женщинами и детьми) в разных регионах Украины.

Программа Школы базируется на пяти тренинговых блоках:

1. «Эффективное лидерство и коммуникация»;
2. «Равные возможности участия в политической жизни – гендерная политика»;
3. «Торговля людьми: мифы и реальность»;
4. «Третий сектор в Украине: возможности создания и развития общественной организации»;
5. «Основы предпринимательства».

Box 13. Trafficking in Women from Ukraine
Торговля женщинами из Украины

С начала 90-х годов торговля молодыми женщинами из стран СНГ приобрела угрожающие размеры. Среди стран СНГ Украина занимает первое место по количеству женщин, преимущественно в возрасте до 25 лет, принуждаемых за границей к занятию проституцией. Исследователи полагают, что в настоящее время приблизительно 100.000 молодых украинских женщин занимаются проституцией за границей. Торговля женщинами является грубым нарушением основных прав человека и оскорблением человеческого достоинства.

Причинами торговли женщинами во всем мире являются бедность и безработица. Однако эта проблема не является актуальной для всех бедных регионов мира. Поэтому ее нужно исследовать с учетом других аспектов и факторов, обуславливающих торговлю женщинами, таких как: глобализация, миграция населения, организованная преступность, а также изменений, происходящих в обществе.

Методы вербовки женщин разнообразны и в то же время традиционны (объявления в газетах, предложения через знакомых и т.д.). Молодым женщинам обещается лучшая жизнь в странах с более высоким уровнем развития. Им предлагается хорошо оплачиваемая работа в сфере общественного питания, обслуживания, уходу за детьми или в качестве танцовщиц. Иногда открыто предлагается заняться проституцией. По прибытии за границу у женщин отбирают документы и их принуждают к занятию проституцией.

Украина осознала масштабы этой проблемы и приняла меры к борьбе с торговлей женщинами (в частности, введение в 1998 году в Уголовный кодекс Украины статьи - "торговля людьми"). В то же время существует ряд нерешенных проблем на пути предотвращения торговли женщинами.

**Ламара фон Альбертини
Инвестиционный фонд Джулиуса Байера, Швейцария**

Воскресная гендерная школа

Цель гендерной школы – проведение неформального гендерного (равные права и равные возможности) обучения молодежи. Еженедельно тренинги в гендерной школе проводят юные тренеры, подготовленные в Зимних и Летних школах. Темы тренингов: эффективное лидерство, гендерное равенство, предотвращение торговли людьми, здоровый образ жизни, наши права, предотвращение домашнего насилия, основы предпринимательства.

Гендерный интерактивный театр - вид театра уличного действия, объединение сценического искусства и социальной услуги. Используя самую актуальную информацию, театр несет в себе профилактическую функцию и раскрывает пути решения социальных проблем образными средствами. Сегодня в репертуаре театра 8 интерактивных представлений-миниатюр:

Мобильный кризисный центр психологической помощи молодежи «МАЯК»

Цель центра – предоставление информационной, психологической, эмоциональной поддержки подросткам с целью их интеграции и адаптации в обществе.

Основные направления деятельности Центра "Маяк":

- ***Предоставление психологических консультаций подросткам.*** Реализация данного направления происходит путем предоставления первичного консультирования. Для предоставления большего количества консультаций планируется открытие телефонной "горячей линии".

- ***Проведение тренингов по вопросам защиты прав детей***, предупреждения и преодоления любых форм насилия, решения конфликтов, повышения самооценки, развития лидерских навыков, формирования здорового образа жизни и т.п. Программа тренингов рассчитана на две целевые аудитории на основе использования методики "равный - равному" через созданную систему дежурства волонтеров-консультантов. Волонтеры-консультанты прошли специальный подготовительный курс, целью которого было содействие осознанию подростками своей роли, места и значения в решении проблем, с которыми сталкивается сегодня молодежь.

- ***Ученики старших классов.*** Цель тренингов – ознакомление участников с правами человека и ребенка, формирование активной жизненной позиции, развитие навыков защиты собственных прав;

- ***Учителя.*** Цель тренингов – ознакомление учителей с правами человека (частота проведения зависит от потребностей учеников и учителей).

Работа с родителями в Школе осознанного родительства

Цель Школы состоит в популяризации концепции осознанного родительства как способа создания благоприятных условий для гармоничного развития детей. Программа Школы состоит из четырех практических занятий, которые проводятся каждую неделю на протяжении месяца: "Права человека - права детей - права родителей", "Здоровье ребенка – это не только отсутствие болезней", "Личность ребенка – о чем следует помнить", "Осознанное родительство как ручательство гармоничных отношений в семье". На протяжении обучения слушатели школы получают профессиональные консультации специалистов Киевской медицинской академии последипломного образования.

Одним из новых и важных направлений работы, над реализацией которого ШРВ работает совместно с Государственным комитетом Украины по делам семьи и молодежи, является программа «Гендерное образование - регионам Украины». В рамках этой программы реализуется одноименный проект, поддержанный Канадско-Украинским гендерным фондом.

Программы Школы Равных Возможностей направлены на поддержку и обучение широких кругов молодежи с дальнейшим распространением методик, углублением учебных курсов, где молодые люди являются и объектом, и субъектом учебного процесса, где все тренеры учат и учатся сами.

III. Encouraging Youth Entrepreneurship

Малый бизнес – шанс и возможность молодежи утвердиться в жизни

Еуджен Рошковану, Ассоциация малого бизнеса, Республика Молдова

(Small Business – A Chance and Opportunity for Youth to Find Its Place in Life, by Eugen Roshcovanu, Small Business Association, Republic of Moldova)

Динамика участия молодежи в развитии малого бизнеса Республики Молдова за годы её независимости показала, что этот сектор привлекает многих. Но мы еще не можем говорить о серьезных сдвигах в национальной экономике Республики Молдова, скорее всего потому что малое предпринимательство развивается скачкообразно. При этом резкие падения вниз являются результатом попыток исполнительной и законодательной власти как бы улучшить его положение.

Однако известно, что в странах, где эта сфера экономики развивается десятилетиями, малые и средние фирмы устойчиво создают до 50-60 % валового внутреннего продукта (ВВП). По данным экспертов ООН, в малом бизнесе задействовано более половины населения мира. В США действует более 20-ти миллионов малых и средних фирм. По доступным нам сведениям, в Европе примерно столько же малых и средних предприятий, которые обеспечили более 75 миллионов рабочих мест.

В Республике Молдова считается зарегистрированными более сотни тысяч экономических агентов малого бизнеса, но реально представляющих отчеты меньше одной трети, из которых опять же разве что одна треть может похвастаться прибылью. Причем характерно, что наибольшая доля частного сектора приходится на торговлю и сферу услуг. Особое место занимают крестьянские хозяйства. Но, к сожалению, лишь очень небольшую часть можно отнести к понятию фермерское хозяйство. При разделе, т.е. при приватизации земли, получилось так, что иногда у человека, имеющего неполный гектар, земля разделена на 22 участка в разных концах деревни. Увы, это из жизни. Эти сведения и многие другие мы получили на «Горячей Линии» в Ассоциации малого бизнеса. Это информационная телефонная линия для тех, кто хочет начать свой малый бизнес, и для тех, кто уже в этом бизнесе хочет расширить свое дело и нуждается в дополнительной информации. «Горячая Линия» действует в рамках проекта BIZPRO Молдова (USAID). Более 40% звонков исходят от молодой аудитории, желающей иметь свое небольшое дело. Сравнивая, анализируя и обобщая данные за полтора года, мы получили достаточно грустные цифры.

При сравнении статистических показателей по малому бизнесу в Республике Молдова и в странах с развитой и устойчивой рыночной экономикой вырисовывается разительный контраст. По занятости населения в этом секторе экономики, по численности предприятий, а также по вкладу в создаваемый в стране ВВП малый и средний бизнес Республики Молдова далеко позади.

По данным Департамента статистики Республики Молдова, в настоящее время на сектор малых предприятий приходится 90 % от общего числа предприятий. Однако группа малых предприятий страны, предоставляющих балансы, обеспечила всего 23% оборота по республике и 26% численности занятого населения. В то время как, согласно данным ООН, в развитых странах численность работников в этом секторе составляет больше половины от численности всего населения.

Результаты хозяйственной деятельности малого бизнеса, финансовая и правовая практика в Республике Молдова показали, что, несмотря на многочисленные попытки, государство так и не сумело создать нормальные условия для развития национальных производителей, для развития и расширения малого бизнеса в целом.

Система налогообложения в Республике Молдова - одна из наиболее уязвимых и часто критикуемых сфер проводящейся экономической реформы. В то же время, по нашим данным, растет количество молодых менеджеров. Все больше выпускников высших учебных заведений открывают собственное дело. Конечно, им не всегда хватает опыта и, главное, информации. Мы, как общественная организация, стараемся им помочь.

Эффективной является программа «Ваучер» проекта BIZPRO Молдова (USAID). 70% тех, кто хочет узнать, как начать собственный бизнес, составляет молодежь до 25 лет. Многие из них будущие юристы, врачи, инженеры, экономисты и студенты последних курсов по другим специальностям, которые хотят знать, как после окончания ВУЗа можно начать свой бизнес. Меньше представителей ремесел. Условия для развития бизнеса достаточно сложные, деловой климат мог бы быть лучше. Тем не менее молодежь это не останавливает. В такой ситуации молдавские бизнесмены стоят перед дилеммой: уклоняться от налогов или быть законопослушными налогоплательщиками. И, как показывает практика, многие экономические агенты вынуждены избирать после первого отчета иной путь – «теневую экономику» или вообще оставляют все и уезжают на заработки в Европу.

Конечно, не все. Малый бизнес - это средний класс, который стремится к стабильности и законопослушанию. Официально считается, что средний возраст населения Республики Молдова составляет 34,5 года. В этом смысле восхищает настойчивость и целенаправленность молодых бизнесменов. Это вызывает симпатию и часто мы в Ассоциации малого бизнеса оказываем им консультационные услуги по символическим ценам или в кредит.

По данным Центра по исследованию проблем рынка при Министерстве экономики Республики Молдова, оборот «теневой экономики» Республики Молдова увеличился с 40% в 1993 - 1996 гг. до 70% в 2000 году. Отмечается, что значительно повысился процент уклонения от налогов экономических агентов в Республике Молдова: с 30% в 1990 г. до 60% в 2000 году и, судя по последним докладам международных организаций, эти тенденции сохранились в молдавской экономике. В то же время, по другим правительственным источникам, оборот «теневого бизнеса» по отношению к легальному занимал в 2002 году около 30%. Истина, видимо, где-то посередине.

Многие считают, что это реальные резервы сектора малого и среднего бизнеса, которые в случае создания благоприятных условий могут привести к экономическому росту. Но это слишком оптимистический вывод. Наблюдается резкое различие уровня жизни нуворишей и остального населения.

Молодой волне бизнесменов нужно оказывать реальную помощь в виде кредитов на стартовый капитал и льгот. Население имеет низкую покупательскую способность. Рынок наводнен товарами "second hand", которые оказывают большое давление на производство. И, конечно, при наших высоких налогах им невозможно составить конкуренцию.

Малый бизнес нуждается в государственной поддержке, прежде всего, в силу того, что он обеспечивает стабильность в обществе. Без нее предприниматели не могут иметь более и менее стабильные прибыли.

По официальным заявлениям, поддержка малого предпринимательства является одной из приоритетных задач. Но закон "О поддержке и защите малого бизнеса" так же не предусматривает никаких улучшений, как и Государственная Программа поддержки малого предпринимательства, Государственная программа поддержки молодежи и многие другие законы, среди которых и "О зонах свободного предпринимательства", "Об иностранных инвестициях", "О предпринимательстве и предприятиях", "О лизинге", "О франчайзинге", «О молодежи».

Весьма странно. Казалось бы, реальные попытки создания единой системы государственной поддержки малого предпринимательства тщетны. Но олигархия всесильна, и она крепко держит власть.

Как же определяется у нас малый бизнес ? Какое место может занять в нем молодежь ? Согласно законодательству Республики Молдова, к микропредприятиям относятся те, численность работающих в которых составляет от 1 до 9 человек, а годовой оборот не превышает 3 миллионов лей; к малым предприятиям относятся те предприятия, численность работающих в которых составляет от 10 до 50 человек, а годовой оборот не превышает 10 миллионов лей. Категория среднего бизнеса у нас не определена.

Как будто все есть. Но налицо потеря интеллектуального потенциала. Масса документов, призванных поддерживать и стимулировать, а молодежь уходит. Неужели не используются очевидные шансы ?

Шанс, конечно, всегда есть. Но может и не сработать. В чем же дело ? Очевидно, необходимо и положительное отношение к выполнению тех или иных задекларированных принципов.

Вот яркий пример. В прошлом году Министерством труда было запланировано 20 миллионов лей на оказание помощи тем, кто хочет взять льготный кредит на открытие своего небольшого дела. Лучше не бывает! Но все тянулось целый год. И в конце все эти деньги были выданы в качестве пенсий.

Это был шок для предпринимателей. Как же поступать в таких случаях? В конечном счете мы осознали, что, в принципе, не произошло ничего нового. Это стиль. Это образ мыслей у власть предержащих...

В конце концов стало понятно, что эти деньги были использованы как инструмент для манипулирования общественным мнением и не только. И это не в первый раз! С другой стороны, огромный долг государства равен ее внутреннему валовому продукту (ВВП).

Что же делать ? Стоит ли из-за этого возмущаться ? Естественно, стоит. Но сидеть и ждать, когда вам постучат в окошко и спросят: «Не хотите ли рабочее место, кредит, квартиру, пособие на ребенка !?»

Тоже, наверное, не стоит. Однозначно, нет. Что же тогда делать? Выходить на улицы и громить все? Авось, так услышат. Услышат ли так? Будет драка. И таких драк было много. Совсем недавно уже кое-что натворили. Не перестроились. И что в результате? Нет нормальных экономических связей. И разруха, извините, не только в Республике Молдова...

Конечно, не всем выгодно говорить о силе гражданского общества. Невыгодно. Не всем это выгодно. На невежестве, ведь, можно хорошо заработать.

Но гражданское общество это большая и конструктивная сила! Можно на уровне гражданского общества строить свое новое реформированное общество. Создавать совместные фирмы, торговать, строить, производить, и можно ладить друг с другом без предрассудков. И порой то, что не способны или не хотят решать на других уровнях, можем мы решить на уровне гражданского общества. И должны решать, обмениваясь информацией и опытом, реализуя новые идеи и создавая предприятия.

Малый бизнес - это шанс для всех. В нем для молодежи открыт огромный потенциал, который можно решить, используя именно этот шанс.

И у нас, у Ассоциации малого бизнеса, есть опыт и положительные примеры. Вот недавно два выпускника Академии экономических знаний пришли к нам, заявив о том, что они хотят иметь свой бизнес. Мы помогли им и советом, и информацией, и консультациями. Фирму они создали.

Нет денег? Да, нет. И они решают эту проблему по-другому. Представительство. Они решили вести переговоры и создать представительства крупных хозяйств. Уже в своей открытой фирме. Смогли договориться. Мы же помогаем им в поиске партнеров, адресами, опытом, советом. А иногда и ведем для них переговоры.

Я убежден, не существует конфликта поколений. Это надуманная причина многих зол в целях манипулирования людьми, и особенно молодежью.

Предпринимательство - это возможность утвердиться и заработать для себя и для семьи. Нет человека, который пришел бы и сказал бы: «Вот тебе миллион и делай бизнес». В сказках бывает, в жизни не встречал. Зато миллион можно заработать, открыв свое дело. Сегодня малый, завтра средний и так далее. Наши шансы всегда сохраняются в малом бизнесе. Фактически, все начинали с него.

Что лучше, прозябать в крупной компании, ожидая непредсказуемого роста карьеры, или взять быка за рога и быть хозяином своей жизни, используя все шансы. Кто-то должен рисковать. И хочу сказать, рискуют всем и в 40, и в 50 лет. Никто не хочет пропустить свой шанс. Почему же должны пропустить его те, кому за 16 и до 30-ти, 35-ти лет?

Кстати, миллионерами всегда становятся к 23-25 годам. Как правило. Но есть и масса исключений. И для этого необходимо использовать свой шанс. Можно сказать, что малый бизнес - это золотые ворота, которые всегда открыты и всегда дают повод выйти в прекрасный мир шансов, где, в принципе, все зависит от тебя самого. Для этого нужно быть смелым, активным и напористым.

Конечно, мы хотим иметь льготы: в налогах, кредитах, выделении помещений, транспорта, информации. Но может статься и неинтересным процесс, где тебя как бы ведут за руку, и ты должен только исполнять. С другой стороны, нам всем нужно ощущение стабильности и доверия.

Ассоциация малого бизнеса Республики Молдова готова сотрудничать со всеми организациями, поддерживающими частную инициативу. Для нас это важно, и мы, как неправительственная и неполитическая организация, образовались «снизу» без чьей-то помощи для того, чтобы защищать свои интересы собственными силами.

В прошлом году в Полтаве мы смогли вместе с другими подобными ассоциациями вступили в объединение общественных ассоциаций малого и среднего бизнеса, куда вошли более 20 бизнес-ассоциаций Украины, России, Армении, Таджикистана, Республики Молдовы. То есть, если мы хотим, то можем. Мы, как Ассоциация малого бизнеса, стараемся поддерживать отношения с украинскими неправительственными организациями, потому что это позволяет найти партнеров и обменяться опытом. Что касается именно малого бизнеса, мы можем сказать, что накопили хорошую базу данных, что позволяет найти партнеров практически во всей Европе, Америке и Азии.

В малом бизнесе без этого не выживешь. Или ты открыт и готов сотрудничать, кооперироваться, или подвергаешь себя риску многое потерять. Если не все.

Помню, год назад в Киеве, на тренинге BIZPRO, вместе с украинскими коллегами мы сделали неплохой проект создания двух инфоцентров в Республике Молдова и в Украине, чтобы помогать нашем бизнесменам четкой информацией о законодательстве обеих стран, о таможенных правилах. Это было бы реальной помощью бизнесменам Республики Молдова и Украины.

Если мы на уровне гражданского обществе не поможем друг другу, то вряд ли кто-то за нас это сделает. У нас такой опыт. А у Вас ?

Конечно, идея создания таких информационных центров, виртуальных инкубаторов, «Горячих линий» хороша сама по себе, но для этого нужно финансирование. Эта проблема всегда остается злободневной. Я приверженец международных проектов. Это расширяет внутренний кругозор людей, учит терпимости, способствует стабильности.

Нам кажется, что обмен опытом соседей должен быть активным и постоянным. И это приведет к большей эффективности. В этом смысле мы предлагаем создать общими усилиями виртуальный бизнес-центр, который для начала охватил бы услугами Республику Молдова и Украину, а потом другие ближайшие государства. Что дает такой виртуальный инкубатор или бизнес-центр? В первую очередь, он облегчит поиск партнеров. Далее, обеспечит в режиме non-stop информацией о запросах рынка, о существующих товарах и т.д. Я предлагаю сделать демонстрационный проект такого международного инкубатора в Республике Молдова. И не потому, что я оттуда, а потому, что мы находимся на стыке между ЕС и бывшим пространством СНГ. Мы как бы усвоили и привычки стран ЕС и, конечно, знаем свои страны СНГ. Притом, я подчеркиваю, что это демонстрационный проект. Потом по накопленному опыту можно организовать виртуальный инкубатор или бизнес-центр и в других регионах.

Хочу подчеркнуть, что это не должен быть как бы закрытый офис, закрытая система. Здесь желательно, чтобы были приглашены консультанты и менеджеры из Киева, Бухареста, Варшавы, Софии. Опыт такого международного виртуального бизнес-инкубатора был бы бесценным. Уже доказано, что закрытость и протекционизм не приносит пользы. Земля наша уже мала. Расстояния как бы и не существуют. Необходимо пройти барьер чисто психологического характера. Европа рядом. Не просто Европа, а та самая.

Европейский Союз уже на наших границах. Давайте научимся у них работать, зарабатывать легально деньги и быть хозяевами своей судьбы. Если там человек изучает английский или немецкий, он едет в страну, где говорят на этих языках, и изучает их. У нас совсем другое. У нас и у вас не хватает рабочих мест, и наши люди едут работать гастарбайтерами по всему СНГ и по всему миру. А ведь те же небольшие предприятия, малые предприятия как юридические лица, легально на основании договора могли бы решать проблемы трудоустройства, легализации целого спектра услуг. Мы не можем закрывать глаза на то, что, например, молодой человек из молдавской деревни работает, скажем, на сахарном заводе в Подмосковье. Там он нашел работу и она его устраивает.

Другие ценности приходят в нашу жизнь, хотя мы не всегда можем или хотим их признать. В то же время мы забываем, что посредством небольшой фирмы можем открыть собственное рабочее место, да и для других тоже. Конечно, зачастую для этого нужно кооперироваться, т.е. найти надежного партнера. А это, как вы понимаете, зависит от степени открытости. И этому может помочь упомянутый международный бизнес-инкубатор. Во всяком случае, это тоже может быть шагом к развитию международного сотрудничества на уровне гражданского общества.

В конце концов мы на уровне гражданского общества должны создать условия для выбора. Одному хочется жить в маленьком домике в глухом лесу, а другому и собственная страна мала. Шанс выбора по желанию должен быть у обоих. Но самый лучший шанс - это тот, который обеспечивает тебя смыслом жизни и ресурсами для жизни. И это всегда остается открытым вопросом, решить который всегда даст возможность порой не большое, но собственное дело. Это честный и ясный путь и средство борьбы с бедностью.

Отсутствие средств и плохое жилье - это недостаток жизни, и с ним должны бороться не только правительство, но и мы сами, как неотъемлемая часть общества.

Сотни тысяч молодых людей рассеяны по всему миру. Фактически нет в стране человека, который не имел бы сейчас родственника, работающего где-то за границей. И чаще всего нелегально. Конечно, здесь играет роль и желание найти «райское место», и мысль о том, что где-то лучше. Что лучше - это несомненно, но что все это было сделано руками граждан тех стран - это факт.

Конечно, у нас в Республике Молдова не все безнадежно. Все знают о проблемах молодежи. Во всяком случае мы можем говорить о планах. Работает один бизнес-инкубатор, готовится другой бизнес-инкубатор с помощью проекта BIZPRO Moldova

(USAID). Да и мы, как общественная организация, стараемся помочь молодым бизнесменам и тем, кто хочет связать свою деятельность с малым бизнесом.

Конечно, неплохо, что мы имеем в стране как бы школу молодых премьер-министров. Жаль только, что они могут получить и уроки недемократического премьерства. Но есть то, что есть, и из всего нужно извлекать уроки и учиться на чужих ошибках.

Отчасти и для этого мы здесь. Мои соотечественники из зала, я сам приехали перенять лучшее и рассказать о своем опыте, планах и предложениях. Я уверен, сотрудничество получится, партнерство будет развиваться. Это в наших силах. Я именно так думаю. Много молодых предпринимателей становятся членами нашей организации. Они вносят «свежий дух» нового предпринимательства. Действуют смело и энергично.

Конечно, несовершенство законодательства, коррупция чиновников их угнетает и возмущает. Это тяжелые уроки жизни. Но есть надежда, что именно новая волна молодых деловых людей изменит так называемые ценности. Я уверен, что именно они будут в выигрыше.

Молодежное предпринимательство в Республике Узбекистан

Нилуфар Гулямова, Кредитный Союз «Шердор», Узбекистан

***(Youth Entrepreneurship in the Republic of Uzbekistan,
by Nilufar Gulyamova, Credit Union "Sherdor", Uzbekistan)***

Одно из основных внутренних противоречий глобального мира состоит в том, что он может пренебрегать интересами отдельных породивших и цементирующих его составляющих – хозяйствующих субъектов и целых стран.

Для экономик развивающихся стран, для малых и средних фирм глобализация несет больше угроз, чем для стран с развитой, устойчивой экономикой и крупных предприятий с диверсифицированным производством.

Но в развивающихся странах сегодня проживает около 85% всего населения планеты, а в малом и среднем бизнесе большинства из этих стран занято до 70-90% трудоспособных. Да и в развитых странах на этот сектор экономики приходится от 30 до 60% трудоспособного населения. И везде он испытывает давление как конкурентного отечественного, так и глобального, мирового рынка. Выжить в таких условиях — сложнейшая задача.

Однако пренебрежение проблемами малых единиц в глобальном мире крайне опасно. Это может подорвать не только первооснову всей мировой экономики, но и социальную стабильность в мире.

Эта проблема для нас очень актуальна, так как в настоящее время основную часть безработных составляют молодые люди. Развитие малого и среднего бизнеса способствует увеличению занятости молодёжи. Очень высокий уровень безработицы, особенно среди молодежи, также уменьшил уровень дохода населения в стране.

Основной демографической особенностью республики являются достаточно высокие темпы роста населения и, следовательно, молодежи, вступающей в трудоспособный возраст. Ежегодно прирост трудовых ресурсов в стране составляет примерно 200-230 тысяч человек. В этой связи обеспечение рабочими местами трудоизбыточного населения, решение проблем безработицы - это одна из самых острых экономических и социальных проблем страны.

Следующей особенностью республики является проживание большей части (около 60%) узбекского населения в сельской местности. Именно в сельской местности наиболее остро стоит вопрос трудозанятости и обеспечения источников доходов живущих здесь людей. Сельское хозяйство из-за ограниченности земельных и, в первую очередь, водных ресурсов не может полностью решить эту задачу. Мало того, дальнейшее повышение эффективности сельскохозяйственного производства непосредственно сопряжено с высвобождением рабочей силы, что может создать новую напряженность в обеспечении занятости населения на селе. Также нужно отметить, что основная часть сельской молодёжи не имеет возможности продолжить свое обучение, что ещё более усложняет состояние занятости молодёжи.

Обобщая сказанное, мы приходим к выводу, что МСП должно стать не только основным звеном в формировании валового внутреннего продукта страны, но и способствовать созданию новых рабочих мест, в том числе в сельской местности, обеспечивая занятость населения, а также являться источником дополнительных доходов населения, обеспечения национального благосостояния.

Какова основа проблемы? Все страны, основанные и развитые в период Советского Союза, и мировые общины, стимулирующие реализацию демократии и экономических реформ, столкнулись с множеством проблем, особенно в области развития малого и среднего предпринимательства.

По моему мнению, медленное развитие предпринимательства среди молодёжи зависит от того, что сегодняшняя молодёжь, приблизительно 15 лет и старше, была рождена в советский период в семьях, где родители, бабушки и дедушки были рождены и жили в экономическом строительстве, когда ПРЕДПРИНИМАТЕЛИ отсутствовали как класс. И такие слова, как "предпринимательство", "бизнесмены", "капиталист" в советском словаре были просто оскорбительны.

Если молодые люди из Америки и Западной Европы имеют возможность изучать бизнес и его правила с очень раннего детства, молодые люди, растущие в Узбекистане, не имеют такой возможности, потому что они не получили подобное образование, и, более того, они просто не имеют полного и углубленного понятия о бизнесе. Также на состояние предпринимательства среди молодёжи влияют и другие факторы, которые сконцентрированы главным образом в начальных, средних и высших образовательных учреждениях, где бизнес-дисциплины преподаются людьми, сформированными в Советском Союзе, и следовательно они знают о предпринимательстве только теоретически и не имеют практики бизнеса.

Конечно, правительство предпринимает меры, чтобы привлечь молодых людей в различные проекты, связанные с развитием деловых навыков, но молодые люди, которые учатся за границей за счет финансирования правительства, часто не возвращаются в страну и находят рабочие места в иностранных компаниях. Кроме того, их число слишком незначительно по сравнению с общим числом молодежи.

Узбекистан организовал образовательные программы по созданию различных бизнес-школ, бизнес-инкубаторов, колледжей и профессиональных технических учреждений, которые ориентируются на обучение компьютерной грамотности, иностранным языкам, бизнес-дисциплин. Они, главным образом, расположены в городах. Но 80 % населения в Республике Узбекистан живет в сельской местности и занимается сельским хозяйством.

Также многие молодые предприниматели, которые только начинают свою деятельность, не знают своих прав, не знают, как правильно начать свой бизнес. Эти факторы также отрицательно влияют на их деятельность. Спустя некоторое время из-за своей неграмотности они вынуждены останавливать свою деятельность или просто обанкротятся.

Охватить все проблемы, существующие в сфере предпринимательства в Республике Узбекистан, нет возможности. Я хотела бы остановиться на своей точке зрения решения проблемы развития предпринимательства и занятости молодежи в нашей стране.

Несомненно это использование наиболее продвинутых достижений человечества - Интернет, спутниковое телевидение, средств массовой информации. К сожалению, это не доступно для каждого.

Однако есть такой ресурс, который может использоваться как самый приемлемый инструмент для поднятия деловой активности, мотивации молодежи, чтобы работать, создавать свой собственный бизнес – проведение семинаров, тренингов на местах. Во время тренингов молодые предприниматели будут учиться составлять бизнес–планы, изучать новые законы, учиться защищать свои права, узнавать последние налоговые вести, обмениваться новостями и опытом. Кроме того, эти семинары должны быть организованы людьми, которые непосредственно знают внутренние проблемы молодежи.

Я уверена, что наши усилия по обучению узбекской молодежи организации бизнеса, развитие демократии в стране и открытие пути к мировому рынку с помощью международных организаций, типа Мирового молодежного банка (WYB), принесут собственные плоды в скором будущем.

Деятельность Ассоциации малого бизнеса Республики Молдова

Еуджен Рошковану, Ассоциация малого бизнеса, Республика Молдова

(Activity of the Small Business Association of the Republic of Moldova, by Eugen Roshcovanu, Small Business Association, Republic of Moldova)

На заседании инициативной группы деловых людей малого бизнеса было принято решение о создании ассоциации, которая будет защищать и представлять их интересы в Республике Молдова.

Всё началось ещё в 1997 году. На протяжении многих месяцев предприниматели встречались, чтобы обсудить различные проблемы, связанные с малым бизнесом: инспекции, проверки, налоги, менеджмент, маркетинг и т.п.

С тех пор удалось создать организацию на национальном уровне, имеющую филиалы и представительства по всей стране. В ноябре 1998 года в Министерстве юстиции Республики Молдова была официально зарегистрирована Ассоциация малого бизнеса (АМБ). Была представлена общественности рабочая программа Ассоциации, её требования и особенности деятельности в качестве неправительственной организации. Последовавшие пресс-конференции, заявления и открытые письма обратили внимание как государственных чиновников, так и общества в целом на бедственное положение малого бизнеса в Республике Молдова. Одним из событий особого значения стала Национальная конференция «Малый бизнес: проблемы и методы их решения». Она была организована силами Ассоциации малого бизнеса (АМБ).

Члены Ассоциации принимали активное участие в Международной конференции «Малый бизнес – путь к прогрессу», организованной USAID в Кишинёве. Расширяется география филиалов, растёт количество членов АМБ.

УСПЕХИ

1. было выполнено большинство пунктов программы АМБ;
2. АМБ способствовала утверждению Государственной программы развития малого бизнеса на 2002-2005 гг.;
3. были и будут открыты новые линии по микрокредитованию с целью стимулирования развития малых предприятий;
4. получены определенные льготы для микробизнеса;
5. получены льготы по оплате НДС для малого бизнеса;
6. введены новые поправки к Закону о поддержке и защите малого бизнеса;
7. введены некоторые изменения в сторону улучшения касающиеся проверок;
8. введена статья 49 Налогового Кодекса об освобождении некоторых малых предприятий от уплаты подоходного налога;
9. упрощена регистрации малых предприятий;
10. ведется работа по упрощению бухгалтерского учёта для малого бизнеса;

11. появляются новые лизинговые компании;

12. была создана обширная база данных для малого бизнеса;

13. было создано Объединение ассоциаций СНГ по развитию малого и среднего бизнеса и предпринимательства. Еуджен Рошковану, президент АМБ, был избран Председателем данного объединения;

14. расширяется сотрудничество Ассоциации с другими общественными организациями;

15. АМБ работает в составе рабочей группы Пакта Стабильности Юго-Восточной Европы;

16. АМБ является членом Балканского бюро среднего класса.

ДЕЯТЕЛЬНОСТЬ АССОЦИАЦИИ МАЛОГО БИЗНЕСА

Ассоциация поддерживает тесные связи с негосударственными организациями Восточной и Западной Европы. У нас отличные отношения с деловыми кругами Германии. Бизнесмены Молдовы – члены АМБ были приглашены на конкурсной основе в эту страну. Визит был финансирован Министерством экономики Федеративной Республики Германия. В Кишиневе были встречи деловых людей Германии и Молдовы.

Ассоциацию малого бизнеса посещают деловые люди США, Германии, Голландии, Бельгии, Испании, Румынии, Турции, России, Италии, Великобритании и других стран. Были детально обсуждены проблемы малого бизнеса и сотрудничества. Члены АМБ были по обмену опытом в Ассоциации Малого и Среднего Бизнеса Бельгии (UNIZO) (Brussels, Gent, Brugge) в 2000-2002 гг. В составе трехсторонней комиссии Правительство-Патронат-Профсоюзы члена АМБ ездили в Бельгию по обмену опытом. Три члена АМБ посетили США по линии Молдова-Пенсильвания и программы САБИТ.

Ассоциация малого бизнеса Молдовы является полноправным членом Национальной Конфедерации Патроната Молдовы, входит в трёхстороннюю комиссию национального уровня Правительство-Профсоюзы-Патронат (Конфедерация работодателей) на основе коллективного трудового договора о сотрудничестве на протяжении 2000-2003 гг. Господин Еуджен Рошковану, председатель Ассоциации малого бизнеса, был избран Вице-президентом Национальной Конфедерации Патроната Республики Молдова.

В прессе, по радио и по телевидению периодически передается информация и интервью относительно деятельности Ассоциации малого бизнеса и проблем, с которыми сталкиваются деловые люди малого бизнеса. Члены Ассоциации принимают активное участие в дискуссиях on-line в электронной прессе. Ассоциация имеет свой веб-сайт: www.amb.md.

Ассоциация приняла участие в региональном Саммите в Софии, организованном USAID, а также в работе конференции во Львове, организованной Управлением международных отношений Великобритании, которая была посвящена проблемам развития малого бизнеса, а также в других форумах национального и международного значения. В 2002 году состоялась поездка в Польшу, были налажены тесные связи с бизнес-ассоциациями этой страны.

Общими усилиями был создан Информационный центр для микробизнеса, малого и среднего бизнеса. База данных Ассоциации может предоставить информационные и консультационные услуги, в том числе для имеющих намерение начать своё дело в сложных условиях современной экономики. В базе данных содержится информация со всех уголков Земли. Помимо этого, при Ассоциации действует клуб деловых людей GIL 4+ (Grupul Intelectual de Lucru - Patru Plus).

АМБ была соорганизатором проведения конференции, посвященной развитию малого бизнеса в СНГ и международному сотрудничеству в рамках гражданского общества, которая состоялась в Полтаве (Украина). На этой конференции было подтверждено создание Объединения Ассоциаций СНГ по развитию малого и среднего бизнеса и предпринимательства.

АМБ стала членом Рабочей экономической группы по экономическому сотрудничеству в рамках Пакта Стабильности в Юго-Восточной Европе, включая программу "Investment Compact". Данная рабочая группа, созданная с целью стимулирования и поддержки реформ и улучшения инвестиционного климата, была утверждена Решением Правительства №1132 от 30.08.02.

Ассоциация малого бизнеса является членом Совета Балканского Бюро Среднего Класса. В состав Бюро входят ассоциации из Германии, Румынии, Болгарии, Черногории, Албании, Боснии Герцеговины и других стран. Ассоциация малого бизнеса посредством Балканского Бюро Среднего Класса установила сотрудничество с Румыно-Германским Партнерством в области Ремесел (Ost-West GmbH der Handwerkskammer Koblenz).

ПРОЕКТЫ

Информационно-консультативный центр Ассоциации малого бизнеса выиграл два тендера в рамках проекта BIZPRO-Moldova, финансируемого USAID (Агентством США по Международному Развитию). Первый тендер касается **Программы Ваучер**, а это означает, что наш Центр выдаёт бесплатные ваучеры, компенсирующие часть стоимости обучающих курсов, проводимых в уезде и муниципии Кишинева. Второй проект касается **Горячей Линии** для малого бизнеса и для тех, кто планирует начать своё дело.

"Горячая Линия 22-06-13" – это телефонная информационная линия для всех, кто относится к области малого и среднего бизнеса. 16 мая 2002 года Премьер-Министр Республики Молдова Василий Тарлев отвечал на вопросы предпринимателей по телефону 22-06-13. Вопросы и ответы "Горячей Линии" транслировались в прямом эфире по национальному радио и телевидению.

КАКИМИ ПРЕИМУЩЕСТВАМИ ОБЛАДАЕТ ЧЛЕН АМБ

1. Новая информация и консультации;
2. Постоянный обмен опытом;
3. Юридические консультации;
4. Персонализированные тренинги;
5. Информация в режиме on-line (Горячая Линия);
6. Встречи с VIP;
7. Консультации в области финансирования;
8. Разработка бизнес-плана;
9. Реклама на национальном и международном уровнях;
10. Внесение в базу данных АМБ;

11. Поиск партнеров на локальном и международном уровнях;
12. Активное участие в экономической и социальной жизни Республики Молдова

КАК СТАТЬ ЧЛЕНОМ АМБ

Чтобы стать членом АМБ, нужно соответствовать следующим требованиям:

- Быть вовлеченным в предпринимательскую деятельность, будучи физическим либо юридическим лицом;
- Быть согласным с Уставом Ассоциации малого бизнеса;
- Регулярно уплачивать членские взносы.

Ассоциация малого бизнеса как неправительственная, неполитическая и неприбыльная организация всегда открыта для новых идей и предложений, приветствует плодотворное и конструктивное сотрудничество на благо страны.

Практические шаги, осуществляемые работодателями для развития предпринимательских инициатив молодежи Украины

Олег Ивченко, Конгресс частных работодателей, Украина

(Practical Steps of Employers in Encouraging the Development of Entrepreneurial Initiatives of the Ukrainian Youth, by Oleg Ivchenko, Congress of Private Employers, Ukraine)

Конгресс частных работодателей уделяет огромное внимание развитию предпринимательских инициатив молодежи в Украине и, в частности, в г. Киеве, как месте наибольшего сосредоточения бизнеса в Украине.

По статистическим данным, экономическая активность молодежи находится на низком уровне, однако в этом году такая негативная тенденция преодолена и, надеюсь, что не без нашей помощи.

Развитие предпринимательских инициатив молодежи зависит от многих факторов. Прежде всего, внешних, объективных факторов, т.е. не зависящих от устремлений и желаний самой молодежи, и внутренних – разобщенности молодежи, противоречий между немногими существующими молодежными организациями, устремлениями самой молодежи. Перечисление всех проблем, связанных с развитием молодежного предпринимательства, требует отдельного исследования. Хочу остановиться только на тех проблемах, к решению которых мы, работодатели Украины, прилагаем свои усилия.

В Украине существуют следующие проблемы, затрудняющие развитие молодежного предпринимательства:

1. негативное общественное мнение о бизнесе в целом;
2. противоречивая правовая база, обеспечивающая предпринимательскую деятельность;
3. коррупция в органах государственного управления;
4. криминализация бизнеса;
5. отсутствие управленческого опыта у молодежи.

Можно ли развивать предпринимательские инициативы молодежи в такой обстановке?

ДА! Не только возможно, но и необходимо, если мы хотим построить полноценное гражданское общество в Украине.

Для развития предпринимательских инициатив молодежи мы действуем в следующих направлениях:

1. Ликвидация правовой неграмотности общества в целом и молодежи в частности;
2. Создание положительного имиджа предпринимателя в общественном мнении граждан Украины;
3. Массовое обучение молодежи основам предпринимательства;

4. Профессиональное обучение молодежи специальностям и навыкам, необходимым для ведения бизнеса в Украине;
5. Консультативная и методическая помощь молодежи, начинающей собственный бизнес.

Для решения проблемы *создания положительного имиджа предпринимателя в общественном мнении граждан Украины* мы осуществляем пропаганду в средствах массовой информации достижений бизнеса не только в экономической сфере, но и в гуманитарной – благотворительные и спонсорские акции в поддержку молодежи. Проводим всевозможные конкурсы, викторины и открытые обсуждения проблем молодежи и предпринимательских проблем в частности.

Проблему *ликвидации правовой неграмотности общества в целом и молодежи в частности* мы решаем в тесном контакте со службой занятости, а точнее с Киевским городским центром занятости при помощи Главного управления по вопросам предпринимательства Киевской городской государственной администрации. За 2002 год и 8 месяцев 2003 года нами осуществлено около 100 мероприятий: семинаров, круглых столов, не считая консультаций для молодежи, желающей открыть собственный бизнес.

В отношении проблемы *массового обучение молодежи основам предпринимательства* мы не дорабатываем, у нас не хватает средств. Мы надеемся на помощь как Государственного комитета по делам семьи и молодежи, так и на возможную помощь ООН.

Для решения проблемы ликвидации предпринимательской неграмотности молодежи нами разработана АЗБУКА МОЛОДОГО ПРЕДПРИНИМАТЕЛЯ, своего рода поэтапный подсказчик молодежи, что и в какой последовательности делать для создания собственного бизнеса. Мы отлично понимаем, что не все могут заниматься бизнесом. Для тех, кто не планирует занятие бизнесом, нами разработан БУКВАРЬ МОЛОДОГО ПОТРЕБИТЕЛЯ, где в популярной форме с использованием комиксов объясняются преимущества рыночной экономики и основы грамотного потребления товаров и услуг. Однако у нас нет средств на их массовое издание и бесплатное распространение наших книг в молодежной среде.

Профессиональное обучение молодежи специальностям и навыкам, необходимым для ведения бизнеса в Украине

С наступлением независимости в Украину ринулись многочисленные зарубежные структуры с желанием поскорее завоевать украинский рынок бизнес-образовательных услуг. Однако достаточно скоро выяснилось, что они абсолютно не понимают (естественно не знают, как и чему учить) специфики нашего бизнеса. Их обучение сводилось к слепому копированию зарубежного опыта, что привело к соответственному изменению учебных стандартов и программ наших высших учебных заведений, однако не привело к успеху.

Отношение работодателей к бизнес-обучению в Украине иллюстрирует исследование, проведенное Конгрессом частных работодателей совместно с Киевским городским центром занятости при содействии Главного управления по вопросам предпринимательства Киевской городской государственной администрации. В основе исследования лежит ежеквартальное анкетирование 500 работодателей в течение 2002 года.

Согласно данным исследования, в поисках удовлетворения потребностей в необходимых для своего бизнеса специалистах, работодатели обращаются к таким источникам:

Рейтинг	Источник	%
1	Объявления в прессе	79%
2	Друзья и знакомые	46%
3	Служба занятости	27%
4	Кадровые и рекрутинговые агентства	24%
5	Объединения работодателей	9%
6	Высшие учебные заведения	3%

Уровень практической ценности подготовленных специалистов для ведения предпринимательской деятельности в Украине работодатели определяют:

Рейтинг	Источник	%
1	Объединения работодателей	65%
2	Коммерческие тренинговые агентства, осуществляющие узкопрофильное обучение отдельным бизнес-навыкам	59%
3	Кадровые и рекрутинговые агентства	37%
4	Служба занятости	19%
5	Высшие учебные заведения	7%

Результаты исследования свидетельствуют, что реально востребованным бизнес-обучением в Украине занимаются не высшие учебные заведения, а объединения работодателей и частный бизнес, работающий в сфере рекрутинговой и тренинговой деятельности.

Постоянное внимание объединений работодателей Украины к развитию предпринимательских инициатив молодежи дает позитивные результаты. По нашим данным, в Украине увеличилось количество молодежи, открывающей собственное дело в течение года после окончания школы. Престижность специальности предпринимателя возрастает, есть позитивные тенденции в изменении общественного мнения в пользу бизнеса. Все эти меры приближают нас к мировым стандартам в развитии предпринимательских инициатив молодежи, позволит Украине со временем занять достойное место среди членов Европейского сообщества.

Мы исполнены оптимизма и уверены в правильности нашего движения, направленного на подготовку нашей смены – молодых предпринимателей и работодателей.

Хочу пригласить к сотрудничеству участников этого Форума и Государственный комитет Украина по делам семьи молодежи. Мы же постараемся сделать все необходимое для обоюдовыгодного сотрудничества.

Мы привыкли рассчитывать на свои силы, однако предполагаем поддержку наших инициатив со стороны Европейской экономической комиссии Организации Объединенных Наций, которая своими практическими действиями подтверждает высокий профессионализм и умение оказывать помощь в решении не только национальных, но и межнациональных проблем на благо всего человечества.

Бизнес-инкубатор – реальная возможность для решение проблем молодых предпринимателей

Аурелия Брагуца, Национальная ассоциация молодых менеджеров (ANTiM), Республика Молдова

(Business Incubator – A Real Opportunity for Solving Problems Facing Young Entrepreneurs, by Aurelia Bragutsa, National Association of Young Managers, Republic of Moldova)

Преобразование экономики Республики Молдова, вывод её из глубокого кризиса на путь динамичного развития связан со становлением высокоэффективной рыночной экономики, базирующейся на инициативе людей, на предпринимательстве.

Развитие предпринимательства возможно лишь при наличии необходимых субъектов такого рода деятельности. Эти субъекты и делают возможным развитие рыночных отношений.

Одним из важнейших стратегических факторов устойчивого экономического развития и достижения нормального уровня жизнеобеспечения населения является формирование предпринимательства в экономическом пространстве Республики Молдова во всех сферах и отраслях производства, на каждом предприятии и в их объединениях.

Общий фон для предпринимательства в Молдове неблагоприятен. Это проявляется в «некомфортности» правовой базы и методов регламентации (лицензирование, налогообложение, контроль), неблагоприятном климате для инвестиций, ограниченном доступе к кредитам банков, слабости бизнес–инфраструктуры. А о поддержке молодых предпринимателей никто даже не говорит.

Но пришло время для создания специальных условий для молодых, потому что наблюдается рост безработицы в среде молодых специалистов. Выход из создавшейся ситуации один - заинтересовать молодых специалистов в создании своего собственного дела.

Для этого нужны чётко продуманные механизмы, которые будут стимулировать и поддерживать молодых.

По сравнению с другими странами, в Молдове нет никаких механизмов для этой цели. Некоторые из этих механизмов могут быть: бизнес-инкубаторы, гарантийный фонд для молодых, упрощенный порядок ведения бухгалтерского учёта, взимание минимальной платы за лицензирование деятельности и сертификации продукции, льготное кредитование.

Почему бизнес-инкубатор является одним из решений проблем? Что такое бизнес-инкубатор? Инкубатор - это структура, предназначенная для поддержки развивающихся предприятий малого и среднего бизнеса, а также специальная программа, которая состоит в обеспечении постоянными консультантами по маркетингу, финансам, бухучёту, менеджменту человеческих ресурсов.

Что имеют молодые предприниматели? В большинстве случаев кроме идеи и желания что-то сделать ничего не имеют. Инкубатор может предоставить всё остальное, что нужно для создания и поддержки нового предприятия. Но не только для вновь созданных предприятий есть услуги в инкубаторе, но также и для тех, которые уже существуют и которым нужна поддержка разного рода (финансовая, информационная, организационная и т.д.)

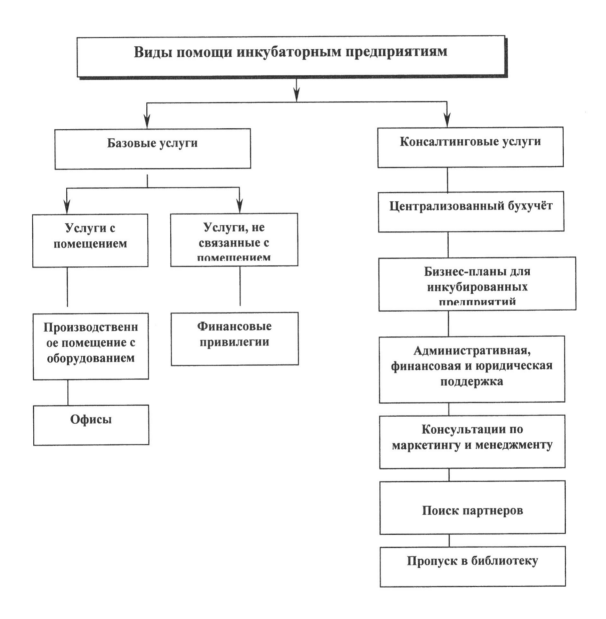

Инкубаторы появились в начале 80-х годов в такой форме, в которой они сейчас существуют. Но в начале 90-х они распространились очень быстро, и было это связано с развитием новых технологии. Есть разные типы инкубаторов, но цель у всех одна - поддержать предпринимателей. Особенно в такой поддержке нуждаются молодые предприниматели.

В Молдове бизнес-инкубаторы не распространены по разного рода причинам. Во всей Молдове существуют 2 инкубатора (в городах Бэлц и в Кишинэу), которые были созданы с донорской помощью, но которые не работают в полную мощь.

Для создания бизнес-инкубатора нужны финансовые ресурсы со стороны государства, которые, к сожалению, не выделяются для такой цели. Также большинство инкубаторов в мире были созданы при университетах, где считается, что они являются инновационным и интеллектуальным потенциалом.

В Молдове первая попытка создания бизнес-инкубатора при университете была сделана Академией экономических знании. С этой целью был приглашен эксперт из Канады, где бизнес-инкубаторы развивались очень быстро и имеют очень большой успех в поддержке малых и средних предприятий.

Опыт участия в проекте
«Формирование молодой бизнес-элиты Украины»

Максим Рожин, Украинский институт предпринимательства, Украина

(Experience in participation in the Project "Formation of the Young Business Elite of Ukraine", by Maxim Rozhin, Ukrainian Institute of Entrepreneurship, Ukraine)

Стратегическим направлением развития рыночных отношений в Украине является создание и развитие малого и среднего предпринимательства. Известно, что в экономически развитых странах малый бизнес является ведущим сектором экономики, определяющим фактором экономического роста, структуры и качества валового национального продукта, а также индикатором уровня зрелости рыночных отношений. Именно малый бизнес является наиболее эффективной, природной системой отбора талантливых и предприимчивых людей. 12 лет становления рыночной экономики в Украине подтвердили, что без придания приоритетности развитию малого и среднего бизнеса достичь желаемого невозможно. Жаль, что достижения нашей страны в этом отношении незначительны и невыразительны.

Количество действующих малых предприятий за последние годы не только не увеличилось, а катастрофически уменьшилось. Кроме того, эффективность их работы остается чрезмерно низкой. Больше половины зарегистрированных предприятий в Украине работают малорезультативно или не работают вообще. При этом больше половины малых предприятий работают в сфере торговли.

Большая часть руководителей малых предприятий принадлежит к категории "вынужденных предпринимателей", они часто не владеют необходимыми навыками и опытом ведения предпринимательской деятельности, профессиональными знаниями в этой сфере. Попытка осуществлять подготовку специалистов для малого бизнеса из числа безработных через структуры региональных Центров занятости тоже бесперспективна. Фактически, это пустая трата государственных средств. Из этой категории людей можно, в лучшем случае, подготовить наемных работников для действующего бизнеса, однако создать и возглавить бизнес они не способны.

На наш взгляд, основная причина кризиса малого предпринимательства состоит в том, что в Украине потенциал тех людей, которые могли бы самостоятельно создавать и развивать деятельность малых предприятий, уже исчерпан.

Мы убеждены, что единственный источник человеческих ресурсов для малого предпринимательства - это одаренная студенческая молодежь, которая учится в высших учебных заведениях Украины. Как известно, именно в молодежи заложены наибольший потенциал деятельности, инициативы и борьбы. Молодежь - это потенциальная сила будущего. Она не может жить спокойно, как старшее поколение. В ее жилах кипит кровь, желание к творчеству, к развитию, к деятельности и победам.

Сегодня мы видим, как много молодежных организаций и движений созданы в мире, сколько проблем пытается решить молодежь. Ежедневно мы становимся свидетелями молодежной активности. Однако, к сожалению, сегодня часто бывает такая ситуация, когда молодежь не находит возможностей применения своей активности и направляет ее в другое русло. Немало молодых людей "реализуют себя" на дискотеках, в барах, проводя веселую жизнь, имеют пагубные привычки, но такая жизнь не имеет фундамента для будущего. Когда такие увеселения перерастают в повседневную жизнь, тогда они приводят к деградации молодежи, которая потенциально имеет огромный потенциал для развития. Теряя нереализованный потенциал молодежи, наше государство теряет будущее.

Проблем, которые приводят к этому, очень много. Как окружение и сообщество, в котором находится молодой человек, преграды со стороны власти, так и несовершенная система образования. Именно эти недостатки в образовании чаще всего становятся барьером на пути предпринимательского роста. Нереформированная система высшего образования, рассчитанная на среднестатистического студента, не создает условия по выявлению мотивированных молодых людей, потенциально способных стать лидерами, реализовать себе в предпринимательской деятельности и создать новые рабочие места. Нередко сегодня образование не дает студенту даже того минимума, который необходим ему для того, чтобы стать настоящим специалистом. Дается много теории, однако совсем не учат практике, способам использования теоретических знаний. По моему мнению, это более важно, чем знать много. В первую очередь необходимо использовать то, что знаешь.

К сожалению, в Украине мало кто уделяет внимания решению этой проблемы, так как это требует значительных долгосрочных инвестиций, которые не гарантируют моментальной прибыли.

Разрыв между требованиями фирм к специалистам и уровнем их подготовки в ВУЗах постоянно увеличивается и является основным противоречием современного рынка труда. Поэтому мы видим, что если даже молодежь и проявляет инициативу, она чаще всего не имеет базы, основы для ее реализации. Студент не может себя реализовать.

Следовательно, на данном этапе единственный источник кадров для предпринимательства - это одаренная студенческая молодежь, которая без внешней помощи этого сделать не может и требует продолжительной индивидуальной подготовки.

Существует позитивный опыт решения этой проблемы. На решение этого кризиса направлена общенациональная программа "Формирование молодой бизнес-элиты в Украине", аналогов которой еще не было в нашей стране. Она развивает нашу молодежь, содействует ее росту, будучи направленной на развитие профессиональных способностей студента, на формирование его как специалиста, построение индивидуальной предпринимательской деятельности.

Целью этой программы является развитие молодежного предпринимательства путем выбора наиболее талантливых студентов ВУЗов и их индивидуальной подготовки к работе в бизнесе. Программа предусматривает формирование индивидуальной стратегии подготовки каждого молодого человека – студента или выпускника ВУЗа – к предпринимательской деятельности. В ходе этой работы органически соединяются теоретические знания, которые студенты получают в ВУЗах, с применением полученных знаний на практике и во время стажировки, а также в реальных бизнес-проектах. Это помогает участникам правильно определять приоритеты в своей жизни, проверить свои знания в "живой" работе, и, прежде всего, получить ценный практический опыт, через призму которого они внедряют академическое обучение.

Программа дает возможность студенту получить то, что можно не взять и за 5 лет обучения в ВУЗе. Она уделяет больше внимания получению практических навыков работы в бизнесе под руководством опытных экспертов-консультантов и тем самым готовит студента к серьезной работе в будущем.

Я лично являюсь участником программы "Формирование молодой бизнес-элиты в Украине" уже год. За это время я взял для себя так много, что чувствую, что мой профессиональный уровень значительно вырос. Моя узкая профессиональная специализация, по которой я работаю в программе, – это рекламный бизнес.

В рамках программы я провел немало аналитических обозрений, посещал многочисленные семинары, круглые столы, выставки, где имел возможность в реальных условиях познакомиться с тем, как ведется бизнес и узнать про него не из книжек, а в реальности. Я встречался с экспертами в области рекламы, проходил индивидуальные собеседования с ними и получал очень ценные консультации по передовому отечественному и зарубежному опыту рекламной деятельности. Это значительно повышает мой уровень, как специалиста своего дела. Например, общение с менеджером по рекламе дает мне возможность изучить, как на самом деле работает рекламный отдел на фирме. Ведь этого в книгах, где подаются только приблизительные схемы, никогда не найдешь. Увидеть изнутри, как работает вся эта система, из книг невозможно. Именно на это и направлена программа "Формирование молодой бизнес-элиты в Украине".

Эта программа обеспечивает перспективу. Она развивает тот потенциал, который заложен в каждом молодом человеке, решает проблему недостатка опыта для формирования себя как настоящего специалиста, как бизнес-элиты Украины. Благодаря этой работе молодой человек может понять, имеет ли он необходимые знания, умение и навыки для успешной самореализации в бизнесе, и проверить, что он уже сделал для этого на сегодняшнем этапе.

Первые результаты реализации программы свидетельствуют, что не более 2-3% выпускников ВУЗов способны создать свой эффективно действующий малый бизнес. И это лишь при условии серьезной индивидуальной работы с ними в течение 2-3 лет их обучения. В другом случае невозможно достичь даже таких результатов.

Необходимо дать молодежи шанс проявить и реализовать себя. Молодежь –это миллион инициатив. Однако следует помнить, если молодежь будет иметь возможность, если ей помочь не потеряться в этой жизни и определить стратегическую цель развития, то она будет творить и побеждать. Только реальные перспективы применения знаний и опыта молодежи, реализации ее интеллектуального потенциала обеспечат возможность возрождения и развития украинской экономики.

Preparing for youth entrepreneurship

Klaus Haftendorn, International Labour Office

Introduction

More than 1 billion people today are between 15 and 25 years of age and nearly 40 per cent of the world's population is below the age of 20. Eighty-five per cent of these young people live in developing countries where many are especially vulnerable to extreme poverty. The ILO estimates that around 74 million young women and men are unemployed throughout the world, accounting for 41 per cent of all 180 million unemployed[1] persons globally. These figures do not take in consideration underemployed that are estimated to 310 millions worldwide, and many more young people are working long hours for low pay, struggling for eke out a living in the informal economy. There are an estimated 59 million young people between 15 and 17 years old who are engaged in hazardous forms of work. Young people actively seeking to participate in the world of work are two to three times more likely then older generations to find themselves unemployed.[2]

Confronted with this reality the ILO is actively working on policy recommendations programmes and tools for its member countries targeting the reduction of youth unemployment.

Self-employment and micro and small enterprise creation is one of the ways that young people could explore to actively forge their future.

Labour market and employment situation of youth

The world's population is growing at a time when traditional, stable labour markets are shrinking. In developed and developing countries alike, rapid globalisation and technological change have altered both how national economies are organised and what is produced. Countries differ widely in their restructuring practices, depending on tradition and culture, as well as the legal and regulatory framework. But a common factor is that traditional employees, entrepreneurs, managers and the roles of men and women are changing throughout the world. In most countries, redundancies and unemployment have been one of the main social costs of the restructuring taking place.

The following graphic shows the movements within the labour market as well as the entrances and the exits. The demand for wage labour comes from the public sector with its administration, public facilities and state owned companies. However, the trend in recent years was to decrease the employment in the public sector by increasing the productivity of the administration, by reducing the services provided to the population and by privatisation of public enterprises. The private sector with its large, medium and small enterprises could in most of the case not absorb this labour. In the contrary in the case of economic crises also this

---

[1] According to the ILO convention an unemployed is a person without work that makes him/herself available for employment and worked less than one hour in a reference week.
[2] ILO Governing Body document GB.286/ESP/5 Context of Youth Employment.

sector released workers and employees that increased the unemployment rate and the creation of micro-enterprises or self-employment operating in the informal economy.

Labour market

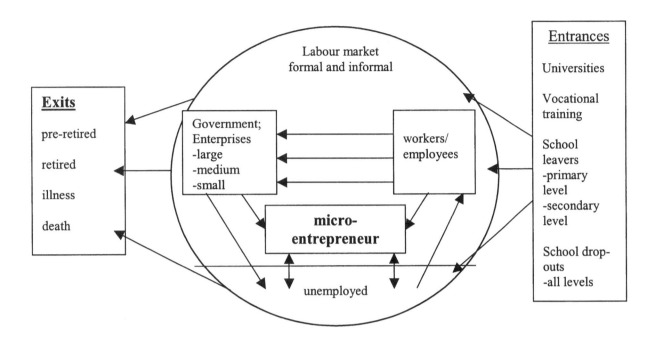

The situation of Youth employment in most of the countries is worse than the general employment situation. Youth unemployment is twice to three times higher than the average unemployment rate mainly because of those young with low-level education and no vocational training. There are only a few countries in the world where the general unemployment rate and the youth unemployment rate are the same. In economically disadvantaged areas, local labour markets cannot even absorb the graduates of basic and higher education systems. Here under-employment is a major problem and young people usually move further a field in search of jobs that match their skills set, leading to significant brain drain and the emptying out of areas. Furthermore, high-school graduates are increasingly worse off than those with higher degrees over the past 15 years since the possession of higher degrees is seen by employers as implying the possession of qualities that are more useful in the labour market. For the less well educated, where once a strong back and a will to work guaranteed steady employment, these people now find themselves in low-paid, high-turnover service sector jobs.

In such a situation young peoples entering the labour market have hardly a chance to find an employment. Self-employment is often a survival strategy to generate some income for subsistence.

Becoming owner of a micro or small enterprise could be an alternative for a young person who has an entrepreneurial mindset but also possesses some basic requirements like skills and knowledge. However, awareness about this career option on one hand and the given enabling environment for enterprise creation on the other hand plays a crucial role for a successful start-up.

However, only a small percentage of the labour market population belongs to the group of private entrepreneurs or self-employed. The number depends on the prevailing political system, the cultural acceptance of entrepreneurship and the economic strength of the country.

Socio – economic context affecting youth entrepreneurship

Cultural influence on entrepreneurship

Recent research tries to find out, how the national cultural attitude influences the entrepreneurial activities of the population of a country or a region.

Cultural standards are determinant for a national culture. They are understood as all kind of recognition, thinking, values and activities that the majority of members belonging to the same culture considers for themselves personally or for others as normal, natural, typical and binding. Behaviour is controlled on the base of recognised cultural standards.

The individual form and the group-specific form of cultural standards differ within a certain range. Central cultural standards in one culture can be completely missing in another culture or only have peripheral meanings or fundamental different functions. (A.S. Thomas 1991)

Entrepreneurship is understood in a wide social, cultural and economic context, as well as being innovative in home, school, leisure and at work. Entrepreneurship involves life attitudes including the readiness and the courage to act in social, cultural and economic context.

Entrepreneurial qualities or behaviour includes:

- creativity and curiosity
- motivation by success
- willingness to take risks
- ability to cooperate
- identification of opportunities
- being innovative and tolerate uncertainty.

Cultures that value and reward such behaviour promote a propensity to develop and introduce radical innovations, whereas cultures that reinforce conformity, group interests, and control over the future are not likely to show risk-taking and entrepreneurial behaviour (Herbig and Miller, 1992).

Hofstede conducted perhaps the most comprehensive study on how values in the workplace are influenced by culture. Form 1967 to 1973, while working at IBM as a psychologist, he collected and analysed data from more than 100,000 individuals from forty countries. From those results he developed a model that identifies five primary dimensions to differentiate cultures:
- *Power distance* focuses on the degree equality or inequality between people in the country's society;
- *Individualism* focuses on the degree the society reinforces individual or collective achievement and interpersonal relationship;
- *Masculinity* focuses on the degree the society reinforces or does not reinforce the traditional masculine role model of male achievement, control and power;

- *Uncertainty avoidance* focuses on the degree the society reinforces, or does not reinforce uncertainty and ambiguity within the society; and
- *Long-term orientation* focuses on the degree the society embraces, or does not embrace long-term devotion to traditional, forward thinking values.

Based on Hofstede's model Shane (1992 and 1993) conducted studies on national culture and entrepreneurship in 33 countries to find out "what effect does national culture have on national rates of innovation" by using the dimensions individualism, power-distance, uncertainty and masculinity. He found out that national rates of innovation are positively correlated with individualism and negatively correlated with uncertainty avoidance and power distance.

This cultural difference may explain, why different countries shows very different figures on entrepreneurial activities as it is monitored by the 2002 Global Entrepreneurship Monitor Report[3] that was published by the London Business School, the Kauffman Foundation and Babson College.

The GEM report researches the Total Entrepreneurial Activity (TEA) of a country based on the percentage of the labour force that is actively starting up a business or is the owner/manager of a business that is less than 42 months old. It then examines why those countries level of TEA differ. The latest rankings are given below.

Table. Total Entrepreneurial Activities in selected countries

COUNTRY	TEA%	COUNTRY	TEA%	COUNTRY	TEA%
Thailand	19	Norway	9	Netherlands	5
India	18	Australia	9	Finland	5
Chile	16	Switzerland	7	Poland	4
Korea	15	Israel	7	Taipei	4
Argentina	14	Hungary	7	Sweden	4
New Zealand	14	South Africa	7	Croatia	4
Brazil	14	Denmark	7	Hong Kong	3
Mexico	12	Singapore	6	France	3
China	12	Italy	6	Belgium	3
Iceland	11	UK	5	Russia	3
USA	11	Germany	5	Japan	2
Ireland	9	Spain	5		
Canada	9	Slovenia	5		

However, the cultural difference is not the only reason why and how many people become entrepreneurs.

The report identifies two types of entrepreneurs, those voluntarily pursuing an attractive business opportunity and those that engaged in entrepreneurship out of necessity, as they can find no other suitable work. These split 60:40 and young people seeking work particularly in the developing world, falls mainly into this "necessity" group.

---

[3] (Their fourth report covers 37 countries and can be found at www.gemconsortium.org).

Relationship between cultural patterns and entrepreneurship

Research work and also the GEM report clearly show that there is a strong influence of national culture on enterprise creation.

A model of Culture's association with entrepreneurship was developed by Hayton, George and Zahra (published in an article of ET&P, Summer 2002) that takes in consideration the studies described above. This model is quite similar to that used for the GEM report.

The model includes the individual aspect that consists of cognition, needs and motives, believes and behaviour and the cultural values at individual and societal level. The complementarities of cultural characteristics and institutional and economic context influence entrepreneurship.

Model:

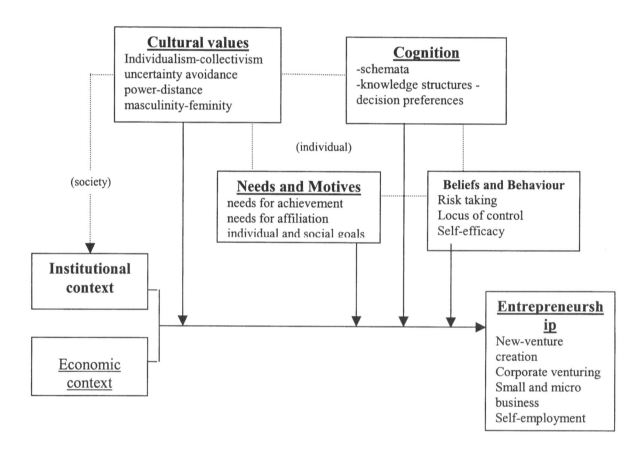

This model could be used to explain at which level actions has to be taken to create broad acceptance of people towards entrepreneurship and favours the development of an enterprise culture that makes also youth to the beneficiaries of it.

To change the pattern of cultural determinates is a medium or long-term process. It needs social campaigns to create positive attitudes towards entrepreneurship and entrepreneurs and entrepreneurial education has to be an integrated part of national curricula in primary, secondary, vocational and higher education. Focussing on awareness raising programmes at education institutions and start-up programmes for youth allows Governments to positively influence the cultural attitudes towards a positive perception of entrepreneurial activities.

The ILO Recommendation 189[4] indicates how these cultural attitudes could be influenced. "Member states (of the ILO) should adopt measures, drawn up in consultation with the most representative organizations of employers and worker, to create and strengthen an enterprise culture which favours initiatives, enterprise creation, productivity environmental consciousness, quality, good labour and industrial relations, and adequate social practices which are equitable.

Members should consider:

1. pursuing the development of entrepreneurial attitudes, through the system and programmes of education, entrepreneurship and training linked to job needs and the attainment of economic growth and development, with particular emphasis being given to the importance of good labour relations and multiple vocational and managerial skills needed by small and medium seized enterprises;

2. seeking, through appropriate means, to encourage a more positive attitude towards risk-taking and business failure by recognising their value as a learning experience while at the same time recognising their impact on both entrepreneurs and workers;

3. encouraging a process of lifelong learning for all categories of workers and entrepreneurs;

4. designing and implementing, with full involvement of the organisations of employers and workers concerned, awareness campaigns to promote:

   a) respect for the rule of law and workers' rights, better working conditions, higher productivity and improved quality of goods and services;
   b) entrepreneurial role models, and award schemes, taking due account of the specific needs of women and disadvantaged and marginalized groups."

The **institutional context**, that includes the social systems institutions, the social partners, the regulatory and legal system reflects as well the cultural background of a society. Changes within the institutional context towards a conducive enterprise culture, however, can be reached at medium term if there is a strong political will.

Economic growth is the key element for enterprise creation and enterprise growth. Entrepreneurial activities will reinforce the dynamic of growth. Policy that favours enterprise creation and enterprise expansion will amplify the process of economic growth and create new and more employment needed to absorb young people entering the labour market.

In conclusion, the main characteristics that influences the labour market and the entrepreneurship situation in a country are:

- enterprise culture
- institutional context

---

[4] On 17 June 1998 in Geneva, the International Labour Conference adopted Recommendation No.189 concerning the General Conditions to Stimulate Job Creation in Small and Medium-seized Enterprises. An important issue of the recommendation is the recognition of the member states of the ILO present in the ILC of the importance of social and cultural influences on entrepreneurship and the formation of new enterprises.

- policy framework
- outreach of the social network
- education and skills level
- enterprise promotion
- strength of the economy and its sectors

Socio-economic context countries in transition

Since the beginning of the nineties the countries with central planned economies were transforming their political and economic system into parliamentarian democracies and market economies. This process was accompanied with political instability, local armed conflicts, emergence of economic sectors without legal control and impoverishment of a large share of the population in particular elder people.

Now after ten years of transition process political stability improved and the legal framework is adapted to the new political and economic conditions. The start of EU accession negotiations indicates the comparatively successful progress of these countries towards full democracy and free market enterprise. Naturally, though, some problems persist. In areas such as environmental standards, governance and law enforcement, there is a wide discrepancy with EU norms.

However, beside and partly within the accession countries the economy did not yet reach the performance before the transformation process. Still a number of state owned unprofitable companies are not yet privatised or closed. The agriculture sector faces the same problems; the state-owned production units were dismantled but privatisation of land did not follow and/or the individual plots distributed to farmers were two small for a mechanised production. Self-employment for survival as street-vendors, day-labourer or subsistence farmer are often the only source of income. The informal sector had become a substantial part of the economy.

The economy is still weak and not able to generate sufficient taxes to allow the governments to maintain the social security network. Unemployed get only little benefits and help for reintegration in the labour market. Retired people cannot live from their pensions.

The education system also suffered from the transition process, as the state could not afford to cover the costs for schooling and for higher education. Skills training were linked to the state-owned enterprise sector and training centres disappeared with enterprises. A new vocational training system that could take over these centres and adapt them to the needs of modern technology needs huge investment. Nevertheless, the transition countries still dispose a well-educated and well technically trained labour force that makes its adaptation for modernised enterprises easy.

Enterprise creation comes not in the mind of unemployed or wage labourers threaten from dismissal, as there is no private enterprise culture. Here is a real chance for young people that have studied during the transition period market economy, modern management and that is willing to take risks.

Unemployment is but one dimension of the employment problem faced by young people. Those that are able to cope, exercise their entrepreneurial spirit by carving out a living from activities in the informal sector of the economy, such as artisan crafts, street vending, co-operative work, recycling. However their social, economic and cultural isolation and lack of

138

ties makes them vulnerable to exploitation and a multitude of dangers that include organized and random crime, unemployment, sexually-transmitted diseases, cultural intolerance, and escalating drug and alcohol abuse. The problems facing youth are more significant in rural areas due to the lack of support systems. In poorer countries, where public or family sources provide little income support, jobless young people are often denied the "luxury" of remaining unemployed. They eke out a living by means of low productivity work in the lower, subsistence-oriented, reaches of the informal sector or in such low yield activities as odd jobs, hawking and car washing. Here the problem may not be short hours but excessively long hours with little reward. The widespread stagnation and decline of employment opportunities in the formal sectors of most developing countries has intensified the problem in recent years, with young women bearing a disproportionate burden.

Promoting youth entrepreneurship and enterprise creation

The importance of education and training for an entrepreneurial society has been underlined on several occasions through United Nations Declarations and Conventions. A key event in the international development of enterprise education was the Intergovernmental Conference on Education and the Economy in a Changing Society held under the auspices of the Organization for Economic Co-operation and Development (OECD) in Paris in 1988. The OECD educational monograph, *Towards an Enterprising Culture*, issued soon after that conference, said, 'Changes in educational method are needed to foster competence in 'being enterprising' as a vitally important qualification needed by the young as they enter society. This competence means having the ability to be creative and flexible, to be flexible to take and exercise initiative and to be able to solve problems'.

The importance given by the European Community to entrepreneurship education was recently underlined in the European Charter for Small Enterprises (adopted by the General Affairs Council, 13 June 2000, and welcomed by the Feira European Council, 19-20 June 2000) which stated:

"Europe will nurture entrepreneurial spirit and new skills from an earlier age. General knowledge about business and entrepreneurship needs to be taught at all school levels. Specific business-related modules should be made an essential ingredient of education schemes at secondary level and at colleges and universities. We will encourage and promote youngsters' entrepreneurial endeavours, and develop appropriate training schemes for managers in small enterprises."

Promoting entrepreneurship and enterprise creation is therefore high on the policy agenda of almost all countries in the world as successful created enterprises generate additional employment. But Governments should be aware that awareness programmes at primary and secondary school level only have long-term effects. Programmes at vocational training schools are supposed to have medium-term effects while at universities the programmes can produce results in term of business creation at medium- and short-term.

Entrepreneurship education involves getting young people to think about entrepreneurship and the role of business entrepreneurs in economic and social development. They also get an opportunity to analyze the changes taking place in their countries and are encouraged to consider self-employment as a career choice.

National government policy

Few, if any, countries have created clear and comprehensive policy frameworks to promote youth entrepreneurship and self-employment. Instead, what we find are elements of education and training policy at different levels as they relate to the world of work and the world of business. Increasingly, the concern of governments at national level is generally to foster a spirit of enterprise and a number of countries, especially in the European Community, promote self-employment as an important part of their efforts to reduce youth unemployment.

The responsibility for appropriate education and training programmes to this end is located within the Ministry of Education in collaboration with the Ministry of Labour and sometimes with Ministries of Trade and Industry. In some cases, special inter-Ministerial committees have been convened. Concrete actions focus on programme interventions at secondary and tertiary levels (see later chapters), awareness-raising campaigns or providing technical and financial support and training through specifically designed government interventions.

Awareness rising programmes at primary and secondary school level with the aim of familiarizing pupils with the philosophy of entrepreneurship by developing beliefs, behaviours and motivation will have a long-term effect and by having a positive influence on enterprise culture. Such programmes integrated in vocational training curricula and lectured at universities will prepare the ground for a career option as entrepreneur.

Programmes that aims at immediate enterprise creation for young people can be run at vocational training schools, universities but will have the greatest effect outside the education system with the upper age-group of youth.

Within national education systems, there has been some debate on the meaning of entrepreneurship and the form that entrepreneurship or enterprise education should take[5]. The Australian Ministerial Council on Education, Employment and Training and Youth Affairs adopts the following definition of enterprise education:

"Learning directed towards developing in young people those skills, competencies, understandings, and attributes which equip them to be innovative, and to identify, create, initiate, and successfully manage personal, community, business and work opportunities, including working for themselves."

The University of Durham (United Kingdom) suggests that there are a number of different objectives and outcomes that can be achieved:

- Firstly, and most universally, enterprise education can be a path towards developing enterprising skills, behaviours and attitudes *through* any curriculum subject at every phase of education to provide a wider preparation for autonomy in life. That relates to work, family or leisure;

---

[5] Enterprise education is a highly contested theme. There is a tension between what might be termed pedagogical preoccupations, on the one hand and political and labour market versions of enterprise, on the other. Many teachers are hostile to the notion of pupils being oriented to the free market in what may be termed the more externally driven models of enterprise. On the other side, politicians and policy-makers look to enterprise education as a way of making pupils and students more 'realistic' or more ambitious about the world of work that lies ahead.

- Secondly, it can provide insight into and help young people understand *about* the entrepreneurial and business development processes through business education in secondary schools and in further and higher education allowing young people to work more effectively in a flexible labour market economy or working in a small business; and

- Finally, it can develop awareness of, and capability *for*, setting up a business now or sometime in the future. This approach can be used in vocational and professional education.

The learning effectiveness of such programmes should be measured not in terms of rote knowledge but the acquisition of practical life skills and the ability of students to anticipate and respond to changes societal changes more easily.

Teacher training and professional development

Within schools and non-formal education programmes, the agents of change are teachers or facilitators.

Studies by the European Commission have highlighted the need for professional development of teachers in order to provide them with the confidence to develop enterprise education to make them more aware of how they can assist pupils or students in the development of their entrepreneurial attitudes and skills.

Many countries now require teachers to take part in teacher training courses, such as the Skelleftea School Project in Sweden. In Scotland, a series of guides for secondary school teachers have been developed which encourage reflection on the relationship between the curricular aims of "Education for Work" - *A guide for Primary Teachers Guide for work experience* and teaching and learning within the 5-14 curriculum and subjects post 14.

In addition, the National Centre: Education for Work and Enterprise has been established at Strathclyde University. The role of the National Centre is to raise awareness among educators in Scotland of the vital role they play in providing young people with the skills and abilities they need. It seeks to encourage employers and entrepreneurs to involve themselves fully in education. The Centre is working with partners in Scotland to: promote vigorously the cause of Education for Work and Enterprise with educators and employers and develop teacher capability, undertake research, promote new ideas and generally ensure that Education for Work is given a high priority by all.

The German Development Bank DtA funded a training package for teacher on "Entrepreneur Culture" developed by the Federal Working group School – Enterprise sector for students of 15 years and higher.

In the United States, EdTec (an international not-for-profit) provides teacher training through videoconferencing and the EDGE University "certified entrepreneurship instructor" training, annual entrepreneurship educators conference. New Youth Entrepreneur Instructor's Guide: Developed in conjunction with the Ewing Marion Kauffman Foundation, this 239-page companion guide to the New Youth Entrepreneur curriculum provides information on implementing the curriculum, module overview, supplemental learning activities, and handouts.

In Kyrgyzstan, the ILO the training programme Know About Business (KAB) became part of the national curriculum for vocational training. The programme aims at creation awareness of entrepreneurship and self-employment as a career option, particularly for trainees in vocational training and technical institutions. It provides knowledge of the required attributes and challenges for stating and operating a successful business. The core of the implementation process of KAB is the training of local teachers and the adaptation of the training material to the local context. Kazakhstan is in the process of introducing KAB in vocational training centres.

In the developing world, methodologies for training teachers at different levels of educational provision have been developed, such as CEFE. This was employed by the Department of Vocational Education's Small Entrepreneur Development Project in Thailand for several training of trainers (TOT) courses at the Rajamangala Institute of Technology (RIT). The teachers applied their learning in the diploma and bachelor level curricula. A Small-Scale Industry curriculum was developed with the objectives of making students understand: (a) how to start a business, (b) how to get funds, (c) techniques of creating entrepreneurship, (d) system of production and services, and (e) attitudes required for creating a job opportunity. The Foundation for Entrepreneurial and Business Development (FEBDEV) in South Africa provides training to educators with the skills to assist students to become entrepreneurial and believes it contributes to creating a spirit of enterprise through workshops and networking with decision-makers.

The need for support for teachers has also been reflected in a number of projects and initiatives undertaken in Central and Eastern Europe. An example is the national programme to develop enterprise and business understanding within secondary schools undertaken in Slovenia between September 1996 and March 1998. The overall aim was to provide a solid base for the national development of enterprise and business understanding within the core curriculum of all general secondary schools in Slovenia. Under this programme a core group of teachers attended a train the trainers type workshop, in order that they could disseminate their knowledge and skills to other schools across the country.

At University and Business School level, the difficulty in finding appropriate trainers with first hand experience of managing a business is being resolved by the Centre for Enterprise at Leicester University through an exchange programme. The programme recognises that entrepreneurship might be best learned from other entrepreneurs and that these rarely find the time to give seminars. The scheme therefore offers academics the chance to change places with business people for part of the week. This gives entrepreneurs the opportunity to work within an academic institution and to share their experience of managing an SME with students.

A number of countries have provided additional support for teachers through dedicated web sites. In the UK, the Department of Trade and Industry *Enterprise guide* site provides guidance for teachers in developing enterprise education and entrepreneurial skills among pupils in the 11 to 16-age range. Through information and case studies it shows teachers how they can incorporate enterprise education into their schemes of work. The *enterprise Education* web site in Australia has been developed with support from the Australian Department of Education through the Enterprise Education in Schools programme.

Resource materials and training packages

The emergence of entrepreneurship education over the past few decades has increased the need for curriculum and training packages and resource materials. The latter vary in the scope of the information and methods presented based on the intended socio-economic and educational audience. At lower levels of education, many educational materials are intended to impart a basic-to-intermediate understanding of business and market systems, and will inculcate in students a desire to learn more about entrepreneurship and business in the future. At higher levels, texts are designed to provide a balance between theory and practice. Other materials are designed for older students, those that live in disadvantaged communities, offering them an alternative to drugs, violence, and many other problems prevalent in the inner-city.

ILO's Start Your Business (SYB) training programme develops skills necessary to start a small business. SYB uses participatory training methods and brings together basic theory, relevant information and, and practical activities. The course is a cost-effective means to help potential entrepreneurs think through the most important issues related to starting a business. One practical result of the training is the self-developed business plan for the potential business that can be presented to a credit institution. The training materials are the handbook and workbook for the trainees, the business game that is a dynamic tool for creating a simulated business environment where trainees can experience the consequences of their business decisions and the guide for the trainers.

The SYB programme for start-ups and the Improve Your Business (IYB) programme for existing small enterprises has been introduced in more than 80 countries and translated in more than 15 languages (among them in Russian, Serbo-Croat, Kyrgyz and Turkish).

Partnership arrangements

National Ministries of Education are beginning to forge genuine alliances with agencies that possess comparative advantage in various aspects of training provision. In western countries, this usually involves collaboration with enterprise promotion agencies, local Chambers of Commerce, the business community, public education and training institutions, community-based organizations and regional government. In developing and transition countries, national Ministries of Education are working with international development assistance partners, local and international NGOs and the private sector.

Partnerships with the business community are not limited to providing infrastructure and financial support to the implementation partner. Some programmes established partnerships with the local business community on the basis of linkages into local supply chains, which further strengthened the sustainability of the programme. Two examples are the Philippines Agribusiness project or the Mukti Sadana project in India.

Partnership arrangements[6] have often proved to be a key factor in the success of many projects and programmes.

---

[6] Here, partnership means arrangements where governments, the international community, businesses and schools commit through mutual beneficial activities to give students greater insights into questions related to the world of work and business and to prepare them for self-employment.

The role of inter-governmental and bilateral agencies

At the international level, the Global Partnership for Youth Development (GPYD) was launched in early 1999 by the WB, the IYF and the Kellogg Company to study, promote and invest in good examples of tri-sector partnerships in youth development around the world. The GPYD brings together influential leaders, multinational corporations and smaller companies, government officials, regional development banks, overseas development assistance agencies and local and international foundations. In many countries, this has resulted in the implementation of interventions to promote and support self-reliance through entrepreneurship and self-employment. The International Youth Foundation (IYF) provides the global secretariat of the GPYD.

An example of a regional partnership with an inter-sectoral focus is the Inter-American Working Group on Youth Development (IAWGYD). This is a consortium of international donor agencies that supports new approaches to positive youth development and participation in Latin America and the Caribbean[7]. The IAWGYD exchanges information on best practices, jointly mobilises technical and financial resources, collaborates on specific projects and advocates for effective youth policies.

Another example of a network at the regional level is the European Youth Forum, established by national youth councils and international NGOs to represent the interests of young people from all over Europe. It provides a platform for youth representation in government policy and institutions and in international institutions, namely the European Union, the Council of Europe and the United Nations. Ideas and experiences are exchanged among the network of 91 members. The main areas of implementation include: advocacy; citizenship and life long learning; employment and social affairs; human rights and equality, global youth co-operation; youth work development; membership and training and communications.

The Youth Employment Network initiated by the UN Secretary General during the Millennium Summit brought together the UN, the ILO and the World Bank to fight against youth unemployment. The YEN considers itself as a network of networks with the ILO as its secretariat.

The role of the business community

At international and national levels, the private sector is working directly with national and local governments to facilitate interventions. Such partnership arrangements have helped to strengthen curriculum areas through the engagement of mentors from the local business community and to draw the school in to a broader plan for local economic and community development. Business owners often serve on the advisory boards and curriculum committees of secondary schools and higher education institutions, particularly vocational education, technical colleges and business schools. They may also act as classroom speakers or work placement employers.

---

[7] The IAWGYD includes the Canadian International Development Agency, Global Meeting of Generations, Inter-American Development Bank, Inter-American Foundation, Inter-American Institute for Cooperation on Agriculture, International Youth Foundation, Organization of American States, Pan American Health Organization, Partners of the Americas, UNESCO, UNICEF, United Nations Youth Unit, United States Agency for International Development, United States Peace Corps, the World Bank and Youth Service America.

Youth Business International (YBI), implemented by the Prince of Wales Youth Business Trust (United Kingdom) is a world-wide network whose purpose is to enable the business community to help young people work for themselves by providing business mentoring and access to finance. The Youth Business Initiatives work with local training and micro-credit partners and organisations such as the British Council and Shell LiveWire during the start-up and early growth stages. Participating countries and organisations include: Youth Business Foundation, Canada; Baharatiya Yuva Shakti Trust (BYST), India; Hambantota Youth Business Trust, Sri Lanka.

At the national level, in Norway, the Confederation of Norwegian Business and Industry (NHO) is contributing to the realisation of the intentions in the Core Curriculum (L93) where it states that *"education shall provide learners with awareness of the variety and scope of the world of work,"* and that *"the world of work is part of the school's broader learning environment."* The arrangement involves elementary education, secondary education and teacher education. More specifically, the partnership contributes to the development of teaching aids to make the world of business a significant part of the learning environments in schools. The collaboration may entail students visiting businesses; businesses visiting schools (e.g. guest lecturers); businesses adopting a class; work in projects around themes connected to the world of business; and business leaders functioning as consultants to student enterprises. A consultant is hired full-time or part-time in all regions of the country as part of the Confederation of Norwegian Business and Industry (NHO)-Partnership.

The University Institute of Technology (IUT) in France has established a partnership arrangement with local bankers, lawyers from the Chamber of Commerce and the APCE (the local agency for the creation of companies) to support successful student ideas for new businesses. Within the non-formal sector, the Agro-Business for Rural Youth in Philippines and the Drug Abuse and Prevention Programme for Marginalized Youth in Asia (DAPP) are both based upon partnerships with the local business community in which products created as a result of the skills-based training are linked into local supply chains, thereby keyed into local economic development and more likely to be sustainable in the long term.

In Kenya, the Kenya Management Assistance Programme (K-MAP) gets large businesses to make their mid level and top level managers available to the owners of small scale business for advice and counselling, on a voluntary basis. Such programmes are usually aimed at the emergent entrepreneur rather than the subsistence self-employed. At the international level, actors such as Shell, Compaq, Motorola and Cisco Systems have been key players through programmes such as Shell LiveWire, Motorola XXI etc.

The role of civil society/NGOs

There are also a number of national and international foundations (both civil society and corporate), all of which have formed partnerships with national governments and NGOs to promote enterprise growth among young entrepreneurs nationally and internationally. NGOs, throughout the world, but especially in the developing world, tend to have a focus on the education and training opportunities for at-risk youth.

The International Youth Foundation (IYF) has been heavily involved in raising awareness about issues facing youth. YouthNet International is IYF's vehicle for the development and exchange of information on effective programmes and practices that support the development of children and youth ages 5 through 20 by: linking the field experiences of programmes around the world to academic and policy research; fostering networking and interaction among those with common concerns and interests; organizing workshops and meetings; disseminating published and electronic information; and, facilitating partnerships and learning exchanges.

Specialised NGOs have evolved dealing with different dimensions of self-employment and micro-enterprise. Some NGOs are concerned with the promotion of free market values (e.g. the Urban Foundation in South Africa). Others focus entirely on the small-scale credit side, product development, women entrepreneurs, or the vocational training of the young people in rural and urban situations. Here, NGOs (both southern, northern and in partnership) are probably a more significant source of support than central or local government schemes[8].

However, there are a very large number of NGOs which are interested in training for its social benefits above all else and have developed frameworks for dealing with issues such as HIV/AIDS awareness, health, environment and support for women by focussing on the holistic development of the individual and through activities to create sustainable livelihoods[9]. Micro finance programmes in this context are relatively new and such programmes tend to develop much more specific linkages between different social problems affecting youth or community development strategies[10].

NGOs concerned with vocational training are a highly diverse group. There are northern organisations with worldwide coverage down to those with links to a single village. There is a variety of coverage among southern NGOs too, although very few (e.g. CIDE in Latin America) are more than national in their scope. Some NGOs have religious origins (e.g. CADEC in Zimbabwe); others derive from political parties (e.g. the German Konrad Adenauer Stiftung and Friedrich Ebert Stiftung); but many have more practical origins. In many countries, for example Kenya and India, a first generation of religious NGOs has tended to be complemented by a second generation of more secular agencies.

Most common programme features

In spite of the broad differences in economic, social and cultural contexts for entrepreneurship and enterprise education across regions and countries, there are nevertheless some similarities in the way that these programmes at different levels of education have been conceived and are delivered. All the projects and programmes suggest, to varying degrees, that the key to promoting entrepreneurial initiative is in engaging the imagination of students, that is, in assisting them to think of developing their own business ideas, by showing them, at least in part, what it could be like to establish and run their own businesses.

---

[8] There is a tendency for them to be more oriented to subsistence self-employment than the more entrepreneurial and for income-generation dimensions to be included in larger multi-purpose, community development projects.

[9] A livelihood is everything people know, have, and do to make a living. Applied to youth, the livelihoods approach comprises a broad and interrelated set of programmes and policies that include: giving youth opportunities to generate and earn income; providing credit, savings and other financial services and related training in job and business skills; developing institutions, alliances and networks for youth to advance their economic interests; and promoting policy and social changes that improve young people's livelihood prospects. In many cases, training is provided in diverse skills and specialities in order to diversify the economy and reduce reliance on one product.

[10] For example, many micro-finance organisations in the hardest-hit countries in sub-Saharan Africa now offer products specifically for AIDS-affected clients and households, although some of these products may have limited applicability. Innovative financial products geared to AIDS-affected youth include the establishment of education trusts for minors and allowing youth from AIDS-affected households to use micro-finance services.

Most programmes tend to combine classroom-based instruction with mentoring, guidance and counselling, practical experience and a menu of support that is adapted to the socio-economic circumstances of the participants and is flexible enough to evolve as their needs and priorities change. In North America, not-for-profits specialising in enterprise and entrepreneurship education are now servicing programmes in both the formal and non-formal sectors. In the developing world, toolkits and methodologies such as SIYB from ILO, CEFE from GTZ, the Commonwealth Youth Credit Initiative and Street Kids International, to name a few, have been developed and replicated widely.

All the projects and programmes suggest, to varying degrees, that the key to promoting entrepreneurial initiative is to engage young people as active generators of knowledge, rather than passive receivers. This is done by assisting them in the development of their own business ideas and showing them, at least in part, what it could be like to establish and run their own businesses.

An important part of stimulating the imagination in this way is the process of "learn-by-doing," or experiential learning, which nurtures the personal qualities, characteristics and attitudes of successful entrepreneurs. The learner reflects on personal experience and relates it to the theoretical aspects, creating a dynamic relationship. Repeated cycles of learning from classroom experiences represent the essence of the entrepreneurial way of learning.

Business owners often serve on the advisory boards and curriculum committees of secondary schools and higher education institutions, particularly vocational education, technical colleges and business schools. They may also act as classroom speakers or work placement employers. In the informal sector, innovative delivery models, such as Shell LiveWire, offer loan funds within an integrated package of assistance.

A common theme running through entrepreneurship and enterprise education programmes, irrespective of socio-economic context, is that they are often delivered within the framework of partnership arrangements[11] and coalitions at both national and international levels. The rise in popularity of public/private sector partnership arrangements within the formal sector is often primarily to facilitate learning and promote sustainability within the framework of a coherent plan for local economic development. In western countries, they often take the form of strengthened cooperation between education and training authorities and business associations and enterprise boards. The Golden Vale Young Entrepreneurs Scheme Awards (YES) in Ireland, for example, is carried out in association with City and County Enterprise Boards throughout the country.

In developing countries, strategic partnerships are formed to enable Centre for Education and Enterprise Development (South Africa) to deliver a holistic and integrated programme to its target group. The private sector, such as Shell LiveWire in Singapore runs an outreach campaign to ensure that potential entrepreneurs outside the student population are able to participate in workshops; an awards scheme and a mentoring programme.

---

[11] Here, partnership means arrangements where governments, the international community, businesses and schools commit through mutual beneficial activities to give students greater insights into questions related to the world of work and business and to prepare them for self-employment.

Создание Международного центра подготовки молодых предпринимателей в Республике Беларусь

Анатолий Скорбеж, Всемирный молодежный банк, и Владимир Новосяд, Палата представителей Национального Собрания, Беларусь

(Creation of the International Centre for Training of Young Entrepreneurs in the Republic of Belarus, by Anatoly Skorbezh, World Youth Bank, and Vladimir Novosiad, Chamber of People's Representatives of the National Assembly, Belarus)

Проект создания Международного центра подготовки молодых предпринимателей в Беларуси разрабатывается по линии Международной общественной организации по развитию молодежного предпринимательства. Проект включает три этапа:

Этап 1: Оценка уровня и проблем развития предпринимательства в Республике Беларусь

Целью этого этапа является выявление уровня развития молодежного предпринимательства и проблем государственной поддержки малого и среднего бизнеса в Республике Беларусь с учетом внешних и внутренних факторов на основе решения следующих задач:

1.1 Определение основных тенденций и проблем социально-экономического развития Республики Беларусь и выявление их влияния на формирование молодежного предпринимательства;

1.2 Анализ организационных форм молодежного предпринимательства и занятости молодежи в Республике Беларусь;

1.3 Анализ видов деятельности молодежного предпринимательства;

1.4 Оценка материально-технического и информационного обеспечения молодежного предпринимательства и выявление проблем в этой области;

1.5 Оценка уровня и выявление проблем государственной поддержки молодежного предпринимательства;

1.6 Оценка правового обеспечения молодежного предпринимательства в Республике Беларусь и определение проблем в этой области.

Этап 2: Обоснование создания учебно-методического Международного центра подготовки, переподготовки и повышения квалификации молодых предпринимателей в Республике Беларусь

Целью этого этапа является разработка научно-технической документации для создания данного Центра на основе решения следующих задач:

2.1 Разработка документации по созданию материально-технической базы Центра;

2.2 Обоснование потребностей Центра в преподавательском составе;

2.3 Формирование учебно-методической и информационной базы Центра;

2.4 Разработка Устава Центра;

2.5 Предложения по формированию уставного фонда Центра;

2.6 Регистрация Центра.

Этап 3: Разработка организационной системы подготовки, переподготовки и повышения квалификации молодых предпринимателей в Республике Беларусь

Целью этого этапа является повышение конкурентоспособности молодых предпринимателей на основе совершенствования системы их профессиональной ориентации, подготовки, переподготовки и повышения квалификации путем решения комплекса следующих задач:

3.1 Обучение молодых предпринимателей по проблемам организации и правового обеспечения их деятельности, маркетинга, информационных технологий и электронной торговли;

3.2 Разработка организационно-экономической схемы проведения консультаций и тренинга;

3.3 Подготовка и выпуск ряда методических материалов;

3.4 Разработка тренинговых программ для молодых предпринимателей;

3.5 Подготовка и издание самоучителей для молодых предпринимателей, в частности, «Портфель молодого предпринимателя», который включал бы пособия по выбору области предпринимательства; определению рынка продукции; бизнес-планированию; финансированию; управлению фирмой; определению заработной платы; налогооблажению; рынку труда молодежи; системе государственной поддержки и регулирования предпринимательской деятельности;

3.6 Выпуск специальных периодических изданий для молодых предпринимателей (журналов, газет и т.д.)

Политика Правительства Республики Молдова по поддержке малых и средних предприятий и ее влияние на развитие молодежного предпринимательства

Сержиу Коропчану, Молодежный бизнес-центр, Республика Молдова

(SME Promotion Policy of the Government of the Republic of Moldova and Its Impact on the Development of Youth Entrepreneurship, by Sergiu Coropceanu, Youth Business Centre, Republic of Moldova)

Опыт стран с развитой рыночной экономикой свидетельствует об исключительно важной роли и значении малого бизнеса, способствующего успешному проведению экономических реформ и решению острых социальных проблем.

Малый бизнес выступает фактором эффективного решения целого комплекса экономических, политических и социальных проблем:

- вовлечение населения в экономические преобразования;
- создание новых рабочих мест;
- насыщение рынка товарами и услугами;
- развитие конкуренции и стимулирование производства товаров и услуг высокого качества с более низкими затратами;
- воспитание предприимчивости и бережного отношения к ресурсам;
- проявление деловой инициативы;
- формирование прогрессивной структуры экономики;
- формирование среднего класса собственников, обеспечивающего стабильность в обществе.

Одной из приоритетных задач, стоящих перед Правительством Республики Молдова и органами местной власти, является поддержка предпринимательства и создание благоприятного климата для развития частного сектора.

В Республике Молдова предпринимательская деятельность начала осуществляться с 1991 г., когда в стране приступили к формированию соответствующей законодательной базы. Закон о собственности дал возможность приобретать и использовать средства производства и осуществлять частнопредпринимательскую деятельность. Закон о предпринимательстве и предприятиях определил правовые, экономические и организационные основы предпринимательской деятельности. Важное значение в понимании роли малого бизнеса в рыночной экономике, необходимости его поддержки и развития стал Указ Президента «О государственной поддержке и защите предпринимательства» и Закон о защите и поддержке малого бизнеса.

Из всего числа предприятий, зарегистрированных в Республике, около 90% - это предприятия малого бизнеса, а остальные 10% относятся к средним и крупным предприятиям. Наибольшее количество субъектов малого бизнеса (47,7%) занято в сфере торговли, в перерабатывающей промышленности - 12,7%, в транспорте и связи - 6,3%, в строительстве - 5,6%.

О преимуществах малого бизнеса свидетельствует тот факт, что при относительно малой численности занятых работников, равной 25,9%, они осуществляют 28,8% всего объема чистых продаж.

Несмотря на особое внимание со стороны Правительства на развитие экономики в стране, все же чувствовался некоторый спад. В последние годы удалось его приостановить, более того, наметились устойчивые тенденции экономического роста и макроэкономической стабилизации. Рост экономики был поддержан сравнительно низким уровнем инфляции: 4,4% к концу 2002 года по сравнению с 6,3% к концу 2001 года. Объем промышленной продукции в 2002 году возрос на 10,6% по сравнению с предыдущим годом, и эта положительная тенденция сохраняется уже 3 года подряд.

Указанные положительные тенденции являются результатом последовательной политики проведения реформ и реструктуризации основных отраслей экономики, сбалансированной бюджетной политики, интенсификации деятельности по привлечению и вложению инвестиций, а также других мероприятий институционального, правового и экономического характера.

Были сделаны конкретные шаги по созданию и улучшению условий для развития предприятий малого и среднего бизнеса в области регистрации предприятий, лицензирования, налогообложения и т.д.

Регистрация

Имея в виду, что любая деятельность начинается с регистрации предприятия, Законом о государственной регистрации предприятий и организаций значительно упрощена и упорядочена процедура регистрации. Начиная с 2 января 2002 года была внедрена прогрессивная форма обращения предпринимателей по принципу «одного окна», которая предусматривает концентрацию всех услуг, предназначенных процедуре регистрации.

Срок регистрации предприятия сократился до 10 дней, а за двойную оплату - в течение одного дня. Стоимость услуг уменьшилась в 3-4 раза. Так, в настоящее время в стране зарегистрировано 116,3 тыс. предприятий и организаций и 268 тыс. крестьянских (фермерских) хозяйств, которые регистрировались как индивидуальные предприятия. Из общего числа зарегистрированных экономических агентов 85% составляют индивидуальные предприятия с правом физического лица и только 13% предприятий с правом юридического лица.

С целью ведения более качественного учета деятельности предприятий предусматривается перерегистрация всех предприятий и введение вместо фискального, статистического и таможенного, единого идентификационного кода.

Лицензирование

В области лицензирования был принят Закон о лицензировании отдельных видов деятельности, который заметно улучшил лицензионный режим и сократил количество лицензируемых видов деятельности (с 106 видов деятельности до 57 видов). Вместо 26 органов, выдававших ранее лицензии, был создан единый орган - Лицензионная палата, что позволило внести при осуществлении процедур лицензирования больше законности и порядка. Впервые в Республике Молдова введён единый Реестр лицензирования. В настоящее время для более полного упрощения процедуры регистрации максимально сокращен список документов, требуемых для получения лицензии.

Наряду с лицензированием принимаются меры по совершенствованию применения различного рода государственных разрешений (авторизаций), выдаваемых различными государственными органами для осуществление отдельных видов деятельности. Кроме того, ведется работа в сторону отмены платных услуг для получения разрешений (авторизаций), оказываемых государственными органами предпринимателям.

Патент

С целью стимулирования предпринимательской деятельности был утвержден Закон о предпринимательском патенте, который позволяет физическим лицам осуществление отдельных видов предпринимательской деятельности при упрощенной системе регистрации, налогообложения, учета и отчетности.

По состоянию на конец 2002 г. действовало 32425 патентов, что составляет на 10% больше, чем в прошлом году, а сумма средств, поступивших от выдачи и продления патентов в течение 2002 г., составила 29,3 млн. лей или на 15% больше, чем в 2001 году.

Сейчас ведется работа по изменению и дополнению данного Закона в сторону увеличения видов деятельности, осуществляемых на основании патента, а также изменения распределения средств, полученных от выдачи патентов, где 60% от стоимости патента будет направлено на реализацию государственных и региональных программ развития малого бизнеса.

Контроль

Проведена реорганизация ряда контролирующих органов в сторону объединения 3-х ранее существующих контролирующих органов в один орган - Центр по борьбе с экономическими преступлениями и коррупцией, что позволило сократить в 2 раза численность контролеров и усовершенствовать систему контроля.

В соответствии с Административным кодексом, проверки деятельности экономических агентов осуществляются не чаще 1 раза в 2 года, раньше было не чаще 1 раза в год.

В целях стимулирования деятельности экономических агентов на основании ежегодного конкурса «Самый лучший налогоплательщик года» победитель полностью освобождается от всех проверок в течение года.

Товарная биржа

Для реализации государственной политики в сфере защиты интересов отечественных производителей на основании Постановления о стимулировании биржевой торговли была создана первая Универсальная товарная биржа Республики Молдова. Таким образом, появился значительный потенциал для повышения предложения товаров, котируемых на бирже, как за счёт привлечения в оборот сельскохозяйственной продукции, которая потребляется в фермерских хозяйствах, так и на основе увеличения продуктивности сельскохозяйственного сектора.

Налоговые льготы

В последние годы приняты и разрабатываются важные решения, направленные на поощрение и стимулирование предпринимательской деятельности.

Начиная с 2001 г. действует положение Налогового кодекса, согласно которому (статья 49) предприятия, на которых численность работников не превышает 19 человек, а годовая сумма чистых продаж от реализации продукции собственного производства и (или) от оказания услуг не превышает 3 млн. лей, освобождаются от уплаты подоходного налога на 3 года. Освобождение от уплаты налога предоставляется при условии, что не менее 80% суммы освобождения предприятие направляет на развитие собственного производства, сферы услуг и создание новых рабочих мест.

Предприятия, получившие освобождение от уплаты налога, по истечении трех лет имеют право в последующие два года на снижение ставки подоходного налога на 35%.

За 2001-2002 гг. заключили соглашения с налоговой инспекцией и получили освобождение от уплаты подоходного налога 160 предприятий малого бизнеса.

При разработке бюджетно-налоговой политики были предприняты конкретные действия для постепенного снижения некоторых видов налогов, что, в свою очередь, ведёт к снижению «теневой экономики» и расширению налоговой базы. В 2002 году объём собранных налогов от предпринимательской деятельности увеличился по сравнению с 2001 годом, а ставка налога на прибыль снизилась от 28% в 2001 году до 25% в 2002 г.

В целях поддержания местного производителя было утверждено увеличение суммы, разрешённой для осуществления расчётов наличным путём от 5 до 20 тыс. лей, а регистрация в качестве плательщика НДС при достижении годового оборота в 200 тыс. лей.

Начиная с 2003 г. вводится в действие упрощенная система бухгалтерского учета и отчетности для субъектов малого бизнеса. Согласно постановлению Правительства «О критериях ведения бухгалтерского учета отдельными категориями экономических агентов», экономические агенты, включая крестьянские (фермерские) хозяйства, деятельность которых основывается на индивидуальном труде членов семьи, а число привлеченных работников не превышает числа этих членов, могут вести учет по упрощенной системе в соответствии с правилами, установленными Национальным стандартом 62 «Бухгалтерский учет по простой системе».

Кредитование

Для стимулирования предпринимательской деятельности и облегчению доступа предпринимателей к кредитам в 1993 году был создан Фонд по поддержке предпринимательства и развития малого бизнеса, которому было выделено из государственного бюджета 2 млн. лей. К сожалению, из-за неправильного распределения выделенных средств до сих пор не все экономические агенты вернули кредиты, что в некотором смысле повредило репутации Фонда. В то же время в составе Фонда был создан Гарантийный фонд, целью которого является гарантирование части кредита, предоставляемого банком экономическому агенту.

В целях оказания помощи для развития малого бизнеса через коммерческие банки открыты специальные кредитные линии, предоставляемые Европейским Банком по Реконструкции и Развитию, в размере 16 млн. долларов. Однако процедура получения и стоимость этих кредитов существенно не отличается от дорогих пока кредитов в национальной валюте.

Несмотря на это, средняя процентная ставка на кредиты в национальной валюте уменьшилась в среднем на 5 процентных пунктов, а на кредиты в иностранной валюте - на 2 процентных пункта. В сравнении с результатами начала 2001 года процентные ставки на кредиты, выдаваемые в национальной и иностранной валюте, практически уменьшились в 2 раза.

Уменьшение кредитных процентных ставок повлияло на заметный рост объёма кредитов, в основном среднесрочных и долгосрочных. На конец 2002 года было выдано кредитов на сумму 4,2 млрд. лей, что по сравнению с 2001 годом больше на 34%.

Альтернативой коммерческих банков выступают пока только сберегательно-заемные ассоциации граждан, которые создаются и функционируют во всех регионах страны на основе Закона о сберегательно-заемных ассоциациях граждан. Становлению ассоциаций и укреплению их финансовых возможностей по оказанию поддержки сельским предпринимателям (в основном фермерам) способствует Всемирный банк, открывший специальную кредитную линию через Корпорацию по финансированию села.

Программа развития малого бизнеса

Одним из главных факторов развития малых предприятий было принятие Государственной программы развития малого бизнеса, в которую включен комплекс мероприятий, способствующих развитию и улучшению предпринимательской деятельности в сфере малого бизнеса. Данная программа включает в себя такие задачи, как усовершенствование законадательно-нормативной базы; расширение доступа малых предприятий к финансовым ресурсам путём привлечения внебюджетных средств; развитие лизинга; введение единого налога для субъектов малого бизнеса; стимулирование развития отраслей непроизводственной сферы, имеющих высокий экономический потенциал; создание благоприятных условий для развития малого бизнеса в регионах.

На основе этой программы были разработаны региональные программы по развитию малого бизнеса.

Также для выявления реальной обстановки в регионах усилия Правительства сконцентрированы на создании и внедрении эффективной системы взаимодействия между центральными и местными властями.

В этой связи положительный вклад в решении этих задач имеют выездные заседания Правительства и принятые постановления о социально-экономических проблемах, с которыми сталкиваются местные органы.

С целью осуществление региональной политики государства, координирования задач между центральными и местными властями планируется принятие в ближайшее время

Закона о территориальном развитии Республики Молдова и создание Национального агентства территориального развития.

Разрабатывается окончательная версия Стратегии экономического роста и сокращения бедности (СЭРСБ), в работе над которой обеспечено широкое участие гражданского общества, частного сектора, науки и потенциальных доноров.

СЭРСБ имеет огромную роль, поскольку будет учитываться при разработке и осуществлении новых стратегий в рамках помощи Республике Молдова со стороны Мирового Банка и других доноров на следующие 4 года, а также будет принята во внимание при разработке годовых бюджетов на 2004 – 2006 гг.

Актуальные проблемы бизнес–образования в Украине

Татьяна Гурьева, Высшая академия кооперации Конгресса частных работодателей, Украина

(Topical Problems of the Business Education in Ukraine, by Tatiana Gurieva, High Academy of Cooperation of the Congress of Employers, Ukraine)

Для развития предпринимательских инициатив молодежи необходимо создать в Украине эффективную систему бизнес-образования. Одной из наиважнейших проблем в Украине является отсутствие понимания того, что такое бизнес-образование, и как оно может передать необходимые навыки непосредственно на рабочие места.

На протяжении многих лет учебные заведения Украины предоставляли качественные знания по физико-математическим наукам, образовательная инфраструктура поддерживала командную экономику. Сегодня необходимо развивать организационные и управленческие таланты, поддерживать любые инициативные начинания среди молодежи в сфере бизнеса.

Инвестирование в человеческий капитал, в будущих управленцев является единственно возможным сделать экономику Украины конкурентоспособной на мировых рынках. Анализ учебных программ свидетельствует о том, что многие университеты и бизнес-школы неохотно идут на риск, внедряя новые программы в ответ на перемены в сфере бизнеса. Практически это избавляет их от излишних затрат на развитие и способствует потенциальным неудачам.

Серьезной проблемой, которая затрудняет развитие молодежного предпринимательства, является отсутствие достаточной подготовки управленца.

Перечень требований к молодому управленцу может быть бесконечным. В результате анкетирования бизнес-структур, специалист, по мнению руководства, должен обладать следующими качествами:

1. Способность к системному мышлению;
2. Способность к принятию независимых решений;
3. Умение ясно высказывать свои мысли;
4. Быстрота реагирования на изменение обстоятельств;
5. Способность к анализу и синтезу информации;
6. Инициативность;
7. Креативность в выполнении поставленных задач;
8. Энергичность;
9. Умение работать в команде;
10. Высокие профессиональные навыки.

Что касается слушателей тренингового центра Высшей академии кооперации Конгресса частных работодателей, они утверждают, что им удастся найти работу по специальности только тогда, когда образовательный процесс будет отвечать следующим требованиям:

1. Использование практических инструментов.
2. Привязка курса к реальному бизнесу в Украине.
3. Индивидуальный подход к каждому слушателю.
4. Стажировка на успешных предприятиях в Украине и за рубежом.
5. Решение реальных проблем, возникающих в повседневной бизнес-деятельности.
6. Преподаватели должны быть обязательно практиками.
7. Обеспечение современными техническими средствами учебного процесса.
8. Использование новейших интерактивных методов преподавания.

Сегодня многие высшие учебные заведения Украины занимаются проблемой трудоустройства своих выпускников. Эффективным средством решения этого вопроса является необходимость сотрудничества с работодателями.

Работодатели Конгресса частных работодателей тесно взаимодействуют с высшими учебными заведениями, бизнес-школами, Киевским городским центром занятости, Киевской городской государственной администрацией и Государственным комитетом Украины по вопросам регуляторной политики и предпринимательства.

Хотелось бы отметить еще одну проблему – недостаток преподавателей-практиков, в основном из-за низкой заработной платы в сфере образования, и вследствие этого, излишне теоретизированные курсы.

Существуют две точки зрения на проблему бизнес-образования в Украине:

1. работодателей, которые хотят получить грамотных специалистов;
2. молодежи, желающей получить практическое образование.

Согласно опроса, проводимого Высшей академией кооперации Конгресса частных работодателей, большинство руководителей компаний считают:

- украинское бизнес-образование не отвечает международным стандартам (79%);
- выпускники демонстрируют низкий уровень владения практическими навыками (64%);
- обучение базируется на заучивании правильных ответов вместо умения находить правильные решения (41%);
- 59% работодателей заметили, что бизнес-образование в резюме кандидата не является решающим при приеме на работу.

Аргументацией такой позиции послужило:

- опыт является более предпочтительным при приеме на работу;
- бизнес-образование не гарантирует наличия практических навыков;
- фирмы сами проводят для сотрудников специализированные тренинги.

Отметим, что требования молодежи к образовательным программам в последнее время возрастают. Анализ результатов социологического исследования студентов экономических специальностей старших курсов высших учебных заведений Украины свидетельствуют, что

61% опрошенных довольны выбранными специальностями;

31% респондентов считают, что смогут самостоятельно найти работу после окончания высших учебных заведений по выбранной специальности;

51% опрошенных отметили низкий уровень обеспечения учебной литературой;

60% считают более прогрессивными интерактивные методики обучения.

Хороший преподаватель должен уметь интересно подавать материал, иметь глубокие знания и практический опыт.

Именно практики предлагают свои авторские тренинги в Высшей академии кооперации. Постоянное анкетирование работодателей позволяет разрабатывать тематику, которая актуальна для консалтингового рынка. Для руководящего состава корпораций разработаны тренинги:

- Защита бизнеса от органов контроля в Украине;
- Доступ предприятий к финансовым ресурсам;
- Защита от финансовых махинаций;
- Анализ финансово-экономического состояния предприятия.

Для молодежи мы предлагаем пройти обучение на тренинге «Организация своего бизнеса». Каждый тренинг включает проведение ролевых игр, работу в команде, кейс-стади.

В своей работе бизнес-тренеры широко используют раздаточные материалы, визуальные презентации. Для привлечения молодых специалистов работодатели активно используют проведение дня «открытых дверей», когда любой представитель молодежи может познакомиться с работой предприятия непосредственно, задать интересующие его вопросы.

На основе всего вышеизложенного хотелось бы рекомендовать:

1. ООН проанализировать использование международной технической помощи на подготовку кадров в Украине и оказывать реальную помощь именно в развитии предпринимательских инициатив молодежи.

2. Органам государственного управления Украины:

   a. пересмотреть отечественные стандарты бизнес-образования, ориентируясь на потребности национальных работодателей;
   b. наладить системное сотрудничество Министерства образования, высших учебных заведений Украины и работодателей.

Мы, работодатели Украины, готовы к конструктивному сотрудничеству как с международными, так и национальными организациями для подготовки нашей смены, для развития предпринимательских инициатив молодежи.

SME policy and youth entrepreneurship in countries in transition

Antal Szabó, Regional Adviser on Entrepreneurship and SMEs, UNECE

Introduction

The experience of the UNECE region evidences that the heart of political and economic transformation of any country in transition (CITs) lies in the creation of the private sector, the development of entrepreneurship and small- and medium-sized enterprises (SMEs) for the following reasons:

- SMEs stimulate the formation of private ownership and entrepreneurial skills;
- They are flexible and can adapt quickly to changing market demand and supply situations;
- They generate employment; and
- SMEs help to diversify economic activity and make a significant contribution to trade and economic growth.

Considering the capabilities of SMEs in stimulating economic growth, the emphasis should be made on the creation of a business friendly environment, including good governance. Within such a framework a successful transformation of a society towards a market economy is more likely benefit all citizens across the life cycle from youth to the old age.

Over the last decade tremendous progress has been made in the transition process towards a market economy in the former socialist countries. Several countries have successfully converted their economies and now are rightfully considered belonging to the emerging market economies. However, inadequate legal and regulatory conditions and unfavorable macroeconomic environment in two-thirds of the transition economies in the UNECE region still impede the development of entrepreneurship and private sector. In order to facilitate the transition process attention must be paid to creating better conditions for entrepreneurship and SMEs.

Twelve countries are currently adopting their national policies to join the European Union. The Czech Republic, Estonia, Hungary, Latvia, Lithuania, Poland, Slovakia and Slovenia are the „champions" in adopting the acquis communautaire. Croatia, which is not an accesing country, belongs, however, to the leader group in the field of entrepreneurship. Bulgaria and Romania are on the way to adopting the acquis communautaire on entrepreneurship and SME development.

To assist countries in transition in this endeavor, UNECE regularly updates and reviews the development of legislation and provides statistical data highlighting the problems faced by the SME sector under the economic transition process in individual countries. The review of statistics, regulations and support measures is based on country responses to the Questionnaire on Small and Medium-sized Enterprises in Countries in Transition (CITs). The Report on the SMEs in CITs in 2000-2001 (UNECE document OPA/AC.32/1) is available on-line at http://www.unece.org/indust/sme/smepubli.pdf.

Results of economic analysis and observations gained during meetings and advisory missions by the UNECE suggest that the development of the SME sector in countries in transition is at different levels. It is a continuous process, which needs commitment, both from the Governments and the society, as well human and financial resources, time and patience.

This development, essential to the growth of the SME sector in countries in transition, is most effective when activities and assistance are integrated and are carried out at three distinct levels:[1, 2]

(i)   **Strategic level** (*policy-making*);

(ii)   **Institutional level** (*support institutions*);

(iii) **Enterprise level** (*entrepreneurs and business entities*).

The above-mentioned levels create a SME Development Pyramid structure, in which the strategic level is considered as the highest priority and is "located" at the top of the pyramid. The institutional level is located in the middle and is interlinked with both, the SME policy-makers at the top and the entrepreneurs at the bottom, for whom they are created and to whom their services are offered. The third level is the base of the whole structure: entrepreneurs and business entities are the actors of the SME sector, whose performance, behaviour, efficiency and inefficiency are reflected in the mirror of economic transformation. The whole building is sound only when there is simultaneous progress and interaction, acceptance by each other and operative cooperation. Youth employment and the development of youth entrepreneurship should be considered against this background.

1.   YOUTH EMPLOYMENT AND ENTREPRENEURSHIP

1.1   Situation of youth and young entrepreneurs in countries in transition

Since the beginning of the 1990s, the traditional cycle of school-to-work-to-retirement has changed not only in the CITs, including the Commonwealth of Independent States (CIS). Increasing globalization and internationalization have significantly modified the patterns of labor markets. Multinational companies are pressing trade unions to accept more flexible labor relations. At the same time, opportunities for youth to learn on job have contracted. Youth unemployment is growing and the changing patterns of employment provide a new context for these problems, as well as serious concerns for youth and the future stability.

A more profound approach to the youth current problems is needed to reduce the risk of youth poverty, and, therefore, recruitment of young people by illegal and informal businesses, including drug dealers, which has been on rise in some of the countries of the region.

Current youth studies prefer to focus on social and community aspects of the youth situation rather than to analyze the effectiveness of youth employment policies and strategies. There is a lack of research, which could help to better define the relationship of youth entrepreneurship with wider youth employment programmes.

---

[1] Antal Szabo, "The role of small and medium-sized enterprises in countries in transition and how to promote them", UNECE Advisory Workshop on Industrial Restructuring, Geneva, 8-9 June 1995.

[2] http://www.unece.org/indust/sme/sme-role.htm

1.2 UNECE Pro-Youth Activities

The UNECE has focused on youth employment and entrepreneurship at two recent meetings.

During the **First Regional Forum on Youth: "Security, Opportunity and Prosperity",** held on 26-28 August 2002, in Geneva, the participants referred to growing difficulties young people are facing in entering the labour market and ensuring a decent income. They identified a number of processes, which, in their view, would impact income opportunities for youth in the region in the forthcoming future:

- Unfinished transition and consolidation of new market economies;
- EU enlargement;
- Globalization and a growing competition pressure from low-income developing countries;
- The aging of the population in many transition countries and the need to provide elderly with work;
- Rapid technological change; and
- Expressed concern that most policy options targeting youth appeared ineffective in providing a lasting solution.

According to some country studies, the average survival rate of the SMEs created by young entrepreneurs ranges between 10-15 percent.

Nearly in all transition economies the highest unemployment rate is among two populations categories:

(i) Young people under 25 years, and
(ii) Low skilled and less educated.

Youth Unemployment Rate in Selected CITs, aged 15-24, both sexes
(percentage)

Country	1998	1999	2000	2001
Bulgaria			35	38.5
Croatia	29.8	n.a.	n.a.	37.3
Czech Republic	12.4	17	17	16.6
Estonia	15	n.a.	22.1	22.2
Georgia	n.a.	24.6	21.2	20.1
Hungary	13.5	12.4	12.1	10.8
Latvia	25.5	14.6	23.6	20.7
Lithuania	22.2	26.5	28.9	n.a.
Poland	23.2	30	35.2	41
Romania	18.3	n.a.	18.6	17.5
Russian Federation	26.8	24.7	n.a.	n.a.
Slovakia	25.1	33.8	37	39.1
Slovenia	18.1	18.5	n.a.	16.2
Ukraine	22.5	26.2	24	n.a.

Source: ILO Key Indicators of the Labour Market, 2001-2002

In Hungary, for example, youth represented 26.9% of the total number of unemployed in 2000, while the unemployment rate of this age group was 12.1%, about 5 percentage points lower than the EU average unemployment rate for the same age group. [3]

In the EU candidate countries, since the beginning of the 2000s, a new phenomenon has emerged: government authorities and transnational companies are looking for start-ups employees with the minimum experiences of 2-3 years. There is a growing dilemma facing the young people, how to obtain the first two-year experience in the situation, when the youth unemployment is so high.

In many countries in transition, especially in the CIS, Governments appear either underestimating the magnitude of the youth problems and, therefore, passive, or lacking adequate resources to provide an effective support of youth entrepreneurship and employment schemes. This is confirmed by the fact that the responsibility for youth affairs is spread among different Government agencies, and/or that Ministries or agencies responsible for youth affairs do not receive resources adequate enough to provide support for youth programmes, which could make a difference.

During the **BSEC Workshop on "Promotion of SMEs – Development of Youth Entrepreneurship",** held on 27-28 March 2003, in Chisinau (Republic of Moldova), the participants identified the following challenges in the area of youth employment and employability:

- The average unemployment among the young people in transition economies is higher than that of adults, and the involvement of youth in the shadow and informal economy is considerable;
- There is a mismatch between the knowledge and skills required by enterprises and those offered by the young entrants to the job market;
- Enterprises demand highly skilled, well-trained employees and are reluctant to invest in training. In many CIS countries, managers are looking for secretaries with university degrees, but without training in office management, while professional secretaries face difficulties in entering the job market;
- In many countries/regions, the labour market cannot absorb the supply of university graduates, especially economists, lawyers, psychologists, while there is strong demand for skilled blue-collar workers;
- The involvement of employer organizations in developing curricula for apprenticeship is important. Qualifications should be adjusted to the skills requirements of the job market; and
- Young people do not participate in the decision-making process regarding their education and employment policies that affect their future.

---

[3] Joint Assessment of the Employment Policy Priority of Hungary, 16 November 2001. Prime Minister's Office, Budapest

1.3 UNECE TEAM OF SPECIALISTS ON YOUTH ENTREPRENEURSHIP

The UNECE two-year sub-programme "Entrepreneurship in Poverty Alleviation" is focused on promoting youth entrepreneurship within the framework of a larger programme, such as *Industrial Restructuring, Enterprise Development and Entrepreneurship*. Within this framework, youth entrepreneurship is seen as a means of alleviating the risk of poverty in declining industrial areas by utilizing the potential of young people in developing new and high value industrial activities in such regions

The Team of Specialists elaborated its Programme of Work for the biennium 2003-2004, concentrating on the following activities (see Report of the Meeting TRADE/WP.8/AC.2/2003/12):[4]

- In order to fulfil the objectives of the Millennium Declaration in the area of youth, a number of important initiatives have been launched. UNECE will seek to contribute to the implementation of these initiatives, and, hence, of the major goals of the Millennium Declaration. The initiatives to be considered are the following:

  (i) Youth Employment Network, established by the UN Secretary General;

  (ii) Youth Employment Summit Campaign, established as an international NGO;

  (iii) Youth Business International; and

  (iv) Junior Chamber International.

- Raising awareness on youth-related issues. Organising sub-regional workshops and forums;
- Promoting the development of school businesses;
- Launching a project on match-making jointly with the World Youth Bank; and
- Preparation of Youth Entrepreneurship Report.

1.4   UN SECRETARIAT

1.4.1 Youth Employment Network

This initiative was launched by Mr. Kofi Annan, UN Secretary-General. He called for establishing a High-Level Panel on Youth Employment Network, consisting of the most creative leaders of the private sector, economic policy-making and civil society (including youth leaders) for exploring imaginative approaches to the youth employment challenge. These outstanding experts, brought into a network, are expected to develop recommendations on possible sources of solutions, including the contribution that information technology and the informal sector could make in employment generation. They will provide guidelines on actions that should be implemented to improve the position of young people in the labor market.

---

[4] http://www.unece.org/ie/wp8/entpover.htm

One of the major areas under discussion concerns youth entrepreneurship. The UNECE and other UN and international donor agencies are ready to provide expertise and assistance in the area of youth entrepreneurship, as well as step-by-step recommendations on how to increase the survival rate of young entrepreneurs. The UNECE calls for CIS Governments and NGOs to join this Network.

Youth programmes are new to the Governments not only in CITs, but also in advanced market economies. Moreover, Ministries for Economic and Social Affairs, Youth and Sport in countries in transition are often new administrative structures with little experience with regards to youth policy under the conditions of market. In the majority of cases, there is lack of co-operation between Government authorities, which are responsible for economic development, entrepreneurship development, education, and those, which are responsible for youth affairs. Governments are, therefore, encouraged to create cross-sectoral bodies responsible for the coordination of efforts of different governmental structures to implement youth programmes, including those on young entrepreneurship. Governments should elaborate an action plan taking into consideration the recommendations of the UN Youth Employment Network.

1.5 EUROPEAN REGIONAL ACTIVITIES

1.5.1 European Union

During the last decade, many things have evolved in the youth sector in the European Union. The European Commission thought that the moment had come to widen and deepen the political debate, to go beyond the current EU programmes and to consider the development of a genuine co-operation policy for the future decades.

The European Parliament and the Council of the European Union in 2002 decided to establish a Youth Community Action Programme in order to develop a European area of cooperation in the field of youth policy, based on information education and training.[5] Perhaps the Executive Secretariat of the CIS would like to issue a similar action programme.

The European Commission White Paper on Youth Policy was published in 2001. Its stakes consist in "deepening the Community co-operation to the benefit and with the involvement of young people, as a specific and essential element of a policy which is resolutely directed towards the future." The Commission thus indicated its will to make this policy acquire a genuine Community dimension in complementarity and close co-operation with the local, regional and national authorities of the member States.[6]

---

[5] Decision No. 1031/2000/EC of the European Parliament and of the Council of 13 April 2000 establishing the "Youth" Community Action Programme. Official Journal of the European Union, 18 May 2000, L 117/1-10

[6] White Paper on "A New Impetus for European Youth", COM(2001)681 as of 21.11.2002, Brussels.

> *"Following enlargement, there will be 75 million young people in Europe between the age of 15 and 25.[7] Whatever their differences (in terms of access to the labor market, education, family life, income, etc.), young people see themselves as fully-fledged citizens with all attendant rights and obligations. Investing in youth is an investment in the richness of our societies, today and tomorrow. It is therefore one of the keys to achieving the political objective laid down by the Lisbon European Council: making Europe "the most competitive and dynamic knowledge-based economy in the world".*
>
> European Commission White Paper on Youth

1.5.2 Candidate Countries

In most countries of the region, there are government structures, which are responsible for formulation of national youth policies and promotion of programmes. There is a need to assess the results of implementation of Government policies and measures, as well as numerous private and non-governmental initiatives, targeting youth. The UNECE has just published the Report on **"Youth in the UNECE region: Realities, Challenges, Opportunities"**, which represents an attempt to fill up this gap.[8]

The candidate countries, adopting the *acquis communautaire,* are required to take the following steps:

(i)   Contribute to the development of quality education which shall include the European dimension and shall support and complement the action of the member States while respecting their cultural and linguistic diversity (Article 149, ex-Article 126) with regard to the content of teaching and the organisation of education systems;

(ii) Implement a vocational training policy, which shall support and supplement the action of the member States (Article 150, ex-Article 127) and shall aim to facilitate adaptation to industrial change and increase employability.

These provisions are mainly implemented via three main EU action programmes: **Socrates**[9], **Leonardo da Vinci**[10] and **Youth for Europe**[11].

---

[7] This number relates to the EU15 + 10 CandidateCountries only.

[8] http://www.unece.org/ie/enterp/documents/youthfin.pdf

[9] http://europa.eu.int/scadplus/leg/en/cha/c11043.htm

[10] http://europa.eu.int/scadplus/leg/en/cha/c11025.htm

[11] http://europa.eu.int/scadplus/leg/en/cha/c11603.htm

The **main objectives of the Youth for Europe** programme are as follows:
- o To allow the young to acquire knowledge, skills and abilities which can serve them in their future development;
- o To promote an active contribution by young people to the building of Europe through their participation in transnational exchanges;
- o To involve the young in community life and allow them to become responsible citizens;
- o To encourage young people's initiative, enterprise and creativity so that they may take an active role in society while at the same time stimulating recognition of the value of informal education acquired within a European context;
- o To support the fight to promote respect for human rights and to combat racism and xenophobia; and to reinforce cooperation in the field of youth.

In the recent **Polish Government's Policy Guideline for 2003-2005** adopted by the Council of Ministers on 4 February 2003, there is a special programme on Shaping of entrepreneurial attitude, which aims at, among other, to popularise entrepreneurship, especially among young people, women, handicapped persons and the unemployed. This initiative is being implemented by the following government institutions: the Ministry of Economy, Labour and Social Policy, the Ministry of National Education and Sports, the Government Plenipotentiary for Equal Status of Women and Men, and the Polish Agency for Enterprise Development. [12]

The **Slovenian Program of Developing Entrepreneurship and Creativity among Young People** is a joint program of the Ministry of Labor, Family and Social Affairs, Ministry of Education and Sports, Ministry of Economic Activities, Ministry of Small Businesses and Tourism, Ministry of Agriculture and other Ministries. By supporting this program, they have enabled the development of entrepreneurship and enterprises in their respective fields. The Program of Developing Entrepreneurship and Creativity among Young People marks the beginning of systematic work that most certainly will generate positive long-term effects, as the experience of other countries has attested. Such programs generate trickle-down effects benefiting individuals. With this systematic approach, the quality implementation of the program will be raised, which would consequently create a larger number of potential young entrepreneurs, who will become employed or self-employed and who will participate in other forms of work and establish themselves more easily on the labor market. [13]

The key objectives of these programmes are:

- To ensure an appropriate system of guiding and financing the development and implementation of various forms of training for individual target groups of young people,
- To attract local and other sources of funding, and
- To promote the goals and activities as part of the program in an appropriate manner.

---

[12] Government Policy Guideline for SMEs for 2003-2006, Ministry of Economy, Labour and Social Policy of Poland, 2003

[13] Vanja Hazl: Programme of Developing Entrepreneurship and Creativity among Young People. Entrepreneurship and SMEs: The Slovenian Experience, OPA/AC.30/1, UNECE, 2003

The **Baltic Sea Youth Ministerial Conference,** held in Vilnius on 6–9 June 2002, brought together the Ministers responsible for youth affairs in the Baltic States, as well as representatives of the National Youth Councils, European Commission, the Youth and Sport Directorate of the Council of Europe, the National Agencies of the EU Youth Programme and other stakeholders in the Baltic Sea region. The Ministers agreed on the following priorities for co-operation in the Baltic Sea region: [14]

- To develop knowledge-based youth policies;
- To promote concepts of non-formal education and lifelong learning;
- To encourage close co-operation between the governmental and non-governmental actors in the field of youth policy, for example, in promoting the concepts of e–learning and e-community, and in removing barriers to youth networking, while developing a knowledge -based Baltic Sea economy. In this framework attention will be devoted to the provision of relevant information for young people;
- To promote a cross-sectoral approach to youth policies, taking in consideration co-management and co-decision making. Support active youth participation in the civil society and democratic processes in general;
- To secure the integration of young people from disadvantaged backgrounds who are not able to match the demands of the knowledge society;
- To provide young people with the incentive and possibility to develop the Baltic Sea region identity through fostering intercultural and inter-religious dialogue and removing barriers to youth mobility, while maintaining co-operation with other sub-regional areas of Europe; and
- To strengthen co-operation between the Baltic States in the youth field, both in terms of a closer intergovernmental co-operation between all the states and encouraging the co-operation between non-governmental organisations and various youth groups in the region.

Following the Ministerial Conference, a special web site, www.lijot.lt, and the newspaper "Po Skėčiu" was created in order to inform young people and youth organizations about different events happening around the world and in Lithuania,

2. PROGRESS MADE AND OBSTACLES ENCOUNTERED IN DEVELOPING AND IMPLEMENTING YOUTH POLICIES AND PROGRAMMES

Since the mid-1990s, many nations have recognized the importance of youth policies. The countries of the EU are leading this process and the candidate countries have been forced to develop similar policies in accordance with the *acquis communautaire*. However, national youth policies are often exposed to political battles between the competing parties and, as a consequence, the programmes are delayed and often changing, and the supporting infrastructure are not sustainable.

---

[14] http://www.lijot.lt/pdf/Vilnus Plan of Action.doc

What is needed is a **visionary integrated national youth policy**. Such a pro-youth policy should be reinforced by mainstreaming youth-related issues into all the sectoral policies. In many cases, there is no need to spend more money, but rather strengthen the communication and coordination of different governmental authorities, the private sector and NGOs to ensure that the most alarming problems will be solved and that services and programmes, affecting youth, will be more effective and efficient.

If the Government neglects youth, it also neglects the future of its own country. This is why investment in youth is the most valuable input into the development of any society. This needs full commitment and a national-wide consensus in order to release the creativity and energy of young men and women, and, thus, improving the perspectives of a country's participation in the global and regional economies.

2.1   Youth Entrepreneurship

In developing a national youth policy, attention should be given to youth entrepreneurship and enterprise-based youth employment policies.[15] Youth entrepreneurship could move young men and women into self-employment, and, therefore, generate jobs. It could contribute to economic empowerment and alleviate poverty. Young entrepreneurs could provide useful goods and services to the society, find new solutions and propose ideas on doing things in a more innovative way. It is no wonder that many advanced market economies, especially the US, provide many opportunities for innovative young men and women. They have enriched these countries and their economies with innovative ideas.

It is important, however, to recognize that youth entrepreneurship is not a solution to youth unemployment and economic problems facing countries. The promotion of youth entrepreneurship is rather a means to develop new skills and acquire new experience that many young men and women need and which they could and will apply in coping with many challenges of their life.

The Youth Business International found that, in the UK, 20 out of 100 young men and women are entrepreneurial. However, not more than five of these start up their businesses. There is a need to develop special programmes in order to encourage young people to develop their entrepreneurial skills and start-up their own business.

2.2   Orientation of youth entrepreneurship support programmes

Young people face the challenge of skill-acquisition in technical field, as well as in the market and human relations, to overcome the constraints of their limited life and work experience. They also face the challenge of the lacking financial resources. However, they are more innovative, more open to risk-taking and have a better understanding of IT, honest and naive, but sometimes they lack responsibility and could easily gamble and take unnecessary risks.

The experiences of various international youth enterprise promotion programmes show that the promotion of youth entrepreneurship should be based on two consecutive steps:

---

[15] Simon White and Peter Kenyon: Initiatives for the development of enterprise action and strategies. InFocus Programme on Sills, Knowledge and Employability. ILO Skills Working Paper No. 1, 2001

First: Raising awareness and understanding of entrepreneurship and business, and

Second: Creating self-employment and/or micro-enterprise.

This sequence is essential. Starting up without a business plan can be fatal leading to bankruptcy and liquidation. The result, which could have a devastating psychological effect, on a young business man or woman, but also damage the reputation at the very start of his or her business career. In many countries, including the majority of CITs, the failed start-ups are not given a second chance like a second loan or support to restart her/his business.

3.   POLICY DEVELOPMENT

3.1   Promotion of entrepreneurship and enterprise culture

The attitude of people towards entrepreneurship and entrepreneurs widely varies across all the 55 countries of the UNECE, and the differences are great between the different sub-regions. The level of entrepreneurship in the EU is very high, and there are many initiatives encouraging and adopting the most appropriate approach for producing more entrepreneurs. The attitude of the citizens of the CITs towards developing entrepreneurship could be improved. Compared to the EU and the USA, there is less of an entrepreneurial dynamism in the CITs.

There are many factors influencing the decision of young men and women to start their own business. One way, in which they learn about entrepreneurship, is the family business. This means growing up in the families, where doing business is a way of life.

In CITs, aside from some Eastern European emerging market economies, there is a limited possibility of gaining such an experience. SMEs are newcomers with little experiences. In many cases, children, who have witnessed the difficulties of their parents, including their struggle to cope with frequently changing political and economic environment, the red tapes and administrative obstacles, high taxation, weak supporting infrastructure, unfair competition and etc., when they become young adults are not inclined to start up their own business.

In many CITs, the society is suspicious of entrepreneurs, thinking that they are just driven by greed and wish to become reach overnight. Mass media frequently shows enterprises in a negative light instead of trying to set up positive role-models of entrepreneurs, who are producing goods and services needed by communities, which are in shortage or not yet available.

There is a need to develop an enterprise culture based on a set of principles and values, which would be acceptable to a society and/or community and would aspire entrepreneurial people to create new enterprises. We should strive to set up such an environment, within which people would not be just forced into self-employment, because of the need to survive, but because of the all excitement and satisfaction entrepreneurship could bring in their life.

3.2   Development of enterprise-based curriculum in primary and secondary schools

School is not only a means of acquiring knowledge. Its environment leaves a lasting imprint on the behaviour pattern and value-orientation of young men and women.

> *"Non scolae, sed vitae discimus."*
>
> **We learn not for school, but from life**
>
> **Latin proverb**

There is a growing mismatch between the school curriculum and the needs of life in many CITs. The former school curriculum was more oriented towards providing classical encyclopaedia knowledge, preparing students for maturity examination, and the best ones, with school-leaving certificates, continued their studies at high schools and/or universities. Students that fell behind had to enter vocational training schools or to start their carrier as desk clerks at public offices.

During the last decade the school system was significantly transformed in most of the advanced market economies. Its orientation became more in line with the above-cited Latin proverb. The IT technology became an everyday practice in majority of schools and enterprise-focused curriculum became an important part of many education institutions. The EU has established a special programme encouraging development of school business education.

The growth of entrepreneurship programme at education institutions has been remarkable for the last decade. The introduction to entrepreneurship starts in pre-school years, in kindergartens, as it is crucial, playfully, to develop the creativity, honesty, responsibility in the children of this age, as they are extremely keen to learn about everything new. Most school entrepreneurship programmes are initiated at the primary and secondary schools, and continued at the college and university level.

There are different interpretations of school business education, but so far no definition has been adopted. The most urgent thing is to develop an effective entrepreneurial curriculum and introduce entrepreneurship as a possible career option. This requires specially trained teachers and business persons/entrepreneurs-volunteers, who could teach entrepreneurship from the perspective of their business experience.

One of the most structured school business programmes was developed in the United Kingdom. The *Young Enterprise* is a national education charity programme with the mission to inspire young people to learn and succeed through enterprise. The *Young Enterprise* runs six programme, each for a different age group, from 5 to 25 year-old students. These are run on the "learning by doing" principle:[16]

---

[16] http://www.young-enterprise.org.uk/home.asp

- Primary programme: for children ages 4 to 11;
- Project business: for 14-15 year old students;
- Company programme: students aged 15 to 19;
- Team programme: for young people aged 15 to 19 with difficulties to learn or disabilities; and
- Entrepreneurship Master: for experiences students running their own business.

The *Canadian Entrepreneurship Education System in Nova Scotia Schools* is based on a curriculum plan designed to develop entrepreneurial qualities in students, starting the primary school and up to 12-grade, by exposing them to the concept of entrepreneurship and introducing it as a career option. [17]

The *Youth Entrepreneurship Support and Development Center (YESDC) in Belarus* assists in promotion of economic literacy among Belarusian students and provides support and disseminates achievements in teaching economics and entrepreneurship. The main goal is to provide a methodical journal for teachers - "Keep-up with the Economy". [18]

To *UNECE Team of Expert on Youth Entrepreneurship* in its programme of work envisages the promotion of school businesses and the implementation of two pilot projects in Hungary and in the Russian Federation in the area of school business education.

3.3 Creation of linkages between education and businesses

Linkages between education institutions and local business communities allow students to obtain first-hand experiences in business and explore opportunities and possibilities of self/employment. Enterprises, participating in such kind of programmes, benefit by gaining a positive corporate image among youth people, their parents and the general public at large. Their staff also benefit by improving presentation skills, while communicating with young people.

4. DEVELOPMENT AND IMPLEMENTATION OF YOUTH ENTREPRENEURSHIP PROGRAMMES

The development of a youth entrepreneurship programme has to be based on the recognition, that the promotion of young entrepreneurship is a part of the national youth development programme, as well as an organic part of the small business development programme, with the purpose to contribute to economic development, job creation, economic empowerment and poverty alleviation.

While national youth programme is the "mother" of youth entrepreneurship, the national SME focal point organization is the "father" of this programme and is responsible for the development of the entire small business sector. Other governmental organizations like Ministries of Labours, Health, Education, or Ministries of Family and Youth Affairs, also have an important role to play in this process.

---

[17] http://www.ednet.ns.ca/educ/ceed.prs/Who?About_1b.html

[18] http://www.yesde.org

The key objectives of youth entrepreneurship promotion programmes should be the following:

- Support self-employed and micro-companies;
- Provide business consultation through business services institutions or mentoring;
- Secure adequate start-up funds;
- Help in marketing and finding business partners;
- Help in improving the rate of survival and success of micro businesses;
- Assist in implementing new business ideas and innovation.

The design and implementation of young entrepreneurship promotion programmes should be based on different approaches. Whether there is a need for creation of a specialized agency, or whether the same general promotion agencies should be used makes no difference. Both types of institutions have advantages and disadvantages. The main issue is, that persons, dealing with young people, must have sufficient experience and be also sympathetic with the impatient and inexperienced start-ups.

4.1 Promotion of self-employment

No one is born an entrepreneur. Running a business is both challenging and rewarding. However, operating a business is not for everyone. Running a business can entail a lot of pressure and stress, and test of managerial and leadership skills.

In CITs, there were many very good engineers, excellent schools and a highly educated population. However, the lack of capital in CITs coupled with the lack of experience with financial techniques complicates the development of entrepreneurship and SMEs. CITs may be adopting market economy accounting and financial practices, but an important part of business know-how is lacking, namely, in how to present an investment project in terms of local needs and priorities.

One of the popular motivations for self-employment is to "make my own and independent business". In many cases, this decision is made because of the collapse of stated-owned companies and unemployment, or because of the dropping out from school.

A recent study prepared by the Irish Centre for Innovation and Partnership highlights that almost 70% of the people decided to become a self-employed do not prepare themselves properly for their new responsibilities. Almost 90% of them do not study their market, and, as a result of these two reasons, half of all the newly established businesses fail in Europe within the first five years of the enterprise life. [19]

In order to avoid such kind of difficulties, the preparation for self-employment is of paramount importance at the last years of the secondary education, as well as before the graduation from the University, especially for the students, who do not intent to continue their studies.

Local communities, development agencies, encourage young people to acquire relevant skills that would make them more prepared for self-employed.

---

[19] Ron Immink & Brian O'Kane: Look Before You Leap: A Guide to Self-Employment. CIPS, Oak Tree Press, 2003.

The <u>UNECE developed special Guides for start-ups</u> operating in CITs, which is called: **"How to Prepare a Business Plan"**,[20] as well as a **"Risk Management"** guide,[21] which could be useful by young men and women in learning about business, self-employment and business environment.

4.2 Youth business incubation

Entrepreneurship has a vital role to play in improving competitiveness of small businesses and Europe's employment situation. Among many solutions proposed, business incubation seems to be one of the most effective means of assisting entrepreneurs in starting up a business enterprise, nurturing young enterprises, and helping them to survive during the vulnerable start-up period. [22]

In fact, instead of speaking about "business incubators" emphasis should be put on the term "business incubation" - an interactive development process aiming at encouraging people to start up their own businesses and supporting start-up companies in the development of innovative products. Incubation also means the development of a supportive and stimulating environment for entrepreneurship. The UNECE elaborated **Guidelines on Best Practice in Business Incubation**, which can be used in designing and implementing a business incubation project and also for the development of youth entrepreneurship. [23]

Probably, one of the <u>first Youth Business Incubator Centres in Central and Eastern Europe</u> was established in 1996, at the Business Polytechnic School in Budapest based on the Wandsworth Youth Enterprise's model. From its very start, the Budapest Youth Enterprise Centre (BYEC) has developed into an engine of youth entrepreneurship in Hungary. The Centre currently has 21 business units and employs a team of staff supporting the need of over 200 young Hungarian businessmen and women. The BYEC pilot project was funded by the European Commission through the PHARE Partnership Programme. The project objective was to promote the start up and development of micro and small businesses in the region, providing positive socio-economic benefits for the wider Hungarian community and other regions of Europe.

The main beneficiary groups are young people aged 17 – 30, who are unemployed or on low income, and young people from the under-represented and disadvantaged groups. The target groups tend to have limited life and work experience and require more intensive and specialised support if they are to successfully set up and develop a business. [24]

Another successful example to be mentioned is the <u>Jesenice Incubator Centre in Slovenia</u>.[25] It was founded in 2000. It provides total 12 business units with 377 square meters of space.

---

[20] http://www.unece.org/indust/sme/region3.htm

[21] http://www.unece.org/indust/sme/risk.htm

[22] Antal Szabo. "Best Practice in Business Incubation in Countries in Transition". European Forum on Business Incubation: ACCELERATING, CONNECTING, ENABLING, Paris, Cite des Sciences et de l'Industrie, 21-22 March 2002

[23] UNECE Best Practice in Business Incubation, ECE/TRADE/"%*, 2000, and ECE/TRADE/282, 2002.

[24] http://youngbusiness.net/partners/incubator_centres.html

[25] http://www.bsc-kranj.si/

The Centre focuses on Information Technology and targets people of all ages from the local community. A section of the Centre is set aside to specifically accommodate a youth enterprise programme. A unique feature of this programme is that it avails on-site mentoring and business counselling services.

An interesting and promising initiative is the <u>Global Youth Incubator</u> formed by representatives from the Global Forum (<u>www.glocalforum.org</u>), the Digital Youth Consortium (<u>www.gioventudigitale.net</u>, the www.e-inclusionsite.org) and donors. Seven grass-root projects were selected by a joint panel for demonstrating the possibilities of the IT and innovative use of new technologies towards the development of an e-society and closing the Digital Divide.[26] It would be useful to consider a possibility to develop a Global CIS Youth Incubator for similar objectives, which could be sponsored, at least in part, by domestic IT-based companies.

4.3 Skill training

What skills does anyone need to succeed in business and how they could be acquired? There is no simple answer to this question. *Lyve Alexis Pleshette*, Senior Staff Writer of an American media company, considers the following five must-have skills one needs to have as an entrepreneur and to succeed in today's competitive market:[27]

- Sales and marketing skills;
- Financial know-how;
- Self-motivation skills;
- Time management skills; and
- Administration skills.

Certainly these requirements are a bit simplified. Start-ups in transition economies have also to be able to communicate and negotiate with various business agents; deal with authorities; plan; make decisions; search for information and identify business opportunities, and many others things.

Among many enterprise-training programmes those are successful, which are designed around certain location and region needs, knowing the requirements of special branches or market segments. Training courses should be flexible in structure and timing, and be tailored to accommodate people with various needs. Young people's needs are a special case, in which the attention should be utmost to minimize the risk of failure, which could have a devastating effect on young entrepreneurs.

4.4 Financing

Financing of small businesses in CITs is one of the major problems faced by starting up entrepreneurs, especially, in securing the initial capital necessary for accessing a credit. The absence of credit history and own finance also impede the access of youth to financial resources.

---

[26] http://www.e-inclisonsite.org

[27] http://www.powerhomebiz.com/

For ensuring an effective financial support of small businesses, including young entrepreneurs, legal and regulatory changes and innovative policies and policy schemes should be introduced with regards to the banking issues. Governments of the CIS could consider establishing a credit guarantee scheme, leasing, start-up credit scheme or equity facilitation, - the approaches, which have worked successfully in other countries.

In addressing the problem of securing financial support for start-ups, the following financial strategies and programmes have been used:

- Provision of grants for youth entrepreneurs;
- Provision of soft loans;
- Creation and operation of special financial schemes.

4.5 Mentoring

Mentors are businessmen or women, who are willing to <u>volunteer</u> their time, have an interest in <u>supporting youth entrepreneurship</u> in their local communities, and who have enough <u>business background</u> to be able to offer their experience and wisdom to aspiring young entrepreneurs. The mentor role is designed to share wisdom and challenge and support young entrepreneurs.

Mentor's support can be offered to young entrepreneurs, who do not have business experience or have had few contacts with the business community.

The mentoring element is an essential component especially in a loan program. Successful programme has been offered, already for many years, by the Prince's Trust in the U.K. A few years ago, a research conducted in Ireland on the success rate of businesses in the loan program found that the addition of mentoring to the business support program had significantly enhanced the success rate of the businesses of the young entrepreneur. Recently, the Canadian Youth Business Foundation created its business support program in Canada using the same model.[28]

Mentoring programmes may be developed by youth business development agencies in all over the CIS region.

4.6 The role of youth entrepreneurs' contests

Competition is a means to encourage performance and raise awareness about innovative and creative young entrepreneurs. Every society needs excellent entrepreneurs. Those young entrepreneurs, who accomplished high achievements, could become a role model for the rest of the youth. Competition award of the best performance provides special incentives to winners, allowing them to implement their business ideas.

---

[28] http://www.ceso-saco.com/CYBFMentor.htm/Project

The Shell LiveWIRE Young Entrepreneur of the Year Awards take place between February and June of each year.[29] Young people of the age between 16 and 30 prepare their business plans and submit them to the project panel of judges, who then assess them and choose winners. A winner can get an award of £10,000.

Similar business planning competition was organized by the Kiev Youth Business-Centre for young start-ups. However, the programme was suspended due to lack of financial resources to award the winners.

Since 1987, the W.A. de Vigier Foundation awards five excellent innovative and future oriented projects in Switzerland every year. The prize is CHF 100,000 for each of the selected winners. Besides acquiring a start-up capital, the winners receive also a prestigious support of mass media, including TV and radio. [30] *Mr. Jean Claude-Strebel*, Vice-Chairman and Executive Director of the Foundation, is also the Vice-Chairman of the UNECE Team of Youth Entrepreneurship. Currently, we are investigating the possibility of creation of a special UNECE Youth Entrepreneurship Award scheme.

CONCLUDING REMARKS

Entrepreneurship, self-employment and SMEs make a significant contribution to the prosperity of the UNECE region, as well as to the national economy of each of the UNECE member countries. They are considered to be one of the principal driving forces of economic development. They stimulate the expansion of private ownership and the acquisition of entrepreneurial skills, ensuring a quick adaptation of local producers to ever-changing market demand and supply situation.

The creation of a positive political and economic environment, favouring the creation of a strong and sound SME sector in CITs and emerging market economies, is one of the major tasks of the Governments of these countries together with industrial and enterprise restructuring. This must be an integral part of the transition reforms.

In promoting entrepreneurship and the SME development special attention should be given to formulating and executing a youth entrepreneurship programme both within the framework of the overall national youth policy as well as of the SME promotion.

The learning of business culture and skills has to start at school ages. The entrepreneurial culture of any society significantly determines the orientation of youth. Clever advocacy and well structured national and local entrepreneurship support programmes should give young men and women a possibility to discover the flavour of doing business, to become self-employed and start up their own business.

CIS policy-makers, business communities and the societies as a whole are encouraged to investigate potential benefits of youth entrepreneurship.

---

[29] http://www.shell-livewire.org/win10k/

[30] http://www.devigier.ch/

The UNECE is ready to provide a platform and forum for discussing government policies, reviewing best practices, making benchmarking and exchanging experiences within the UNECE region, as well as in the entire global community.

Annex

UNECE INTEGRATED APPROACH TO SME DEVELOPMENT IN CITs AND EMERGING MARKET ECONOMIES

Strategic level (hierarchy 1)

- **Task:**

  Development of sustainable environment, commitment to promote the creation and growth of SMEs by, inter alia, elaborating policy measures and legal instruments to support small- and medium-sized industries and business entities to facilitate the access of SMEs to technological and financial resources and stimulate investment and private sector involvement in the SME sector.

- **Responsible:**

  Legislative and government administrative bodies with delegated tasks of planning and implementing SME promotion programmes.

Institutional level (hierarchy 2)

- **Task:**

  Establishment and strengthening of infrastructure (independent institutions and mechanisms) to promote SMEs by providing effective services, including on how to create a business entity, one-stop-shops, information on how to start up a business, how to prepare business plans, how to get partners and marketing information, access to financial resources and credit guarantees, incubating start-up businesses, development of a market-oriented way of thinking, support for innovation and facilitating cooperation among SMEs, advise in establishment of quality management systems, etc.

- **Responsible:**

  Public and private sector institutions, chambers of commerce, non-governmental organizations, professional and social associations, training institutions, national development boards, banks.

Enterprise level (hierarchy 3)

- **Task:**

  Development of entrepreneurship and supporting SMEs within an integrated programme approach and sub-sectoral systems by strengthening entrepreneurial and managerial skills, providing direct consulting services, establishing industrial estates and business centres, developing quality awareness and promoting internationalisation of SMEs, providing testing and certification possibilities, developing awareness for consumer protection, etc.

- **Responsible:**

  Small and medium-sized enterprises, entrepreneurs, universities, testing institutions, certification bodies, consumer protection body, consulting companies, business associations and unions.

Box 14. Realization of Programmes of the Development of Youth Entrepreneurial Initiatives
(Реализация программ развития молодежных предпринимательских инициатив)

Развитие сферы малого и среднего бизнеса - это проблема, которая актуальна для любого государства мира, которое находится на пути развития рыночных отношений. Нет тайны в том, что источник прогресса и генератор новых идей - это, как правило, поколение молодых предпринимателей. Однако отсутствие профессионального опыта, незнание нормативных документов довольно часто приводит к упадку собственного дела. Беря за пример экономическую модель Украины, мы можем сразу заметить несовершенство условий налогообложения предпринимательской сферы деятельности и предоставления кредитов, направленных на развитие предпринимательских инициатив.

Исходя из вышесказанного, необходимо развитие молодежных бизнес-инкубаторов, которые должны взять на себя решение названных проблем. Схема работы такого центра должна охватывать обучение и подготовку молодых предпринимателей, ознакомление с нормативно-правовой базой, предоставление консультаций маркетолога, регистрация и юридическое оформление предприятия. Весомая роль во внедрении такой программы также принадлежит государству, которое должно предоставлять дотации молодым предпринимателям для развития собственного дела. Такие дотации должны быть в форме финансовых поступлений, которые целенаправлено поступают на расчетный счет фонда, который создан при бизнес-инкубаторе. На конкурсной основе, подавая свои бизнес-планы, молодые предприниматели смогут получить безвозвратный кредит.

Решение молодежных проблем можно осуществить усилиями самой молодежи. Опираясь на поддержку общественных организаций и органов государственного самоуправления, необходимо внести изменения и поправки к законам государств, которые игнорируют или недостаточно проявляют заботу о развитии и поддержке молодежных предпринимательских инициатив.

Опираясь на поддержку Организации Объединенных Наций и действующих при ней соответствующих структур, нам необходимо изучить передовой опыт молодёжи других государств, которая находит пути решения назревших проблем в сфере молодежного предпринимательства, и собственными усилиями пробовать провести реформы в нашем государстве.

Николай Кучернюк
"Украинская социал-демократическая молодежь", Украина

Box 15. Active Forms of Business Education as a Key to Solving Social Problems
(Активные формы обучения предпринимательству – ключ к решению социальных проблем)

В современном белорусском обществе происходит чрезвычайно сложный процесс перехода к социуму, основанному на рыночных и демократических началах. Мировой опыт показывает, что предпринимательство – это тот локомотив, который вывел многие страны из экономического кризиса, помог в решении социальных проблем.

По данным официальной статистики, каждый четвертый молодой человек в Беларуси хочет заняться предпринимательской деятельностью. В то же время анализ сложившейся системы образования показывает, что подготовке молодежи к жизни в условиях рыночной экономики, к изменениям, диктуемым временем, часто не уделяется должного внимания. Одним из возможных подходов к решению социальных проблем является обучение молодежи основам предпринимательства в условиях, максимально приближенных к реальной ситуации. Поэтому необходимо ускорять внедрение образовательных программ, использующих активные формы обучения экономике и предпринимательству, способствующих формированию экономического и предпринимательского мышления.

Эффективность и результативность такого подхода подтверждает деятельность общественной организации "Центр поддержки и развития юношеского предпринимательства" (Минск, Беларусь). Опыт, накопленный этим общественным объединением в реализации таких образовательных экономических проектов, как: "Лестница успеха", "Начинающий инвестор", «Бизнес-инкубатор», свидетельствует об эффективности использования этого метода в моделирующей практике. Опрос преподавателей с целью определения эффективности активных методов обучения свидетельствует, что в группах, использующих традиционные лекционные формы, усвоение материала составляет 11,8%, и 79,8% в группах, использующих активные формы преподавания.

В рамках своей деятельности общественное объединение "Центр поддержки и развития юношеского предпринимательства" пропагандирует использование активных форм в обучении экономике и предпринимательству, расширяет круг партнеров, заинтересованных в нововведениях, стимулирует открытую дискуссию, обмен мнениями и методиками.

Наталия Шаппо
Центр поддержки и развития юношеского предпринимательства
Беларусь

A Swiss solution to promotion of young entrepreneurs in a simple, efficient and successful way

Mr. Jean-Claude Strebel, W.A. de Vigier Foundation, Switzerland

Since 1987, the W.A. de Vigier Foundation has actively promoted young entrepreneurs in Switzerland. Over the past 12 months, approximately 30,000 new companies were established in Switzerland, despite the lacklustre state of the economy. Four of these were established thanks to financial support from the W.A. de Vigier Foundation. 4 out of 30,000? An altogether insignificant number? Seen purely in terms of the arithmetic, the answer is "Yes" – our Foundation plays an insignificant role in the Swiss economy. So why is the interest in the activities of the W.A. de Vigier Foundation all over the world so great?

In our opinion, its success is due primarily to the following factors:

- The unique nature of the Foundation;
- The personality of the Founder W.A. de Vigier;
- The competence of the Foundation's Board Members;
- The unique nature of the Foundation;
- The high value of the prizes;
- The quality of the young companies to which prizes are awarded; and
- Our activities on a national scale

Do you know another foundation that makes contributions available to young people, in the form of an outright grant, so that they have sufficient equity to establish a joint-stock company or limited company? A foundation that also takes a holding in the newly established companies and provides them with coaching for working with the media, before they enter the world of entrepreneurship?

The Foundation is able to disburse up to half a million Swiss francs per year. Today, a total of more than 4 million Swiss francs in equity have been given away to 40 young entrepreneurs! It is undoubtedly the most significant sponsorship prize for young entrepreneurs.

All the statistics show that the survival prospects of young companies are minimal. Today, our Foundation has beaten the statistics. Out of a total of 37 companies established, today "only" 7 have ceased activity. A good 1/3 of the companies still in existence have already reached break-even, 1/3 are close to doing so – mostly still in the development phase, but with real chances of success, and the remaining third of the companies are fighting to survive.

The fact that we have out-performed the statistics is, of course, linked to the quality of the projects to which prizes are awarded and, above all, to the abilities and the perseverance of our prize-winners. In the past, we received projects from all over Switzerland. Out of more than 1300 projects, approximately 70% were submitted by applicants from German-speaking Switzerland.

Our universities and polytechnic institutions offer an excellent breeding-ground for young entrepreneurs. For this reason the Foundation, in collaboration with the Rectors, is choosing an "ambassador" who will help us to make the *Vigier sponsorship prize* known to the institutions concerned by providing information, organising information events and networking.

FACTORS OF SUCCESS
The personality of our Founder Mr. W.A. de Vigier •The competence of the Foundation's Board Members •The unique nature of the Foundation •Our activities on a national scale •The high value of the prizes •The quality of the young entrepreneurs to whom prizes are awarded

Evaluation criterias
Originality and creativity Relevance to society as a whole Feasibility Market opportunities

Our financial assistance to 45 Young Entrepreneurs
From 1987 to 2003 Fr.　　　4 410 000.–　　　Donations /SEED MONEY Fr.　　　575 000.–　　　Participations Fr.　　　4 985 000.–　　　Total

Box 16. Experiences in Youth Entrepreneurship in Eastern Hungary

Debrecen is the second biggest city in Hungary. It is the centre of education in eastern Hungary with its 100 elementary schools, vocational and secondary grammar schools.

It is important to change the way of thinking of the youth in education – youth entrepreneurship should be developed on the basis of the students' abilities and talents.

The paper focuses on the theoretical and practical aspects of youth entrepreneurship in accordance with the following stages:

1. ***Elementary education*** *(from the age of 6 to 14) is concentrated on artistic education with special orientation on the Hungarian folk arts and crafts (spinning, weaving, embroidery, wood-carving, lace-making, pottering, etc.)*

2. ***Secondary education*** *(from the age of 14 to 17). There are two types of vocational schools:*
   - *where Hungarian crafts are taught for 3 years; and*
   - *where vocational training is performed and students get a certification after taking the School Leaving Exams after 4 years.*

3. ***Secondary grammar schools***
   Besides preparing for higher education, talented students can start their own entrepreneurship. Students display their products at fairs (there are fairs in Debrecen twice a year, at their school at Christmas, on Mothers' Day, at the Flower Carnival, display at international fairs).

It is important to maintain national traditions and teach handicrafts in secondary schools.

Valeria Ladi
Fazekas Mihaly Grammar School, Hungary

Box 17. Development of Youth Entrepreneurship
(Развитие молодежного предпринимательства)

Возникла идея помочь молодым людям реализовать себя, дав им необходимые дополнительные знания, организуя тренинги, семинары, стажировки на предприятиях и т.д. Таким образом был создан один из первых в Украине Волынский областной молодежный центр труда. В процессе работы Центра выяснилось, что почти каждый третий из числа молодежи хотел бы заниматься предпринимательской деятельностью или создать свое предприятие. И если люди старшего возраста имеют не только жизненный опыт, связи и необходимый стартовый капитал, то молодежь проигрывает по всем статьям, имея только идею и хорошие намерения.

Для того чтобы укрепить их веру в себя, подсказать возможности и научить правилам ведения бизнеса, нами был создан специальный подраздел - Молодежный бизнес-центр. Вся его работа спланирована таким образом, чтобы помочь будущему предпринимателю пройти путь от идеи регистрации предприятия до развития своего дела и получения существенных результатов. Мы не только даем полезные советы, консультации, но и поддерживаем каждого, кто к нам обращается, на любом из этапов работы.

Для тех, кто желает начать свое дело, у нас работает общественная приемная по вопросам бизнеса, а в этом году уже начал работу передвижной консультативный пункт по развитию предпринимательской инициативы на селе.

В процессе нашей работы выяснилось, что молодые предприниматели практически на всех этапах своей деятельности требуют защиты и поддержки в решении разнообразных вопросов и конфликтов. Общественное объединение «Ассоциация защиты прав молодого и среднего бизнеса» призвано предоставлять эту помощь.

Сейчас планируется вместе с заинтересованными организациями открыть школу молодых предпринимателей, в которую может обратиться каждый желающий и получить необходимые знания о предпринимательской деятельности.

Петр Лавренюк
Волынский областной молодежный центр труда, Украина

Проблемы молодежного предпринимательства и пути их решения

Вячеслав Кредисов, Всеукраинское объединение предпринимателей
"Новая Формация", Украина

(Problems of Youth Entrepreneurship and Ways of Their Solution,
by Viacheslav Kredisov, All-Ukrainian NGO "New Generation", Ukraine)

Проблемы молодежного предпринимательства - это проблемы малых и средних предприятий (МСП) в Украине в целом. Если дать оценку сегодняшнему этапу развития МСП и их роли в экономике Украины, то они незначительны. Имеется в виду, что:

- доля МСП в экономике Украины на сегодня не превышает 9%;
- показатель количества созданных в секторе МСП рабочих мест равен приблизительно 20%, но он значительно ниже, чем в развитых странах и даже в странах, которые сейчас находятся в процессе вступления в ЕС, где этот показатель составляет более 50%;
- из-за незавершенности налоговой реформы более 50% МСП в Украине работает в теневой экономике;
- влияние МСП посредством своих общественных объединений на власть и на принятие решений в Украине практически равняется нулю.

Следует отметить тот факт, что в Украине за 10 лет самостоятельного существования не удалось создать нормальные условия для развития МСП, а именно: свобода экономического развития, преимущества частной собственности, экономическая и политическая демократия в стране, свобода слова и выявления и т.п. Сегодня условия работы для МСП в Украине хуже, чем 3-4 года назад, когда доля МСП в ВВП Украины составляла 11 %, а сегодня она составляет только 9%, то есть регресс.

С точки зрения представителя МСП, я бы назвал следующие факторы, которые могут чрезвычайно быстро, в ближайшие 2-5 лет, принципиально изменить ситуацию в Украине:

1) Либерализация предпринимательской деятельности в Украине и минимизация регулирующей роли государства;
2) Прозрачная и стабильная юридическая среда, по крайней мере, относительно вопросов бизнеса;
3) Срочное и принципиальное изменение роли государства и государственных учреждений в жизнедеятельности общества, и, прежде всего, для бизнеса, то есть назревшая административная реформа;
4) Налоговая политика, которая будет стимулировать развитие МСП в стране;
5) Последний, но наиболее важный фактор, - контроль за деятельностью власти и государственных учреждений со стороны общества.

Для решения вышеуказанных экономических и общественных проблем в Украине, на взгляд представителей бизнеса, следует сделать следующее:

1) признать на всех уровнях, что создание благоприятных условий для развития и деятельности МСП является основой для выхода страны из экономического кризиса;

2) регулярно проводить отчетные конференции государственных структур и учреждений с привлечением общественности. Вменить в обязанность государственным учреждениям обязательно реагировать/отвечать на обращения общественных объединений и установить ответственность для государственных должностных лиц за игнорирование таких общественных обращений, вплоть до увольнения с должности. Общество должно контролировать власть;

3) не изменять в худшую сторону для бизнеса уже действующее законодательство и обязательно привлекать представителей МСП к обсуждению проектов законов, которые касаются деятельности бизнеса в Украине;

4) принять долгожданный и долго обсуждаемый Единый Налоговый Кодекс и на его основе провести налоговую реформу в Украине;

5) доработать Указ Президента о регулировании проведения проверок до издания Закона; ввести жесткую реакцию на нарушение госслужащими Указа Президента о проверках.

Box 18. Problems and Perspectives of Youth Entrepreneurship in Georgia (Проблемы и перспективы молодежного предпринимательства в Грузии)

В современном мире, где идет процесс глобализации (со своим негативным и позитивными факторами), перед всеми странами переходного периода стоит проблема развития бизнеса, и, в первую очередь, малого и среднего бизнеса.

Грузия, как и все другие развивающиеся государства, очень серьезно относится к этой проблеме. Так, в нашей стране создана такая организация, как Центр поддержки малого и среднего бизнеса Грузии, который занимается развитием молодежного бизнеса.

Но не все пока ещё получается так, как мы хотим. Молодые люди не знают как начать предпринимательскую деятельность. Перед ними стоят такие серьезные проблемы, как: несовершенство налогового законодательства, контрабанда, малый инвестиционный ресурс, большой бизнес-риск, информационный вакуум и т.д.

Наша ассоциация регулярно проводит семинары, тренинги и конференции для молодых и начинающих предпринимателей.

Очевидно, что существуют резервы и перспективы развития молодежного предпринимательства в Грузии. Главное - как будут использованы эти резервы.

**Тариел Гиоргадзе
Ассоциация молодых финансистов и бизнесменов, Грузия**

Box 19. Current State and Development Perspectives
of Youth Entrepreneurship in Azerbaijan
(Современное состояние и перспективы развития
молодежного предпринимательства в Азербайджане)

Определяющее воздействие на ход экономических реформ в Азербайджане оказывает нефтяная стратегия, проводящаяся в стране с 1994 года.

Приток иностранных инвестиций, связанный с этим, повлиял на развитие предпринимательской инициативы и, в частности, на развитие молодежного предпринимательства.

Принятый парламентом страны в 2002 году Закон «О молодежи» впервые на законодательном уровне закрепил преференции для лиц моложе 35 лет, решивших заняться предпринимательской деятельностью.

Большинство молодых предпринимателей заняты в сфере услуг, это связано с меньшими материальными затратами на единицу прибыли и большей их окупаемостью. Они стремятся открыть свое дело в Баку и других крупных городах страны. Это связано с тем, что предприятия сферы услуг тяготеют к наиболее населенным пунктам.

Необходимость координации усилий по созданию наиболее благоприятных условий для молодых бизнесменов привела к появлению целого ряда молодежных бизнес-ассоциаций.

С дальнейшим развитием экономических реформ и интеграцией Азербайджана в мировой рынок процесс вовлечения молодых людей в сферу предпринимательской деятельности будет усиливаться. Однако для этого необходимо содействие местным предпринимателям со стороны международных организаций. Таким образом, можно будет рассчитывать на еще большие результаты.

Ирада Наджарова
Ассоциация молодых предпринимателей, Азербайджан

Box 20. The Results and Experiences of Bringing Continuous Improvement of Know-How and UNIDO Business Performance Information Technology Tools to Industrial Entrepreneurship

The SME sector constitutes an important component of the national economics in each country. However its performance is the subject of concern in many countries of world. Why?

The SME business performance influences national economic growth, stability of social and economic development, competitiveness of national producers at the global markets, but it is far from being sufficient in many countries.

This issue was addressed in formulating UNIDO Training Programmes for SMEs aiming to improve quality, productivity, competitiveness and managerial skills of SMEs by introducing best continuous improvement practices and UNIDO business performance software Pharos.

The Programme objectives are as follows: Introduce continuous improvement practices through comprehensive SME management training and transferring know-how, providing Pharos software managerial tools, developing skills and good practices in fostering quality, productivity, competitiveness, managerial skills and overall business performance of selected enterprises in key industrial sectors and deliver a comprehensive package of services at acceptable price level.

The latest implemented Programme (Colombia 2002-2003) was carried out in four industrial sectors: Leather/Shoes, Electronics, Metal Processing, Textile located in four different regions. The measured outcome of the Programme results is the following:

- *Average measured increase in profits - 24%*
- *Increase in invoicing - 200%*
- *Acceleration of business development - 6 to 7 years saved.*

The efficiency of the approach provides for possibilities to improve the sustainability of young entrepreneurs business undertakings by bringing enterprise performance monitoring, based on ICT tools, into daily practice; to achieve significant improvement of industrial sectors by implementing similar programmes in key industrial sectors involving large number of enterprises. The implementation fosters the creation of new jobs, including for consultants, makes national industry more sustainable in terms of competitiveness and growth and contributes to the overall national economic development.

Serge Golovanov
Enterprise Performance Improvement Center, UNIDO

Box 21. Creation of an International Youth Information and Analytical Centre
(Создание Международного молодежного информационно-аналитического центра)

Основными проблемами молодёжных предприятий являются их разобщённость, отсутствие информации, нормативно-законодательной базы и поддержки администрации, невозможность конкурировать со «взрослым» бизнесом.

Некоторые вопросы могут быть решены с помощью организации Международного молодёжного информационно-аналитического центра, который мог бы взять на себя функцию обеспечения информацией все заинтересованные молодёжные предприятия с использованием глобальных информационных сетей «Интернет»:

- *по вопросам нормативно-правовой базы, касающейся молодёжных предприятий;*
- *по вопросам налогообложения;*
- *по льготам, представляемым Правительством Российской Федерации и местной администрацией, и т.д.*

В задачи Центра входит обучение основам рыночной экономики и практического бизнеса, маркетинга, менеджмента, психологии делового общения, организация практических семинаров, конференций по актуальным вопросам предпринимательства.

Обучение может проводиться как в очной форме, так и в дистанционной, используя современные технологии: «Интернет», телеконференции.

Для оказания помощи в продвижении товаров и услуг молодёжных предприятий Центр создаёт виртуальную биржу (создаётся сайт с поисковой системой, на котором каждая фирма сможет разместить перечень своих товаров и услуг с указанием цен и условий поставки). Реклама с использованием новейших информационных технологий в наше время является одним из самых действенных и демократичных видов рекламы, так как глобальная информационная сеть «Интернет» предоставляет неограниченные возможности для продвижения на рынок товаров и услуг.

Людмила Хлюснева
Центр дополнительного профессионального образования и сертификации, Российская Федерация

Box 22. Impact in CIS of the "Junior Achievement Economics" Programme

JA Economics is a one-semester course, in which students learn the fundamental concepts of micro-, macro- and international economics and apply them in intellectually engaging ways.

Since the mid-1990s, when the programme was initiated in Ukraine, more than 34000 students are participating in the program now. Those numbers increase with each academic year. Thanks to the support of USAID and the local private sector, "Junior Achievement Ukraine" is one of the fastest growing and most successful NGO's in the country.

Through programs like "Economics", Junior Achievement combines theory and practice in a dynamic and interesting way. Furthermore, bringing experienced business people into the classroom as volunteers to work directly with teachers in the delivery of the program is a highly effective way of making the content relevant and "alive". JA Ukraine works directly with the Ministry of Education to train teachers and implement the program nation-wide.

Junior Achievement "Economics" is designed to enhance students' learning of the following concepts and skills:

Concepts – Advantage • Demand • Economic systems • Exchange rates • Fiscal policy • Government • GDP • Income distribution • Inflation • Investment • Labor • Markets • Opportunity costs • Productivity • Scarcity • Supply • Trade

Skills – Applying information • Classifying • Critical thinking • Decision making • Giving reports • Graphing • Interpreting data • Math computation • Reading • Research • Taking notes • Writing

All JA programs have technology enhancements and are designed to support basic skills and competencies. These programs also augment the school-based, work-based, and connecting activities for communities with school-to-work initiatives.

"Junior Achievement Economics" is recommended for students aged 15-16 in Ukraine. Instructional materials include textbooks and study guides. The Student Company and a business simulation activity - described here below - are two other basic components of the program that are run alongside the coursework.

The Student Company

Students form a mini-company using real money and real products that they make themselves. The students sell stock, elect officers, produce and market products or services, keep records, conduct stockholders' meetings, and liquidate (usually returning a profit), all in about 15 weeks.

The Management and Economic Simulation Exercise (MESE)

MESE is a computer-simulated program, in which teams of students make production and marketing decisions for an imaginary product. During the simulation, students decide on pricing, the amount to produce, the marketing budget, capital investment, and R&D spending.

The most successful teams will be those that best balance supply and demand at the highest level of production and price.

Caroline Jenner
Junior Achievement – Young Enterprise Europe, Belgium

Young talents programme

Andrei Generalov and Olga Kutuzova, International Investment Centre,
Russian Federation

The "Young talents program" of the International non-profit organization "International Investment Center" was established in 1989 and is aimed, first of all, at detecting and developing creative and entrepreneurial abilities of youth.

It enables young people to become acquainted with the principles of management and control in small business and to learn how to make first steps in practical business.

On the other hand, the program allows to identify leaders in youth environment, which are capable to organize and to head activities, where all the responsibility for production activities lies with a creative group, while a director is only the coordinator.

The creative projects in youth companies allow talented youth to become familiar with the culture of their own country.

As a matter of fact, the youth company supplemented with development programs of leadership skills can become a means in promoting a model of good citizenship.

It is especially important because in present Russia there is no systematic approach to educating youth in this area. Today, unfortunately, Russian youth often spends its free time in the streets, backyards and/or cellars. Young people, however, cannot and should not spend their time sitting on the sofa in front of TV-set. But what options are offered to them?

At many recent protest meetings and demonstrations students, who are absolutely poor by any international poverty measure, were demanding payment of grants. The standard of living in Russia is about $150. The student's grants oscillate between 10 and 20 US dollars per month. Isn't it a paradox - strong young people demand miserable amount from the government instead of demanding what is really vital – the creation of jobs for youth, which would provide them with the means to earn money for living, entertainment and education.

The creators of the "Young talents program" consider youth as a special category of the population with their own requirements, needs, desires, and, at last, with their own capabilities. It would be naïve to expect that young people could match the capabilities and qualification of adults, but they possess something, which most adults have long lost. They also have needs, which differ from those of adults and, hence, represent a segment of the consumer market.

Youth is completely unique, unlike the other categories of the consumers of goods and services, it asks for goods and services, which are specific, often of completely different quality and relatively low-priced. This could result in the creation of a market of youth goods and services, where both suppliers and customers could be young people. As a matter of fact, the "Young talents program" has already made the first step towards this direction.

If we analyze the announcements for workforce, existing nowadays in Russia, it appears that practically all employers prefer hiring the workers, who have already received professional training. And what to do, if your professional activity has just started? Now, in Russia, only few "youth employment services" are being offered and programs like "New start" cannot change the situation.

A realistic, but effective, youth entrepreneurship public policy could change the situation by promoting the formation of a new youth market segment, within which young people can supply themselves with necessary goods, while receiving professional experience. Such a conclusion we can draw from the experience of "Young talents program". Creative and entrepreneurial young people quickly react to the market trends and are able to fill in niches with their own products, especially in such fields, as: entertainment (discotheques, youth theatres), mass media (youth newspapers, broadcasting), production of fashion accessories and jewellery.

The invaluable help to the government in solving youth unemployment problem can be given by non-profit organizations, and it is necessary to attract them to cooperation.

Working with youth, we are constantly reminded that we deal with the special category of the population. The "Young talents program" affects young citizens of Russia in the most important period of their life – a search for a place in life. Our aim is to help young people, to guide them through the most turbulent period of their life, thus, they can reach the adult life with reinforced knowledge and professional skills, believing in better future and being convinced of their necessity and usefulness for the country.

From 1989 to 1993, the "Young talents program" was included, as a part, in a more general development program of self-employment created with the purpose of development of crafts and economic education of the unemployed. The program was implemented with the financial support of the International Investment Center without any government subsidy and has been profitable.

During those five years, in different regions of the Russian Federation, the experts of the program organized more than 500 working places, accumulated a unique teaching and organizing experiences. In 1995, the Director of the Center, Ms. Olga Kashina, was granted a "Patsy Preston Fellowship" and awarded with a grant of the World Bank Group Volunteer Services "in recognition of the commitment to improving the lives of women and children in Russia".

The essence of the program consisted in the creation of small businesses for production of souvenirs and crafts, using for this purpose leftovers from cloth-production industry, construction and forest industry. The unemployed women were main workers in these businesses, and they also brought in members of their families, in most cases, schoolchildren into their business activities. Businesses consisted of 10-20 members with each having its own specialization: ceramic toys production, textile dolls, hand-painted brooches and boxes, jewellery made of semi-precious stones, souvenirs made of leather and furs.

In the beginning of the programme operation, the first workers were trained by specialists, then most qualified employees themselves provided training to newcomers.

Items from museums of decorative-applied arts inspired the first models, then, workers themselves began to create. Most items were made in small series and were displayed at various exhibitions and sold in art shops and souvenir racks.

Taking into account a huge success of the program, it was restored in 2000 with the aim to develop youth creativity and business skills in the Central Russia region. It was given a new name - "Young talents program".

At the beginning of this program, the educational training in business-planning, marketing and management was offered to representatives of small business, during which more than two thousand people were trained.

The purpose of the program is to assist young people with gaining practical experience in the field of business, in the creation and management of the firm. During the training the participants carry out marketing research, produce and sell goods and services, prepare accounting documents and financial reports, i.e. pass all milestones of formation, development and everyday activities of business.

The programmer is a kind of economic and business laboratory, which allows students to test many theoretical economic concepts, such as: demand, supply, variable and constant costs, productivity (output) and so on. Working together, the young people apply their theoretical knowledge in solving actual business problems.

The advisers (mentors) from the business community can provide invaluable assistance. Such an adviser could come from any relevant field and may be either an accountant, marketing expert or artist. They come one-two times per month and consults a youth established company on all problems arising from the operational activity of the firm.

Working in the small businesses, young people acquire a better understanding of the rational behind various commercial decisions. Many advisers try to apply teach young entrepreneurs to apply quality management methods, which could help to eliminate the possibility of error during the production stage rather than later on.

The second relevant component of the program is the integration of modern information and communication technologies into the business practice. This, first of all, includes Internet networking, but also electronic trade.

Electronic trade enables young companies to receive the orders from abroad and reduce their dependence on the local demand, thus, ensuring a stable inflow of orders and, hence, earnings, by expanding their business activities across the national borders. It should be noted with satisfaction that international structures like the Center of Electronic Ttrade of UNCTAD/WTO (Trade Point) have allowed young people to find foreign partners and learn about current trends at the global markets utilizing the Internet.

CONCLUSION:

1)   The participation in the activities of the youth company enables young people to put the laws of business and economic theory into practice, as well as to develop the responsibility, administrative and leadership skills;

2)   The development of national crafts allows youth to realize creative skills and to learn the history and culture of their own country;

3)   Young employees usually begin to work at the company on the temporary basis, and then continue to work permanently or start up their own businesses. As a result, the self-employment grows and new working places are created; and

4)   New technologies allow young entrepreneurs to run their businesses by modern methods, as well as innovate themselves.

The youth business international model

Richard Street, the Prince of Wales International Business Leaders Forum,
United Kingdom

There are 300 million young people between 18 and 30 years old around the world who are unemployed. At least 20% of these young people have the potential to become entrepreneurs yet less than 5% do. This is an unacceptable waste and presents the business world with a real challenge and opportunity to help reduce youth unemployment.

His Royal Highness, The Prince of Wales, addressed the challenge and established The Prince's Trust in the UK in the early 1980's. The simple concept was to mobilise the business community to work in partnership with local and national organisations, to provide access to finance and business mentoring to young people with a viable business ideas and thus enable them to work for themselves.

Youth Business International (YBI) was created to take up this challenge internationally. By adopting and adapting the model pioneered by The Prince's Trust in the UK, YBI is helping young people realise their ambitions to start their own business.

Building on the work of a number of supporters over the last 10 years, and as part of The Prince of Wales International Business Leaders Forum, the YBI programme has been launched in over 20 countries. The level of interest continues to grow and within the UNECE Region the UK and Hungary both have well established programmes and many others are evaluating the potential of new initiatives.

What is YBI?

Youth Business International (YBI) is a worldwide network of Youth Business Initiatives whose purpose is to enable the business community to help young people work for themselves by providing business mentoring and access to finance. YBI helps to develop new ideas, exchange best practice and benchmarks and build partnerships with business, NGOs and government.

Working with young people to help them start up in business releases one of the greatest areas of potential growth in an economy. Working for yourself and starting your own business is a tough challenge, and young people need all the help they can get to create businesses that will last.

YBI method

Each of the Youth Business initiatives operates on three core principles:

- They work with young people.

- They provide access to financial support to those with a viable business proposition but who are unable to find finance elsewhere.

- They provide successful applicants with a volunteer business mentor and full access to the organisation's local and national business support network.

Each country then develops ways of building these business support networks and providing finance and training, based on their local culture and needs.

How does it help?

YBI allows local communities and business to build for the future. It helps them create initiatives to reduce youth unemployment and alleviate poverty through wealth creation. These initiatives benefit society through the opportunities created to reduce the frustration of young people and their dependency on the state and develop an entrepreneurial culture among young people and significantly increase their employability. They generate wealth and dynamism in the small business sector of the economy and give business people an opportunity to recycle their experience and energy into their local communities.

For young people it increases self-esteem, increases their employability and helps them achieve economic independence.

For business it encourages involvement in the local community, develops an entrepreneurial culture, improves workforce skills and encourages the development of a dynamic small business sector.

For society it reduces youth unemployment, helps to alleviate poverty, helps in general wealth creation and reduces youth alienation and social conflict.

Access to Start-up Funding

This is given in the form of loans and grants depending on the circumstances of the young person. Average loan sizes vary between $500 & $5,000 US. No collateral or guarantees are demanded which enables the organisation to take risks other financial organisations cannot take. Typically the loan is repaid over 2 to 3 years and may include a repayment holiday for the first six months to allow the new business to become established.

Mentoring and Local Business support networks

At the heart of the YBI programme is the business mentor, an experienced local business person who works with the young person as a guide, teacher and friend for the critical first two or three years. They provide business advice and act as a sounding board for new ideas. Local Boards in turn support the mentors with a network of specialist advice and help as well assessing and approving the applications for finance.

It does not take up a lot of time, on average 5 to 6 hours a month, but the young person always has someone they can turn to for help. Some mentors also offer their expertise to a number of businesses in areas such as marketing, production or accountancy as the need arises. The Business community can thus build a support network, recycling their experience and expertise into their local area, learning about the people they serve and contributing to their prosperity.

Partnerships

The principle partnership is with business. Business people are involved in the governing Boards who steer the national organisations and with the local boards who look at the applications for funding and build the local support networks

Training and secondary finance are also essential ingredients of a successful start-up. The organisations work closely with local training and micro-credit partners both in preparing the young person for self-employment and helping them grow their new business.

Youth Business International works with several major partners globally including the ILO and Rotary International as well as with several major multi-national companies and is supported by The Prince of Wales International Business Leaders Forum and The Prince's Trust.

A YBI accreditation programme is in place and any initiative that wishes to use the YBI brand has to sign a memorandum of understanding with YBI, demonstrate that it meets the core principles and report regularly on certain key performance indicators.

Results to date

The results have been startling. To date over 60,000 young people had been set up in business. Most impressive of all have been the business survival rates. Around 60% of those started up are still trading in their third year and a significant proportion of those who ceased trading did so because they had been offered a job. Through the experience of working for themselves, they had become much more employable.

Further information

A handbook describing the core principles of YBI and how to set up a programme is available on the YBI website at www.youth-business.org

Youth employment network - roadmap for youth entrepreneurship

Klaus Haftendorn, International Labour Office, Switzerland

A United Nations Initiative on Youth Employment

Context of Youth Employment

More than 1 billion people today are between 15 and 25 years of age and nearly 40 per cent of the world's population is below the age of 20. Eighty-five per cent of these young people live in developing countries where many are especially vulnerable to extreme poverty. The International Labour Office estimates that around 66 million young women and men are unemployed throughout the world, accounting for 41 per cent of all the 160 million unemployed persons globally, and many more young people are working long hours for low pay, struggling to eke out a living in the informal economy. There are an estimated 59 million young people between 15 and 17 years of ago who are engaged in hazardous forms of work. Young people actively seeking to participate in the world of work are two to three times more likely than older generations to find themselves unemployed.

Background of the Secretary-General's Youth Employment Network

In September 2000, the largest gathering of Heads of State and Government ever met at the United Nations in New York for the Millennium Summit. During this summit, as part of the Millennium Declaration, they resolved to "develop and implement strategies that give young people everywhere a real chance to find decent and productive work."[1] In preparation for this meeting, Mr. Kofi Annan issued a report entitled "We the Peoples: the Role of the United Nations in the 21st Century." Here the Secretary-General first proposed his Youth Employment Network:

Together with the heads of the World Bank and the International Labour Organization, I am convening a high-level policy network on youth employment drawing on the most creative leaders in private industry, civil society and economic policy to explore imaginative approaches to this difficult challenge. I will ask this policy network to propose a set of recommendations that I can convey to world leaders within a year. The possible sources of solutions will include the Internet and the informal sector, especially the contribution that small enterprises can make to employment generation.[2]

---

[1] General Assembly Resolution A/RES/55/2, para. 20.

[2] We the peoples: The role of the United Nations in the 21st century, United Nations, New York, 2000, pp. 25-26.

The twelve-member panel[3] of the Youth Employment Network met for the first time in July 2001 at ILO Headquarters in Geneva under the chairmanship of Kofi Annan, and together with Juan Somavia, Director-General of the ILO, and James Wolfensohn, the President of the World Bank. At this meeting, Mr. Kofi Annan emphasized the need for both immediate action and long-term commitment to achieving the millennium goal on youth employment. He also invited the panel to continue working with him in an advisory capacity on an ongoing basis. Finally, he requested the ILO to take the lead in organizing the future work of the YEN and to assume the responsibility for hosting a permanent Secretariat.

Recommendations of the high-level panel of the Youth Employment Network

The panel's recommendations[4] encourage world leaders to take personal responsibility for translating the commitments taken at the Millennium Summit into action through a specific political process. First Heads of State and Government are invited to develop national action plans on youth employment with targets for the creation of jobs and for the reduction of unemployment and to present these plans to the United Nations in a year's time. Preparing these actions plans should be based on a critical and self-critical review of past national policies. Furthermore, ten governments are invited to volunteer to be champions of this process, to take the lead in preparing their action plans and in showing the way to others.

In developing their plans, governments are encouraged to closely involve young people and to integrate their actions for youth employment into a comprehensive employment policy. Employment policy is seen not as a sectoral policy among others; it is rather the successful mobilization of all public policies.

The recommendations present youth as an asset, not as a problem. In the next 10 years 1.2 billion young women and men will enter into the working age population, the best educated and trained generation of young people ever, a great potential for economic and social development.

The panel has come up with a straightforward political message, which can be summarized in four principles:

- Employability: invest in education and vocational training for young people, and improve the impact of those investments;
- Equal opportunities: give young women the same opportunities as young men;
- Entrepreneurship: make it easier to start and run enterprises to provide more and better jobs for young women and men;
- Employment creation: place employment creation at the centre of macroeconomic policy.

The Secretary-General furthermore transmitted the recommendations to the President of the General Assembly where they were discussed on 19 November 2001 in the overall framework of follow-up to the Millennium Summit.

---

[3] Saifuddin Abdullah, César Alierta, Ruth C. L. Cardoso, Hernando de Soto, Geeta Rao Gupta, Bill Jordan, Allan Larsson, Rick Little, Maria Livanos Cattaui, Magatte Wade, Ralph Willis and Rosanna Wong.

[4] United Nations General Assembly, Document A/56/422.

A permanent Secretariat for the Youth Employment Network has been set up at ILO Headquarters, and a full-time Secretary has been named, as of September 2002.

The high-level panel has set up four Working Groups, two of which have met, on the priority areas of its policy recommendations (A/56/422), i.e., employability, equal opportunities, entrepreneurship and employment creation, in order to further elaborate on its recommendations and to provide guidelines for countries in preparing their action plans.

Thus far, five countries[5] have come forward to champion the preparation of youth employment action plans as called for in the High-Level Panel's policy recommendations and more countries have turned to the ILO asking for assistance on youth employment in the framework of the Secretary-General's Network. Follow up missions have been undertaken or are planned in these and a number of other countries, often resulting in concrete measures to both develop projects and to include youth employment in the country's policy framework.[6]

The high-level panel members have been actively advocating for the Youth Employment Network through their own respective networks, thereby transforming the Secretary-General's Network into a network of networks.

The Network is strengthening the coherence of activities on youth employment. This involves three areas:
- A Political Process: linking Policy to Action;
- "Mapping" the challenge of youth employment; and
- Promoting Initiatives and Programme with Proven Impact on Youth Employment through Network Development

The High-Level Panel Meeting met again on 30 June - 1 July 2003 at the ILO in Geneva. Together with the President of the World Bank and the Director-General of the ILO, a letter will be sent to the UN Secretary-General presenting him five new steps for building a Global Alliance for Youth Employment under framework of the Youth Employment Network:

- Endorse the draft 2003 Recommendations on Youth Employment presented in the panel's report;
- Endorse a plan presented in this report to build momentum for a process by which national governments translate the recommendations into national youth employment plans;
- Endorse an initiative presented in this report for "twinning" and regional cooperation in mobilising funding of national youth employment programmes;
- Encourage all economic and social partners to build bridges between education/training and working life so as to integrate young people in the world of work; and
- Invite youth organisations to advise in the design of youth employment programmes and to audit the implementation of these programmes.

---

[5] Egypt, Indonesia, Namibia, Senegal and Sri Lanka.

[6] Additional countries where action is underway or planned in the immediate future include Bahrain, Ghana, Indonesia, Iran, Namibia, Nigeria, Philippines, Saudi Arabia, and Vietnam.

Entrepreneurship Group

The Youth Entrepreneurship group is one of 4 groups working on Youth Employment. This paper focuses on youth entrepreneurship though there are links with the work of the other groups that are highlighted in the text.

Roadmap for Youth Entrepreneurship

There are approximately 300 million unemployed and underemployed (working poor) young people aged 16 to 30 years around the world[7]. At least 20%[8] of these young people have the potential to become entrepreneurs, less than 5% do[9]. Removing the barriers and providing the wherewithal to start a business can help this group find employment and build a strong entrepreneurial economy.

This Roadmap outlines policy guidelines to reduce the impediments to young people becoming entrepreneurs and identifies what would stimulate this process. The third column gives some ideas of where you can find practical examples of overcoming impediments and building on stimulants. This roadmap is not a comprehensive document nor does it make any judgment of the various sites or publications lists.[10] This is the first edition of what has been designed as a living document which will be updated regularly. Any other materials which readers think would be useful can be added to the pages in the ILO website where all referenced documents are stored.[11]

---

[7] ILO figures indicate there are 50 million unemployed young people between the ages of 16 and 30, 75 who are underemployed and 300 million earning below US$1 per diem. The figure of 300 million reflects the scale of the challenge of tackling the growing worldwide problem of youth unemployment. It is a conservative figure as official unemployment figures often underestimate actual levels.

[8] Research carried out by The Princes Scottish Youth Business Trust by MORI in 1993 found that 20% of 18 – 30 year olds had the potential to become entrepreneurs. The experience of the 12 accredited YBI programmes and partners working with young entrepreneurs have agreed this is an acceptable indicative figure. More research is required, to refine this working assumption, particularly on questions such as can entrepreneurial potential be increased through training and education?

[9] The Global Entrepreneurship Monitor report of London Business School and Babson College measures levels of entrepreneurship in 20 countries. The median figure for the percentage of people of all ages working as entrepreneurs is 6%; young people between 18 and 25 in these countries are 40% below this figure i.e. 4% work as entrepreneurs. Again further research is needed to refine this figure but it provides a viable working assumption.

[10] Inclusion criteria for the third column. Entries must have a professional interface (web/print). They must been backed up / supported by a recognized member of YEN. They must be active not theoretical examples and they must be accessible.

[11] ILO/YEN

It is important to realize that these initiatives cannot take place in isolation but should be an integral part of each country's overall economic and enterprise development plans. Most countries have policies for developing enterprise and the Small and Medium Enterprise (SME) sector and the development of youth entrepreneurship has to be viewed within this context. The Roadmap focuses on those aspects of policy that specifically help young people find decent and productive work through entrepreneurship, particularly those coming from a disadvantaged background.[12]

---

[12] This paper has been prepared by the secretariat of the Entrepreneurship Group, Richard Street Executive Director of Youth Business International and Justin Sykes who was seconded to the ILO for the task.

YOUTH ENTREPRENEURSHIP POLICY ROADMAP

This Roadmap has three components. The first column lists the main impediments to young people seeking to become entrepreneurs. The second lists stimulants to help them start. The third lists useful sites where good practices and publications can be found.

1. Cultural Attitudes
2. Education
3. Skills Training
4. Business Support
5. Regulation
6. Finance

WHAT IS IMPEDING YOUNG ENTREPRENEURS?	WHAT WOULD STIMULATE YOUTH ENTREPRENEURSHIP?	PRACTICAL EXAMPLES
1. Cultural Attitudes		
Negative attitudes to entrepreneurship Many societies put much greater value on earning wages rather than creating wealth. There is a perception that qualifications qualify people to be employed and not to create wealth. The expectation that family sacrifice to help young people get a degree is not met if they become self-employed which is not seen as a career.	***Make Entrepreneurship an acceptable option for young people*** In many countries entrepreneurship is not perceived as a viable option for young people seeking employment. [1] A perception that entrepreneurship is a strong opportunity for young people must be nurtured if they are to gain experience, self-esteem, and employability and create wealth.	Cultural differences may explain differing levels of entrepreneurial activity in countries [2] There needs to be commitment by governments to the importance of youth employment as an issue and to the value of young entrepreneurs. EU Employment policy guidelines 2000 South African National Youth Policy Youth Employment Summit (YES) Action Planning Toolkit for the development of National Youth Employment Also see section below on entrepreneurship education
In many countries there is a stigma attached to any failure in a commercial venture. This fear of failure is a strong disincentive to starting your own business. Entrepreneurship is not valued in many societies as is, for example, a career in medicine, in law, with a large corporation or with government.	1. ***Strong PR campaigns*** to reduce the fear of failure and boost perception of the value of entrepreneurs to society. Reward risk taking 2. Use ***case studies and identify heroes and champions*** from among young people and successful entrepreneurs. Persuade experienced business people to promote self-employment as a genuine career option for	1. Publication: The Guru Guide to Entrepreneurship Richard Branson/DTI entrepreneurship video 2. Publication: Business As Unusual: The Triumph of Anita Roddick Publication: Losing My Virginity: How I've Survived, Had Fun, and Made a Fortune Doing Business My Way. By Richard Branson. [3] 'An income of their own'

Many would be young entrepreneurs tend to be risk averse because they see the financial and social costs of failure as outweighing the benefits of success	young people. 3. ***Create prestigious awards*** to celebrate the success of entrepreneurs, make heroes of entrepreneurs.	programme, New Zealand [4] Commonwealth Youth Programmes, 'Positive Living Ambassadors' See Business support section on 'mentors' 3. UNECE excellent women entrepreneur of the year award. Shell Livewire competition, UK Nescafe Big Break, Australia Johnny Walker, Keep on walking campaign Junior Achievement International (JAI) Hewlett-Packard Global Business Challenge (HPGBC) MIT $50K Entrepreneurship competition Harvard Business School: Social Enterprise Track [5] Youth Business Excellence Awards 2002 Le Mondial, World Congress on Entrepreneurship
Corruption Corruption is a cancer that prevents many businesses surviving or growing.	1. ***Attack corruption*** wherever it occurs ensuring the damage it can do is a subject taught by education and training organisations.	Transparency International's Business Principles for Countering Bribery IBLF Business and Corruption Programme Singapore government corruption policies [6]
	2. ***Nurture good practices of governance*** and business behaviour in the SME sector.	2. SME /Entrepreneurship Kauffman Foundation - Promoting Entrepreneurship and Education - The High Price of Low Ethics; How Corruption Imperils American Entrepreneurship and Democracy Project: Promoting Islands of Integrity: Measuring and encouraging the ability of Central and Eastern European SME's to resist corruption and do ethical business

		Youth WBI work on Youth for Good Governance and Anti-Corruption Cambodian Ministry of Education, Youth and Sports (MoEYS) [7] Foro del Sector Social [8] Seminar: Attacking corruption in education systems. 10th International Anti-Corruption Conference
The informal economy It is common to find an adverse reaction to the informal economy where young entrepreneurs operate but are unable to grow due to lack of access to reasonable sources of finance and fear of regulation and taxation.	Address the question of now **to bring the informal economy into the mainstream economy** and access more conventional sources of finance.	World Bank Social Protection Unit. Research strand on The Informal Economy [9] Also see footnote [XVI] for informal vs. formal economy debate See the work of Hernando de Soto and The Instituto Libertad y Democracia (ILD) IOE report, The Informal Economy - Employers' approach
New businesses as threats Business networks often perceive start-ups as unacceptable competition rather than new blood and future collaborators.	**Stimulate business networks** and industry associations to include young people rather than exclude them.	Franchising/ Outsourcing Eskom, South Africa [10] Anglo-American SMME support programme, South Africa [11] Delta Corporation, Stand up And go programme Zimbabwe [12] Vodacom phone entrepreneur scheme South Africa [13] Small Business Project (SBP), South Africa [14] Thai Business Initiative in Rural Development (TBIRD) [15] IBLF Publication, The Business of Enterprise [16]
Social protection Social protection though obtaining salaried	Provide some form of **social safety net** for the initial period of starting a business.	See examples under the Regulation section

employment is one of the greatest perceived needs of a young person. The risks associated with self-employment are a significant disincentive.		
Equal opportunities In some societies young girls are specifically discouraged from becoming entrepreneurs.	Work with Equal Opportunity organisations to ensure to include *young girls in entrepreneurship policies*.	Refer to the work of the Equal Opportunity Group of the YEN.
Social entrepreneurship [17] Societies continue to view entrepreneurship only in narrow financial terms rather than embracing its potential wider social benefits.	Recognise that *entrepreneurship can have social mission*. Encourage business to engage and invest in solutions to problems that undermine social and business environments.	The Aspen Institute Initiative for Social Innovation Through Business Ashoka: Innovators for the Public.
2. Education		
Appropriate education An academic approach to education nurtures skills that are appropriate to working in large organisations or firms but not for an entrepreneurial career.	1. The education system must recognise the need for *developing the skills and attitudes that make up an entrepreneurial mindset* such as lateral thinking, questioning, independence and self-reliance. This education should continue through vocational training, business incubation and the start-up phase for young entrepreneurs 2. Ensure that the *curriculum is relevant* to the needs of young people to find decent and productive work. 3. *Encourage entrepreneurial activities* by promoting the concept of entrepreneurship and self-employment as well as training for entrepreneurs.	Within the framework of the European Employment Strategy (EES), Member States are required to promote employment and entrepreneurship in national curriculum's Education and training for entrepreneurship initiative, Danish Ministry of Education. [18] Finland's Vocational Education Act Singapore's Critical Enabling Skills Training (CREST) Thai Department of Vocational Education Intergovernmental and bi-lateral agencies and networks Global Partnership for Youth Development (GPYD) Inter-American Working Group on Youth Development (IAWGYD) European Youth Forum Civil Society, and National Programmes Education International National Foundation for Educational Research, UK Research Programme on Entry to Employment [19] The Guardian, UK article on the

		benefits of 'sandwich' year-in-industry university courses. Australian Capital Territories Department of Education, Youth & Family Services Vocational Education and Training in School Programme Rural Entrepreneurship through Action Learning (REAL), USA [20] IG Students Foundation, Italy [21] International Centre for Entrepreneurship and Career Development
Most education systems teach traditional values of compliance to the norm rather than independent thinking or self-reliance.	Ensure the curriculum develops *the skill set needed to develop entrepreneurial attitudes amongst young people*. These will include risk assessment, decision-making and networking, and innovation.	WIWAG, Switzerland [22] Junior Achievement International [23] Young Achievement Australia (YAA) [24] Learning by doing programme, UK [25]
Teacher development Teachers and university teachers have little experience of self-employment and the skills and attitudes that are required.	Ensure the *value to the economy of entrepreneurship and wealth creation is well understood* by everyone involved in training, education and working with young people.	A number of countries run Professional Development Placement (PDPs) schemes for teachers in business / industry. [26] National Foundation for Educational Research (NFER), UK Report: Professional Development – A Review of Teachers' Placements in Business and Industry Education Business Link Organisation (EBLO), UK [27] Teacher Release to Industry Programme (TRIP), Australia
Experiential learning Experiential learning is very rarely used as an effective way of gaining knowledge and experience yet it is probably the most powerful way of learning entrepreneurship.	1. Develop ways of *experiential learning for young entrepreneurs* such as business projects and work shadowing. 2. *Teach young people that they are contributors to their community*, not dependants.	1.The Graduate Enterprise Programme, UK [28] EU supported Jordanian version Manager Shadowing Programme, Czech Republic 2. See cultural attitudes section.
Careers services Careers services in schools and further education rarely	Ensure careers advice and counselling at schools colleges and universities includes *self-employment as*	See examples under the careers service sub heading in the Skills Training section.

identify self-employment as an option for employment.	*a viable career option*.	
Responsible business practices Young entrepreneurs may have little knowledge of the social obligations increasing requested of businesses by society. A failure to pay adequate concern to issues such as the environment, workers rights and human rights may result in fines, difficulties in recruiting good staff and a loss of business and of local 'licences to operate'.	Build into the education system *awareness* of what is required of a "good" employer and business person such as *business ethics, employee rights and transparency*.	See references to youth and corruption in cultural attitudes section. Publication: Priorities, Practice and Ethics in Small Firms Institute of Business Ethics, UK Publication: A Welcome Engagement: SMEs and Social Inclusion Institute of Public Policy Research (IPPR), UK Bulgarian Business Ethics Standard
3. Skills Training		
Centrally planned skills training is often not matched to market needs so young people often gain skills for which there is no market and therefore no jobs.	1. *Job centres should work closely with vocational training organisations to recommend entrepreneurship* as an employment option for young people.	1.Youth Employment Job Search (New Zealand) partnership between the employers federation and the state employment services. [29] Enterprise agencies often act to bridge this gap: National Federation of Enterprise Agencies, UK European Training Foundation [30]
Careers services Careers services in schools and further education rarely identify self-employment as an option for employment.	2. *Ensure training in business plan training* is easily available either as part of the vocational course or through career planning advice. 3. Ensure careers advice and counselling at schools colleges and universities *includes self-employment as a viable career option*. 4. To start a business a young person needs *both entrepreneurial and vocational skills*. Any	2. See the work of the Employability group of theYEN My Own Business [31] 3. Awareness raising measures by governments to foster a spirit of entrepreneurship and to increase the number and scope of training opportunities: See Danish Ministry of Education programme under the Education section. Cap sur l'Avenir, France Norway's Reform 94 programme 4. Enterprise based skills training is needed to bring youth into the market. Entrepreneurial Skills Development Programmes (ESDP's) can play this

| | vocational skills course should have entrepreneurial and business skills as part of the core content. | role by providing a mixture of theoretical training and practical work based training.

Methodologies
<u>Competency based Economies through Formation of Enterprise (CEFE)</u>

<u>EMPRETEC</u>

Country Initiatives
<u>The Entrepreneurial Skills for Small Business (ESSB) project, Australia</u>

<u>Desarrollo de Pequenas y Micro-Empresas (DESAP), Colombia</u>
<u>Chile Joven</u>
<u>National Youth Service (NYS) Jamaica</u>

<u>Education with Enterprise Trust (EWET), South Africa Youth Enterprise Society and Business Now Programmes</u>

Other Resources
<u>Paper: Education and training for the informal sector</u>

<u>Book: Designing Entrepreneurial Skills Development Programmes. Resource Book for Technical and Vocational Institutions</u> |
|---|---|---|
| Many government policies focus on funding skills training specifically for high value skills rather than meeting broader market needs. | ***Appropriate skills training should be as widely available*** to young people as possible. | Development of informal sector entrepreneurship training:

<u>World Bank Enterprise based training programme</u>, Zambia and Kenya

<u>Training of Rural Youth for Self Employment (TRYSEM)</u>, India

Also see the REAL programme in the Education section |
| ***Access to ICT Training***

Young people who have no ICT training or access to the appropriate hardware are greatly disadvantaged in starting in business. The | 1. Ensure ICT training is ***widely available***.

2. Ensure there are ***practical ways new businesses can access the appropriate hardware and*** | <u>Nokia and the China Youth Development Foundation ICT access project</u> [32]

<u>The Digital Partnership</u> [33]

Telefónica's "internet for all" |

digital divide and a lack of ICT capability can severely hamper potential young entrepreneurs.	*communications infrastructure*. 3. *Develop partnerships* between governments, employers and school and college authorities to provide the necessary training. 4. Ensure all *students understand the power and potential of ICT* in the workplace. 5. Use the market to *establish what skills training is required.*	program [34] The Youth Declaration from the Youth Forum at ITU Telecom Africa 2001 [35] South African Department of Education and Microsoft partnership for free software for schools. Policy for Small Scale Industries in India. [36] ITU's Youth Education Scheme [37] YouthIT – Youth Entrepreneurship for Development
4. Business Support		
Businesses in the start-up phase often cannot afford to pay for business support or advice. Many young entrepreneurs do not at first understand the need to invest in knowledge and training for the future of their businesses. They need to learn to appreciate its value.	1. The more support a young entrepreneur can receive in first three years of trading the *better their chance of creating a sustainable business* or of becoming more employable. 2. *Encourage and facilitate business people to become mentors* to support young entrepreneurs during the critical first few years of their new business. 3. *Engage local business networks to help youth businesses* by transferring their knowledge, experience and contacts. They can do this by mentoring, including them in their networks, bringing the youth businesses into their supply chains or providing pro-bono advice and training.	ENGAGE – global employee Engagement campaign Cecile Network – European employee engagement network SEBRAE Youth Business International mentoring model Bharatiya Yuva Shakti Trust (BYST), India 2. ILO work on Business Business Development Services The Start & Improve Your Business (SIYB) FIT programme ILO 'Improve your business' toolkits Vietnamese SIYB programme Links to Business Development in Developing countries
Business growth Whilst many young entrepreneurs may have the potential to expand and take on additional staff 1 year plus after starting up they often lack the support measures to assist them	Business expansion support / services can help businesses make the *transition from start-up to sustainable growth.*	UNECE Training guide: How to prepare a business plan - a guide for start-ups and advanced private enterprises in countries in transition Shell Livewire Business Growth Challenge

Support networks	Junior Chambers of Commerce and Young entrepreneurs clubs can *provide networks to support and encourage links between formal and informal sectors* as well as represent youth businesses to governments and commercial banks, etc	Junior Chamber International [38]
Isolation, the absence of support networks and a lack of business contacts are common obstacles to setting up your own business		AIESEC
Enterprise and support agencies	Provide accessible *ongoing technical advice and training* on subjects such as marketing, taxation, accountancy, employment law and export through enterprise agencies, chambers of commerce etc.	Support networks WISE Women Network, New Zealand
Enterprise and support agencies which have to be self-sustaining will design their services to serve the more mature SME companies rather than cash-poor youth business start-ups		Network of Women's business associations in the UNECE region Youth enterprise agencies The Katutura Youth Enterprise Centre (KAYEC) Namibia
		Canadian Youth Business Foundation Business Development Centres /Services Business Clubs Clean Business Clubs, Poland
		Progressive Group for Independent Business - Business Clubs, Canada
		E-business clubs, UK Entrepreneurs Associations Association of Innovative Entrepreneurship, Czech Republic
		Practice networks / firms. EUROPEAN, practice firm network
Dealing with suppliers	1. Encourage the use of appropriate policies by governments and corporations to support to young entrepreneurs by *encouraging them and teaching them to identify and participate in business opportunities*.	1.UNCTAD Empretec initiative
Young people with no business experience do not know where to seek for work nor what will be expected from them by professional purchasers.		Business Development Services / Centres UNECE Discussion Paper: Business service institutions for the development of SMEs World Bank Group - Small and Medium Enterprise Department
Workspace	2. As a policy young people should *be helped to enter supply chains* so they can learn and the purchaser can broaden their supply base.	I Euro Info Centres [39] Small Business Administration, United States
Without access to affordable, well located workspace new businesses will have difficulties to expand		

	3. *Provide incubator units* where youth businesses can find accessible services, shared office space and mutual support from other new businesses.	Small and Medium Industry Development Organization (KOSGEB), Turkey

Business Development Agency, Czech Republic |
| | 4. *Promote Trade fairs, exhibitions and competitions* where young people can showcase their achievements and build contacts and networks. | 2. See examples of franchising / outsourcing in the Cultural attitudes section

FC Publication: Investing in People: Sustaining Communities through Improved Business Practice |
| | 5. *Use ICT to support youth businesses* through techniques such as e-commerce, virtual market places and on-line mentoring and advice. | IFC SME Development Project, Belarus

WBG Chad-Cameroon Petroleum Development and Pipeline Project

UNCTAD World Investment Report.2002

Enterprise Africa – UNCTAD / UNDP joint SME development project

Urban Waste Expertise Programme (UWEP), The Philippines [40]

3. UNECE Discussion Paper: Promoting and sustaining business incubators for the development of SMEs

UNECE Conference Paper: Best practice in business incubation in countries in transition

Young Aussie Enterprises

Science and Technology Parks Association (STPA) Czech Republic

Ljubljana Technological Park, Slovenia

Business Incubator "INTELLEKT", Uzbekistan

Gorlice Green Business Park (Polish site), Poland |

		4. EUROPEAN Practice Firm Fairs The Princes Trust, UK 5. Telefonica Mercdis virtual job market, Spain Princes Trust On-line business support, UK Shell LiveWire on-line mentoring, UK
5. Regulations		
Bureaucracy Excessive or over-complex red tape and bureaucracy provide a particular disincentive to young people starting a business and can put an unsustainable burden on their new businesses. ***Regulatory challenges*** There are a number of regulatory challenges to young entrepreneurs which include pricing policies, credit policies and import /export tariffs.	1. Change the regulatory environment to make it easier for young people to develop their own businesses. ***Simplify and ease regulatory requirements*** for new businesses. 2. Create an easily accessible ***one-stop source of information and guidance*** to help young people learn how regulations work, why they need to be observed and what they need to do to comply. 3. Greater ***transparency of information***. Governments can disseminate regulatory information and forms for registration, taxation and other regulatory purposes to firms via electronic	1. Generic references to regulation and SME development: The ILO (IFP/SEED) research project on the policy environment for small enterprises and its impact on the volume and quality of employment created by these enterprises[41] OECD's Regulatory Reform Programme[42] World Bank work on public sector reform World Bank Institute Training material on public sector reform 2.'One-stop shops'[43] US Small Business Association has a network of One Stop Capital Shops (OSCS)[44] EU Multiannual Programme for Enterprise and Entrepreneurship has set up the The Euro Info Centres Network[45] EU Directory of measures in favour of entrepreneurship and competitiveness 2002 'Better legislation and regulation' sub-section. 3. World Bank E-Government initiative[46] Chile – online tax return system (Spanish) E-Seva e-government project, India

	networks, including interactive Web sites.	
Unsupportive tax regimes An unsupportive tax regime can kill off new businesses during their critical first few years of trading. The costs of compliance in many countries force many promising young entrepreneurs to remain in the grey market where there are limitations to the opportunities for them to grow and prosper. There are costs of operating in the informal market such as bribes and commissions and the inability to access formal finance or support.	1. *Simplified tax regimes or differentiated tax rates* for small enterprises can both take the burden off new businesses whilst encouraging the inscription of small enterprises into the tax registers. This may be more useful than the direct fight against tax evasion. 2. As with regulations young people need a *resource to teach them* how and why taxes affect them.	1. Mauritius and Ecuador taxation policies [47] See Chile e-taxation system above OECD work taxation reform OECD publication: Small and Medium Enterprise Outlook, 2002 Edition [48] OECD paper Entreprenuership and growth: tax issues Integrated Taxation Information System (TAXIS programme), Greece
Bankruptcy laws Bankruptcy laws in many countries are often indiscriminately punitive to business failure even when it was events rather than any impropriety that caused the failure. In many countries there is also a strong social stigma attached to any failure in a commercial venture. Many would be young entrepreneurs tend to be risk averse because they see the financial and social costs of failure as outweighing the benefits of success.	*Re-framing of the bankruptcy laws* so young entrepreneurs are not overly penalised at the beginning of their business lives if they cease trading for any reason other than criminal or fraudulent activity.	World Bank Programme on Finance Research: Bankruptcy and resolution of financial distress [49] UK Enterprise Act 2002 [50]
Copyright and patent regulations Poor enforcement of copyright and patent regulations can greatly disadvantage young people who are innovative yet ignorant of this complex area.	1. Industry sectors should be encouraged to *plan long term and encourage new blood* to enter their markets by nurturing new businesses. 2. *Make the use of patents and copyright easy* and an incentive for young people to use. It should encourage them to take risks and innovate and be an incentive rather than a disincentive.	1 Belgium's Sectoral Research Centers [51] Also see business support section below 2. WIPO's SME Division [52] International Chamber of Commerce work on IP EU Best practice in access to research and innovation, and better use of patents by SMEs Enterprise Ireland - The Intellectual

	3. There is evidence of high levels of entrepreneurship in the informal economy. To create a **bridge between the informal and mainstream economy** we must move young people through the continuum from totally unrecorded activity to the fully reported economy without killing off their entrepreneurial talents.	Property Assistance Scheme [53] The Hong Kong Productivity Council's (HKPC) Intellectual Property Services Centre (IPSC) [54] Indian copyright law, in relation to the ICT industry [55] 3. The debate around to regulate or not to regulate. [56]
Competition law Ineffective competition law can close markets to new start-up businesses particularly young people who are outside local business networks.	**Re-framing of competition law** to ensure young new entrants have equal access to markets.	UNCTAD Competition Law and Policy and Consumer Protection OECD Competition Programme [57] World Trade Organization competition information Asian-Pacific Economic Cooperation Competition Policy and Law Database
Competition related restrictions on market access or government subsidies can prevent many young people from entering markets. Trade liberalisation policies introduced in many developing countries have increased competition. Many new businesses do not have the professional management and resources to adapt to a more competitive environment.	In those countries with social security use the **system to provide a social safety net** for the crucial early period when a disadvantaged young person is setting up their business.	Some European countries have used the welfare system to help stimulate self-employment. [58] Self-Employment Assistance Program (S.E.A.), Canada [59] Jansaviya Programme (JSP), Sri Lanka [60] World Bank Programme Social Safety Nets and Transfers Mutual Insurance Schemes [61] Micro-insurance Service Providers
6. Finance		
Difficulty in obtaining start-up financing is the major impediment to young entrepreneurs seeking to create their own business.	One of the strongest stimulants to encourage young people to become entrepreneurs is to ensure they can easily **access seed funds for their business ideas**. They need space to try out their ideas, prove their talents and learn through experience before they enter the mainstream economy.	Also see Cultural attitudes section re 'societal support' Also see Business support section re physical 'work space'
Youth viewed as risky investments	1. **Providing seed funding** for business start-ups	1. Government and employers can play a role in influencing banks to

Young people with no experience or assets are seen as too risky an investment by commercial or self-sustaining sources of finance. Young entrepreneurs are seen as a high short-term risk and therefore a poor investment. Most young people cannot obtain the collateral or guarantees to enable them to raise credit from Banks or micro-credit institutions based on conventional credit-scoring methodologies.	should be regarded as a highly effective social investment. 2. It should be recognised that short-term self-sustaining micro-credit mechanisms can very rarely be applied to young people with no experience, or assets to offer. An *alternative form of youth business investment* such as grants or Youth Development Bonds must be developed. 3. *Youth are an asset*. They should be perceived and valued as such	give preferential loan and repayment options to young entrepreneurs. - Loan guarantee funds - Certificates of business worthiness - Youth Development Bonds 2. Grants Sviluppo Italia [62] Soft loan schemes: Commonwealth Youth Credit Initiative (CYCI) Canadian Youth Business Foundation Bharatiya Yuva Shakti Trust (BYST) India Finance and support networks The Angel Fund, New Zealand Venture Capital Exchange Network , USA Youth Guarantee Schemes [63] OECD paper on Youth Guarantee Schemes in Nordic Countries Youth development bonds YBI
Poor business plans. Most financing schemes are often conditional on the preparation of high quality business plans. Without these, any access to capital can be very difficult	Support agencies to offer *appropriate training*	UNECE Training guide: How to prepare a business plan - a guide for start-ups and advanced private enterprises in countries in transition **Shell Livewire**
Business growth Whilst many young entrepreneurs may have the potential to expand and take on additional staff 1 year plus after starting up they often lack the support measures to assist them.	Business expansion support /services can help businesses make the *transition from start-up to sustainable growth*.	Shell Livewire Business Growth Challenge
Funding networks Informal personal networks are the commonest source of start-up funds, these are largely unavailable to young people from a disadvantaged	***Youth business funding must be seen as a distinctive mechanism to help young people into employment***. The majority of business start-ups are funded from informal	The Global Entrepreneurship Monitor report [64] UNECE guide to Financing Private Enterprises and Trade in Transition Economies

background.	sources such as family or personal contacts. Where the young person has no such network similar sources of easily accessible start-up funds should be made available.	Youth Business International
Challenges of established credit sources Young people are easily put off by the information and documentation required by many commercial lenders providers of micro-credit.	1. Where possible *the social security net should continue to provide* protection during the crucial early period in starting up businesses. 2. Promote *the teaching of financial literacy* so young entrepreneurs know how to budget and manage funds.	2. Jump$tart Coalition for Personal Financial Literacy Young Biz

---

[1,2] Kenyon / White study. (1996) Young people face the challenge of limited life and work experience, they have less financial resources, and limited business networks and contacts, have fewer role models and suffer from age discrimination.

Also see
- 2002 Global Entrepreneurship Monitor Report
- YEN, WG on Entrepreneurship paper on The cultural influence of entrepreneurship culture
- Hofstede study for IBM on Institutional Culture

[3] Also see: Big Shots, Business the Richard Branson Way: 10 Secrets of the World's Greatest Brand Builder

[4] NZ workshop using indigenous business leaders to promote self-employment among local communities

[5] An off shoot of the HBS Business Plan Contest this competition focuses on the students interested in developing plans for social-purpose ventures.

[6] Tough regulations, strong public support and a policy of paying government officials at near private sector same levels has made Singapore one of the least corrupt states.

[7] The Cambodian Ministry of Education, Youth and Sports (MoEYS) is developing an anti-corruption curriculum suitable for instruction to teachers at all levels, and integrate these messages into the national training program of the Ministry.

[8] Foro del Sector Social in Argentina has developed an anti-corruption curriculum for public schools.(Spanish only)

[9] This link provides access to a number of papers looking at social protection in relation to the informal economy. There is a particular focus on innovative insurance schemes.

[10] ESKOM has created a small business development franchise and support programme that aims to support electricity-intensive franchisers in emerging markets.

[11] This programme facilitates small business development through financing and training initiatives that build local SMEs in to its supply chain.

[12] This project supports assists entrepreneurs to start their own business and create outsourcing opportunities with Delta.

[13] This scheme creates mobile phone entrepreneurs in rural communities through its national franchise scheme.

[14] Collective action by 32 companies and business organisations to encourage enterprise development and job creation, through training and skills transfer

[15] Collective action by Thai companies to bring enterprise development to rural communities.

[16] This publication gives the business case for why large companies should support local enterprises and may examples.

[17] "While a business entrepreneur may thrive on competition and profit, a social entrepreneur has a different motivation: a commitment to leading through inclusiveness of all actors in society and a dedication to changing the systems and patterns of society." Ashoka defination, 2003.

[18] Two-year action national awareness raising programme to enhance motivation among young people to set up their own business and to promote entrepreneurial attitudes.

[19] This research programme is designed to enhance and support young people's transition and progression to further education, training and employment by raising their aspirations, increasing their confidence and improving their skills.

[20] An initiative linking education with rural economic development.

[21] The IG Students Foundation is developing an annual programme for disseminating an entrepreneurial culture in Italy's schools and universities.

[22] Swiss business simulation school projects.

[23] Global business simulation project.

[24] Non-profit initiative teaching young people hands-on business skills while they are still at school.

[25] 14-19 year olds establish and run companies to discover what it takes to manage a successful business.

[26] Such placements allow teachers to deliver more accurate careers information about recruitment, training and specialized knowledge in specific sectors.

[27] EBLO is a consortium established to coordinate education–business activities, including PDP's in local authorities.

[28] Final year undergraduate work placements in industry.

[29] Source, IOE Programme of Action on Youth Employment-Enhancing Youth Employment: Employers' Actions.

[30] In support of EU countries, ETF is supporting the reform of vocational training in partner counties.

[31] Business plans built into vocational training.

[32] A joint project by Nokia and the China Youth Development Foundation is working to provide computer and internet support to rural schools in China.

[33] The Digital Partnership is an international partnership facilitating innovation and affordable access to technology, training and the Internet for learning, enterprise and development in developing and emerging market economies through a sustainable private/public partnership model.

[34] All Telefónica Telecomunicaciones Públicas (TTP) Navegaweb centres have terminals reserved for students, to allow them to enrol and undertake the 15 hours training course. This digital literacy program, promoted by the Spanish Ministry of Science and Technology, has the backing of companies like BBVA, Microsoft, Telefónica and IBM.

[35] This declaration demanded that to address the 'digital divide' and increase the competitiveness of African nations ICT education should be given the highest priority through the integration of ICTs into school and university curricula, the establishment of high-quality and accessible ICT training centres, scholarships for ICT related studies, intensive ICT literacy campaigns in rural areas, and synergy between educational institutions and the industry to generate relevant research and development efforts aimed at producing innovative ICT solutions.

[36] In order to ensure India's global competitiveness in the context of liberalization the government announced in 2000 the Policy for Small Scale Industries in India. It emphasizes the modernisation of technology and quality upgrading through a series of measures, which include collateral free loans, capital subsidy for technology modernization, subsidy for obtaining ISO-9000, simplification of administrative procedures, creation of Common Facility Technology Centers, Entrepreneurship Development Institutes etc.

[37] A corporate backed scholarship scheme aimed at assisting gifted university students from developing countries facing financial difficulties to peruse studies in ITC related fields.

[38] Worldwide organisation of people aged 18-40 offering activities to help their members develop leadership skills.

[39] One of the objectives of the European Union's enterprise policy is to help enterprises through better information services. Euro Info Centres were established in 37 European and Mediterranean countries for this purpose. Euro Info Centres (EIC) act as an interface between European institutions and local businesses.

[40] The UWEP is a Dutch Government-funded programme which aims at enabling organizations from the South to develop and initiate activities to improve waste management in low-income areas and to improve waste collection and recycling by small and micro enterprises.

[41] The IFP/ SEED site in includes:
- A database of Small enterprise policies, laws and regulations
- SEED working papers on research in seven developing countries
- on conducive policy environments for small enterprises
- ILO recommendation 189
- Guidelines for the analysis of policies and programmes for small and medium enterprise development
- A Literature Review on the Impact of the Policy Environment on the Creation and Improvement of Jobs within SME's
- ILO Publication, 2000, Do decent jobs require good policies?

[42] Relevant OCED references include:
- OCED Bologna Charta on SME policies (2000) in which governments from the OECD member countries and invited non-member states recognize the role of small and medium sized enterprises and recommend broad policy orientations conducive to their growth.
- OECD Report on Regulatory Reform
- OECD Report on Regulatory Reform for Smaller Firms
- OECD Technical Paper No. 86

[43] One stop shops have been set up in many OECD countries, allowing small businesses to acquire information about all relevant administrative regulations and carry out many administrative formalities.

[44] These One stop shops are run through its local SBA offices which assist new businesses with developing a business plan, preparing a loan package and obtain business financing.

[45] Euro Info Centres represent an interface between European institutions and local actors. Their task is to inform, advise and assist SMEs in all Europe-related areas while taking into account the great variety of enterprises concerned, so that, either directly or indirectly, they can make matters simpler and more efficient for SMEs.

[46] The WB E-Government initiative promotes the use of information and communications technologies in developing countries to improve the efficiency, effectiveness, transparency and accountability of government.

[47] SMEs in Ecuador are entitled to a lower corporate tax rate of 15 per cent instead of 35 per cent, but this depends on certification as a registered SME with the government's small enterprise authority (Pochun, Jairaz, 1998) in: Jutta Franz, PeterOesterdiekhoff (Eds.): SME Policies and Policy Formulation in SADC Countries, Gaborone, Friedrich Ebert Stiftung, pp.24-31.

[48] Chapter on Taxation, SME and Entrepreneurship, pp 42-54.

[49] World Bank Paper: *Bankruptcy Around the World: Explanations of its Relative Use*

[50] Under this act (comes into force late 2003) the UK Government will modernize insolvency law in the areas of both company and individual insolvency providing a modern bankruptcy regime that encourages entrepreneurship and provides a fresh start to those who have failed through no fault of their own. The US had a relatively open access to bankruptcy and the fresh start whereas bankruptcy law in Britain currently makes no distinction between those who are honest but unlucky or undercapitalized and the reckless or fraudulent. All lose their personal wealth are automatically disqualified from being a director of a limited company and suffer a number of other restrictions for a period of up to three years.

[51] The research centers are supported by the Government (at federal and regional level) and businesses, have established a service for SMEs designed to protect innovations, promote technology innovations in sub-sectors with a large number of SMEs and inform and advise businesses on the latest trends in standards and technical regulations. Research programmes at universities are supported by SRC business partners with the universities being authorised to retain the intellectual property rights and resulting profits.

[52] WIPO's SME Division aims to raise awareness of the relevance of intellectual property for small business and promoting initiatives to make the IP system more accessible, less cumbersome and more affordable for SMEs. Includes information on how to go about dispute resolution.

[53] This is a Government/Private Sector partnership providing advice to new businesses on the protection of inventions, funding for patent applications and on the development and commercialisation of inventions.

[54] An industry lead scheme to help local companies and inventors to capitalise on their intellectual works through patent, trademark and industrial design registrations, thereby protecting their intellectual rights.

[55] India's IT industry one of the world fastest growing. The vast majority of businesses are SME's. In order to better protect this new and rapidly expanding business sector and profitable sector the Government of India introduced major changes to the Indian Copyright Law in 1995 which for the first time clearly explains the rights of the copyright holder, the position on rentals of software and the rights of the user to make backup copies. Most importantly, the amendments imposed heavy punishment and fines for the infringement of the copyrights of software.

[56] De Soto (1985) suggests that regulation impedes new business development and should be removed whereas others (Blanchflower and Oswal 1999, Rice 2000,Reniecke 2002) suggest regulation is not really an issue as in many developing countries most SME's remain outside the formal economy. They suggest that the key constraint to founding a new business is lack of start up and working capital. The ILO promotes the removal some regulations but the maintenance of core basic regulations relating to worker rights such those on labour standards. The ILO definition of 'informal economy' is economic activities whose *outputs are legal but whose process is informal*. The ILO does not actively promote the informal economy but works to move enterprises toward the formal sector.

[57] Well-designed competition law, effective law enforcement and competition-based economic reform promote increased efficiency, economic growth and employment for the benefit of all. OECD work on competition law and policy actively encourages decision-makers in government to tackle anti-competitive practices and regulations and promotes market-oriented reform throughout the world.
Links
OECD Competition Police and Law Division
OECD paper on competition policy and intellectual rights

[58] Both the UK's Enterprise Allowance Scheme and France's Chomeurs Createurs in the 1980's paid out unemployment benefits in single lump sums to qualified displaced workers who wished to start their own businesses.

[59] A Canadian Government scheme to provide individuals with business training and 32 weeks of financial assistance to start and operate their own business.

[60] Initiated by the Government in 1989 to provide fixed monthly cash grants for two years to poor households with expectation that they will acquire skills to become entrepreneurs. In return for cash payments during two years, beneficiary households provide 20 hours of labour per month either in training or on community infrastructure projects.

[61] Triggered by the lack of formal insurance, i.e. as a need for self-help, community-based insurance schemes have emerged to fill the niche, trying to compensate for the state and market failure.

[62] National agency supporting economic development in Southern Italy. Provides training and financial support for development of new business ideas by 18-29 year olds.

[63] Financial credit available to all school leavers unable to find work. Used to pay for training courses.

[64] The GEM 2002 identifies the main sources of seed funds for start-ups.

223

Part Four

REVERSING THE DETERIORATION OF THE YOUTH HEALTH

Основные исторические вехи формирования здорового образа жизни

Роман Левин, Государственный институт проблем семьи и молодежи, Украина

(Main Historic Milestones of the Formation of a Healthy Way of Living, by Roman Levin, State Institute of Family and Youth, Ukraine)

В настоящем контексте под определением «формирование здорового образа жизни» имеется в виду системная, комплексная, совместная деятельность различных общественных институтов, направленная на профилактику заболеваний и создание условий для наиболее полной реализации каждым человеком своего индивидуального потенциала здоровья.

Первый этап современной истории формирования здорового образа жизни берет начало с 1974 г. Именно тогда Министр здравоохранения и благосостояния Канады впервые заявил на правительственном уровне, что система здравоохранения играет не главную роль среди факторов, определяющих состояние здоровья населения, главное – образ жизни. Был введен термин «health promotion», адекватный отечественному понятию «формирование здорового образа жизни».

В 1977 г. Всемирная ассамблея по здравоохранению под эгидой ВОЗ впервые поставила на уровне мирового сообщества проблему вероятности угрозы существованию человечества вследствие ухудшения его здоровья. Было заявлено, что в XX столетии люди охватили хозяйственной деятельностью всю поверхность планеты, произошла научно-техническая революция, вследствие чего изменились условия жизни, к которым организм человека приспособился в ходе эволюции. Возникло новое понятие в науке – антропологическая катастрофа. Пути ее преодоления были изложены в концепции «Здоровье для всех», которая была провозглашена в качестве глобального движения в 1978 г. в Алма-Ате на Международной конференции по первоочередным мероприятиям в здравоохранении.

Эта концепция была оформлена в 1980 г. в виде Глобальной стратегии «Здоровье для всех до 2000 года»; исследования 1980–1986 гг., проведенные в ходе реализации указанной стратегии доказали, что формирование здорового образа жизни может быть действенным средством преодоления угрозы здоровью человечества.

Особенно убедительные доказательства этого дал канадский опыт, и мировое сообщество официально признало лидерство Канады в вопросах здоровья в 1986 г. в Оттаве на I Международной конференции по формированию здорового образа жизни. Конференция приняла Оттавскую Хартию, ныне общеизвестную в мире. Это стало началом второго этапа новейшей истории формирования здорового образа жизни, когда оно приобрело статус всемирно признанной системы мероприятий, имеющих определенную идеологию, теорию, методологию, методику и практику работы. Основные положения и принципы Хартии стали программными императивами, которыми руководствуется мировое сообщество в современной деятельности по проблемам здоровья.

На втором историческом этапе деятельность по формированию здорового образа жизни чрезвычайно активизировалась в мире. С 1986 г. по 1991 г. под эгидой ВОЗ прошли еще два представительных международных форума – II Международная конференция по формированию здорового образа жизни в Австралии (1988 г.) и встреча стран-членов ВОЗ в Женеве (1989 г.).

В 1991 г. в Швеции состоялась III Международная конференция по формированию здорового образа жизни. Ее итоговый документ, известный как «Сундсвальське заявление», содержал призыв к Международному валютному фонду и Мировому банку руководствоваться директивами ВОЗ при формировании политики кредитов, учитывать в числе социально-экономических факторов состояние окружающей среды, состояние здоровья населения, активность относительно деятельности по формированию здорового образа жизни.

На протяжении следующих шести лет, с 1991 г. до 1997 г., деятельность ВОЗ по формированию здорового образа жизни руководствовалась положениями, изложенными в итоговых документах первых трех конференций. Таким образом, на первом этапе (1974-1986 гг.) были определены основные положения формирования здорового образа жизни как системной деятельности, выстроена идеология достижения здоровья для всех, разработаны основные принципы и пути этой деятельности. Второй этап (1986-1997 гг.) доказал эффективность формирования здорового образа жизни, утвердил его как общепризнанную систему мероприятий, действенное средство достижения здоровья для всех, имеющее развитую теорию, апробированные методики и практические результаты.

Третий этап современной истории формирования здорового образа жизни ведет отсчет с IV Международной конференции по формирование здорового образа жизни, которая состоялась в 1997 г. в Индонезии. Ее итоговым документом стала Джакартская декларация по формированию здорового образа жизни в XXI столетии, которая впервые рассмотрела возможность привлечения усилий и ресурсов частного сектора к мероприятиям формирования здорового образа жизни. Эта декларация подытожила двадцатилетний опыт Глобальной стратегии «Здоровье для всех до 2000 года», оценила результативность формирования здорового образа жизни, идентифицировала новые направления и стратегии работы как ответ на новые вызовы XXI века. Важной частью работы ВОЗ стало привлечение к формированию здорового образа жизни правительств, негосударственных организаций-доноров, банков развития, агентств ООН, иных влиятельных международных организаций, профсоюзного и кооперативного движения, частного капитала.

Важным событием третьего этапа стало принятие на 51-ой сессии ВОЗ в 1998 г. Всемирной декларации по охране здоровья, в которой содержится обращение ко всем народам и организациям принять и реализовать концепцию "Здоровье для всех в XXI столетии". Эта концепция детально разработана в документе "Здоровье-21: Основы политики достижения здоровья для всех в Европейском регионе ВОЗ", который представляет собой руководство по формированию политики и внедрению стратегий достижения здоровья для всех стран Европы. Он действителен на срок до очередного подведения итогов, которое должно произойти в 2005 г.

Основные проблемы здоровья молодежи и возможные пути их решения

Юрий Вербич, Волынская областная государственная администрация, Украина

(*Main Health Problems and Possible Ways of Their Solution,*
by Yuriy Verbich, State Administration of the Volyn Region, Ukraine)

Сегодня молодежь понимает значение здоровья в своем жизненном становлении. Это подтверждает социологическое исследование, проведенное Волынским областным центром социальных служб для молодежи, согласно которому 77% опрошенных определяют здоровье, как особенно важную ценность.

Однако, несмотря на это, состояние здоровья и отношение к нему молодежи не может не вызывать тревогу. Так, в области число зарегистрированных случаев заболеваний у подростков в 2002 году по сравнению с 1995 годом возросло в 1,6 раза.

Анализ заболеваемости подростков по классам болезней свидетельствует, что на первом месте - заболевания органов дыхания (33,2 тыс. на 100 тыс. подростков), дальше болезни эндокринной системы, нарушения обмена веществ (6,7 тыс. на 100 тыс. чел.), болезни пищеварения (6,5 тыс. на 100 тыс. чел). Особенную тревогу вызывает возрастание заболеваемости туберкулезом среди молодежи. Ее уровень в 2002 году составил 79,9 случаев на 100 тыс. человек в возрасте 15 - 29 лет, что на 28 % выше, чем в предыдущем году.

Распространенными в области остаются венерические заболевания, хотя тенденция к их возрастанию остановилась в 1996 году. Следует отметить, что заболеваемость молодежи этой болезнью в 2,5 раза больше среднего показателя по области. За 2002 год количество ВИЧ - инфицированных по сравнению с прошлым годом возросло в области на 31 % и в данное время составляет 730 граждан. С каждым годом возрастает количество человек, состоящих на учете в наркодиспансере в связи с употреблением наркотических веществ. Так, только в прошлом году их количество возросло на 9,1 %, а по сравнению с 1995 годом - в 2,4 раза.

В 2002 году впервые был установлен диагноз расстройства психики и поведения у 1,1 тыс. детей и подростков, а это 44 % общего количества больных.

Наблюдается стойкая тенденция к ухудшению здоровья беременных женщин. По сравнению с 1995 годом в 2,2 раза увеличились число заболеваний, которые возникли во время беременности и осложнили беременность, роды и послеродовой период.

Негативное влияние на состояние здоровья молодежи имеет курение. Почти пятая часть населения области увлекается курением в возрасте 12 лет и старше. В возрасте 18 - 29 лет курят шесть из десяти мужчин, а также каждая девятая женщина этой возрастной категории.

Интересно видение самой молодежи путей улучшения здоровья и предупреждения вредных привычек в молодежной среде. Ответы, полученные в ходе социологического опроса, проведенного областным Центром социальных служб для молодежи, распределились по нескольким направлениям:

- улучшение экономического состояния молодежи;
- увеличение количества и доступности учреждений для культурного отдыха и занятий спортом;
- ужесточение наказания производителей и распространителей наркотических веществ;
- улучшение работы системы охраны здоровья;
- активизация и улучшение профилактической работы среди молодежи.

Важное значение имеет оценка самой молодежью проводимой профилактическо-просветительской работы. Наиболее действенными мероприятиями она называет тематические дискотеки и концерты (56%), проведение специалистами лекций, бесед, кино-видео-лекториев (53%), освещение вопросов профилактики в средствах массовой информации (34%). Кроме этого, по их мнению, государство должно увеличивать количество учреждений, которые бы оказывали помощь, учили здоровому образу жизни, информировали о последствиях вредных привычек (40 %).

К сожалению, не способствует привитию здорового образа жизни среди молодежи воспитание в семье, а также традиционные представления о том, что такие «продукты цивилизации», как алкоголь, табак, наркотики помогают в радости и горе, в переживании одиночества и установлении контактов. Поэтому важно научить детей новым формам поведения, сформировать стойкость к конфликтам, стрессам и умение эффективно и ответственно строить взаимоотношения.

У большинства молодежи понимание жизненной необходимости здорового образа жизни носит чисто теоретический характер, отсутствует глубокое осознание, на уровне ежедневного практического применения, ответственного отношения к своему здоровью и здоровью окружающих. Поэтому очень эффективным в этом плане мы считаем привлечение самой молодежи к пропаганде здорового образа жизни, деятельность волонтерских отрядов, которые работают по методике «равный - равному». Например, волонтерские клубы Волынского государственного университета имени Леси Украинки, областного центра по профилактике и борьбе со СПИДом систематически выступают перед студентами и учащимися с просветительской программой «Молодежь и здоровый образ жизни». В ряде сельских районов области (Маневический, Владимиро-волынский, Рожищенский) также работают волонтеры по данной проблематике. При Нововолынском городском центре социальных служб для молодежи организовалась группа волонтеров из числа бывших наркоманов, которые проводят просветительскую работу среди клиентов консультационного пункта «Доверие», созданного для инъекционных наркоманов.

Мы понимаем, что без активного участия общественности никогда не будет достигнуто позитивного результата в формировании здорового образа жизни в молодежной среде.

В нашей области по инициативе общественных местных организаций Народно-демократической лиги молодежи, спортивно-туристических клубов «Арго», «Мы», «Хорс» при поддержке управления по делам семьи и молодежи Волынской областной государственной администрации ежегодно традиционно проводятся акции «Молодежь против наркомании и СПИДа», «Сохраним молодость ради будущего», «Здоровая молодежь - здоровая нация». В этом году областной организацией «Альтернатива» инициирован областной конкурс социальной рекламы «Измени мир к лучшему». Общественно-религиозная организация «Ковчег» в учебных заведениях города Нововолынска проводит десятичасовую программу видео-лекций по проблемам предупреждения вредных привычек среди молодежи. Управление также организационно и информационно сотрудничает с религиозными Центрами реабилитации наркозависимой молодежи. Их деятельность явно доказывает эффективность работы по спасению молодежи от пагубного влияния наркотиков.

Особенно негативное воздействие на подсознание детей, подростков и молодежи имеет реклама табака и алкоголя, ее распространение в средствах массовой информации, как модели современного поведения молодежи, связанного с курением, употреблением пива и иных алкогольных напитков. Все это требует совершенствования действующего законодательства в сфере средств массовой информации, введение на общегосударственном уровне действенного контроля за информационной продукцией.

И главное - это понимание всех, и государственных, и негосударственных организаций, что инвестиции в формирование здорового образа жизни молодежи выгодны всей нации. Это даст возможность повысить уровень здоровья детей и молодежи и успешно решать проблемы, которые стоят перед страной.

Спорт для всех в молодежной среде: социологические аспекты

Мирослав Дутчак, Государственный комитет по вопросам физической культуры и спорта, Украина

(Sports for All among Youth: Sociological Aspects, by Miroslav Dutchak, State Committee on Physical Culture and Sports, Ukraine)

Важным компонентом здорового образа жизни является целенаправленная двигательная активность, которая используется в ходе учебной или трудовой деятельности и во время досуга с целью повышения физического и духовного благополучия. На данном этапе для определения этого социального явления используются разные определения, в частности такие как "физическая культура", "физическое воспитание", "массовое спортивное движение", "физкультурно-оздоровительная деятельность", "спорт для всех" и т.п. С целью достижения терминологической гармонизации мы будем оперировать определениями, которые характерны для современной европейской научной школы.

Лозунг "Спорт для всех", после того как его с конца 60-х годов минувшего столетия начали активно распространять по всему миру под эгидой Совета Европы, ЮНЕСКО и других авторитетных международных организаций, становится не менее популярным, чем олимпийская идея нового времени, возрождая социально-педагогические ценности кубертеновского олимпизма. Общедоступный спорт предусматривает усовершенствование тела и духа в гармонии с естественной средой, конкретным человеком и обществом в целом.

Сегодня Украина приступила к разработке собственной национальной спортивной доктрины, которая отображает систему взглядов на роль, организацию и функционирование сферы физической культуры и спорта в государстве на долгосрочный период с учетом стратегии социально-экономического развития Украины и мирового опыта. Доктрина будет предусматривать ориентацию украинского общества на поэтапное создание в государстве эффективной системы физической культуры и спорта на демократических и гуманистических основах. Реализация доктрины даст возможность повысить качество жизни населения Украины путем оздоровления нации, воспитания молодежи и формирования здорового образа жизни, а также обеспечит утверждение международного авторитета украинского спорта.

Формирование современной стратегии социальной политики в спортивной сфере и внесение в будущем коррекций к ней требует наличия доступной научной информации для принятия взвешенных управленческих решений.

С целью обоснования технологий и моделей получения необходимой комплексной информации нами предложена концепция социального мониторинга эффективности функционирования спорта для всех. Система этого мониторинга включает:

1) государственную и ведомственную статистическую отчетность;
2) периодическое опрашивание населения по стандартизированной технологии;

3) социальную экспертизу моделей решения проблемных ситуаций;
4) рейтинговые оценивания;
5) контент-анализ средств массовой информации.

В рамках этого исследования рассмотрим вторую составляющую предложенной системы мониторинга через призму молодежной среды. Кстати, проблема диагностики уровня спортивного участия разных групп населения путем проведения опрашивания является актуальной для многих стран Европы. С целью гармонизации подходов и технологий решение этого вопроса в разных государствах под патронатом Европейского Союза на протяжении последних пяти лет реализуется общеевропейский проект "COMPASS".

На основе фундаментальных положений социологии и рекомендаций "COMPASS", переосмысления существующих подходов к определению индикаторов двигательной активности, факторов мотивации к занятиям физическими упражнениями нами обоснована технология проведения опрашивания населения относительно спортивного участия. Она прошла экспертизу и получила одобрительную оценку Института социологии НАН Украины на предмет информативности, надежности и доступности.

В мае текущего года по заказу Государственного научно-исследовательского института физической культуры и спорта по нашей авторской технологии Центром социальных экспертиз и прогнозов проведены полевые исследования. Реализация этого проекта осуществлялась в соответствии с требованиями Целевой комплексной программы "Физическое воспитание – здоровье нации".

Выборку было сформировано с соблюдением всех необходимых процедур относительно обеспечения ее репрезентативности. К опрашиванию было привлечено 1800 респондентов в возрасте от 16 до 74 лет, которые дифференцировались на шесть возрастных групп, первая из которых от 16 до 24 лет и далее, каждая следующая на десять лет старше (рекомендации "COMPASS"). Математическая обработка полученных показателей проводилась с применением компьютерной программы SPSS.

С учетом определенной темы проанализируем отношения молодых людей в возрасте от 16 до 24 лет к спорту для всех, оценим уровень их привлечения к целенаправленной двигательной активности и проведем сравнение полученных данных с показателями других более старших респондентов.

Молодежь высоко оценивает состояние своего здоровья. 21,8% опрошенных в возрасте от 16 до 24 лет считают свое здоровье отличным, а большая половина (51,8%) – удовлетворительным, это наилучшие показатели среди всех возрастных групп от 16 до 74 лет. Для сравнения, в 65-74 года аналогичные показатели составляют соответственно – 0,8% и 4,5%.

Подавляющее большинство молодежи (77%) не отмечает у себя хронических заболеваний. Вместе с этим именно эта возрастная группа имеет высочайший показатель простудных заболеваний – 44,8%. Но они меньше всего регистрируют у себя заболевания сердечно-сосудистой системы (2,6%), опорно-двигательного аппарата (2,6%), дыхательной системы (7,9%) и других систем организма (5,3%). Все-таки в целом состояние здоровья молодых людей вызывает большое беспокойство, поскольку лишь немного больше половины респондентов от 16 до 24 лет (56,3%) ответили, что за последние 12 месяцев не болели, а это всего на 2,9% лучше среднего показателя от 16 до 74 лет.

Молодежь считает, что у нее высокий уровень развития физических качеств, в частности – выносливости (76,6% респондентов высказались, что у них отличные и выше средних соответствующие показатели), скорости (69,8%), ловкости (65%), силы (61,1%) и гибкости (55,3%). В своей массе молодые люди удовлетворены также и уровнем своей физической трудоспособности (только 3,5% опрошенных оценили ее как низкую и очень низкую). Однако анализ государственного тестирования молодых людей, которое также проводилось в мае текущего года, удостоверяет, что среди молодых лишь 46% лиц имеют высокие и выше среднего показатели развития физических качеств, а почти каждый пятый – неудовлетворительные или плохие показатели, или вообще не прошел испытаний.

Таким образом, полученные результаты дают основания высказать ряд предположений:

1. Молодые люди имеют завышенный уровень самооценки и большей частью переоценивают свои возможности;
2. У молодежи отсутствует четкое понимание необходимого уровня развития физических качеств;
3. Государственные тесты требуют усовершенствования с учетом реального уровня физической подготовленности молодых людей и с целью создания условий для поощрения молодежи к повышению уровня их физических качеств.

Интерпретация указанных положений требует, безусловно, дополнительных специальных научных исследований.

Досуг молодежи характеризуется использованием разнообразных активных форм отдыха. За последние 12 месяцев 40,3% молодых людей в возрасте 16-24 лет оценили свой досуг как активный - это почти вдвое выше среднего показателя от 16 до 74 лет. Надо указать, что представители мужского пола чаще, чем женщины (приблизительно на 10%) имеют активный, или в большей мере активный, чем пассивный отдых.

Молодежь в возрасте 16-24 лет отмечает у себя определенный опыт занятий спортом. Каждый третий из этой возрастной группы раннее на протяжении 1-3 лет в разной степени приобщался к спортивной деятельности, а 18,2 % имеют соответствующий стаж до года – это почти втрое выше, чем среди респондентов 25-34 лет.

Анализ данных, полученных в ходе проведенного опрашивания, доказывает, что большая часть молодых людей (52,1 %) в течение последних 12 месяцев занимались спортом, для сравнения у 25-34-летних этот показатель составил 26,2%, а у респондентов от 35 до 44 лет – 11%, 45-54-летних – 9,9%, 55-64-летних – 8,9%; 65-74-летних – 3,7%.

На протяжении последнего года среди 83 олимпийских и не олимпийских видов спорта и разных форм двигательной активности у молодых наиболее популярными для занятий были следующие: футбол (15,3% респондентов 16-24 лет ответили, что занимались этим видом); плавание (9,5%); баскетбол (6,8%); разные виды легкой атлетики (5,8%); волейбол (5,5%); бадминтон (4,7%); оздоровительный бег (4,2%); бокс (3,9%); каратэ (3,4%); настольный теннис (3,2%). Также больше трети видов спорта остались практически без внимания молодых людей. В особенности настораживает низкий уровень занятий молодежи зимними видами спорта. Из 12 видов только 1,8% опрошенных занимались лыжными гонками и 0,3-0,5 % горными лыжами и сноубордом.

В молодежной среде занятия указанными десятью наиболее распространенными видами спорта имеют ряд характерных признаков:

1. На протяжении последнего года 1-2 месяца ими занималась больше трети лиц (высочайший показатель в бадминтоне – 52%, а наиболее низкий в боксе – 4,8%), 3-4 месяца – каждый четвертый (плавание – 43,5%, а настольный теннис – 17,9%), 5-9 месяцев – 13,7% (легкая атлетика – 21,2%, а плавание – 1,6%), 10-12 месяцев – 27,5% (бокс – 66,7%, а бадминтон – 12%).

2. Указанными видами спорта молодые люди 16-24 лет большей частью занимались нерегулярно, то есть 12-59 раз на протяжении последних 12 месяцев. Занятия 30,5% лиц квалифицируются как случайные (от 1 до 11 раз). Такая интенсивность занятий наиболее типична для каратэ, волейбола, плавания и бадминтона. Регулярно (60-119 раз) и интенсивно (более 120 раз) молодые люди занимались легкой атлетикой, настольным теннисом и боксом.

3. Средняя продолжительность одного занятия составляет в основном час для большинства из десяти указанных видов спорта. Вместе с этим следует отметить, что получасовые занятия характерные для легкой атлетики – 45,5% ответов, полуторачасовые – для футбола (45,8%) и бокса (42,9%), занятия более 90 минут имеют частные случаи во всех видах спорта кроме оздоровительного бега.

4. В соревнованиях по указанным десяти видам спорта принимали участие лишь 8 молодых людей из 100, которые признались, что занимались этими видами.

5. Под руководством тренера в спортивных клубах и фитнес-центрах данными видами занимается 37,4% лиц, большая часть которых оплачивают свои занятия (молодежь посещает чаще всего платные занятия по каратэ – 73,3%, боксу – 47,6%, плаванию – 32%, бадминтону – 24%). Самостоятельно указанными видами занимается почти 40% молодых людей 16-24 лет, а каждый пятый – в составе неформального объединения.

Таким образом, молодежь в своей массе имеет ограниченный спортивный интерес, для удовлетворения которого используется небольшое количество разновидностей спортивной практики. Недостаточным является объем и интенсивность физических нагрузок. Острым является дефицит массовых и общедоступных спортивных соревнований для молодых людей 16-24 лет популярных среди них видов спорта. Учитывая, что молодежь в 62,6% случаев занимается спортом без участия тренера, особую актуальность приобретает для них соответствующая просветительская и образовательная работа.

Среди факторов и мотивов, которые оказывают содействие привлечению людей к занятиям спортом, молодежь отмечает, что:

- большое значение имеет желание улучшить свое здоровье (42,1%) и быть привлекательным (41,6%);

- большое значение имеет наличие возле места жительства спортивных сооружений и спортивных клубов (37,9%), удовлетворение потребности в общении (37,9%), желание быть наилучшим и сильнейшим (36,8%), непосредственное участие в соревнованиях (33,9%);

- среднее значение – рекомендации друзей (32,1%), влияние средств массовой информации (30,3%), знание и привычки двигательной активности, которые были приобретены в школе и высших учебных заведениях (27,4%).

Пассивное отношение людей к спортивным занятиям молодежь объясняет:

Во-первых, дефицитом личных средств для посещения спортивных клубов, фитнес-центров и на приобретение необходимой одежды и обуви (этот фактор молодые люди 16-24 лет квалифицируют как такой, что имеет очень большое значение – 31,1% и как большое – 40,3%);

Во-вторых, высокой стоимостью спортивных и физкультурно-оздоровительных услуг (31,6% и 40% соответственно);

В-третьих, неумением организовать себя и свою спортивную деятельность (22,6% и 40% соответственно);

В-четвертых, недостаточностью пропаганды ценностей спорта и здоровья (19,5% и 36,3% соответственно);

В-пятых, низким уровнем индивидуальной физической культуры населения, недостаточной физической подготовленностью, отсутствием необходимых знаний и опыта (18,7% и 36,3% соответственно);

В-шестых, невысоким развитием в обществе культуры спорта и здорового образа жизни (18,2% и 35,3% соответственно);

В-седьмых, отсутствием материальных стимулов для поддержки улучшения здоровья и физической подготовленности (16,6% и 35,3% соответственно).

Таким образом, проблема активизации физкультурно-спортивного движения, как важного компонента здорового образа жизни, должна решаться в молодежной среде в трех плоскостях:

организационной: усовершенствование системы занятий спортом с учетом необходимости расширения спортивных интересов молодых людей и используемых лучших образцов существующей практики; распространение форм спортивного участия, которые обеспечивают достаточный уровень двигательной активности; увеличение объема соревновательной деятельности;

экономической: повышение благосостояния населения; увеличение времени на досуг и насыщение его активными формами отдыха; применение экономических стимулов с целью создания условий для занятий спортом; развитие материально-технической базы физкультурно-спортивного движения;

пропагандистско-просветительской: формирование в общественном сознании понимания преимуществ здорового образа жизни; воспитание потребности в двигательной активности; обучение специальным знаниям об особенностях самостоятельных занятий спортом для всех.

Молодежь за здоровье

Галина Королева, Ровенская областная государственная администрация, Украина

(Youth is for Health, by Galina Koroliova, State Administration of the Rovno Region, Ukraine)

С целью профилактики преступности и правонарушениям, распространения наркомании и заболевания СПИДом структурами по делам семьи и молодежи Ровенской области совместно со структурами образования и науки, здравоохранения, культуры, правоохранительными органами разработан и реализуется план скоординированных мероприятий.

В частности, при областном центре социальных служб для молодежи создан передвижной консультативный пункт, которым предоставляется информационная помощь детям и молодежи по вопросам профилактики наркомании, ВИЧ-инфекции/СПИДа, алкоголизма, курение, пропагандирование здорового образа жизни.

В 2002 г. на обеспечение работы мобильного консультационного пункта областного центра из областного бюджета были выделены деньги на приобретение телевизора и видеоаппаратуры. В 2003 году приобретен микроавтобус "Газель", аудио-, видеоаппаратура и оргтехника на сумму свыше 130 тыс.грн. Мобильный консультационный пункт своей работой охватывает отдаленную сельскую местность, а потому его деятельность по вопросам профилактики отрицательных тенденций в молодежной среде и торговле людьми является эффективной формой работы. Количество охваченной молодежи, глубина проблем, которые освещались во время работы видеолектория, заинтересованность молодежи, педагогов, участие в работе видеолекториев врачей, психологов, работников милиции дают основание считать эту форму работы действенной и необходимой.

С целью пропаганды здорового образа жизни, предотвращения распространения отрицательных проявлений в подростковой и молодежной среде в мае - июне 2003 года проводились выездные заседания мобильного консультативного пункта в сельской местности. Работа проводилась в 10 районах, охвачено 19 населенных пунктов, 17 учебных заведений, 4 оздоровительные учреждения. В мероприятиях приняли участие 1634 чел. сельской молодежи. Во время работы мобильного консультационного пункта было распространено свыше 1,5 тыс. рекламных и информационных материалов по вопросам профилактики употребления наркотических средств, психотропных веществ, алкоголя, табака.

По состоянию на 1 июля 2003 года в области создано и функционируют 12 специализированных служб "Мобильный консультативный пункт социальной работы в сельской местности".

При областном центре социальных служб для молодежи организованна работа школы волонтеров по концепции образования "равный - равному" для пропаганды здорового образа жизни и предоставления помощи социально незащищенным детям и подросткам.

Основной целью профилактической работы является обучение молодежи, когда молодой человек овладевает знаниями, приобретает социальный опыта в ходе общения со сверстниками. Поскольку подростковая среда является естественной социально-культурной средой для сверстников, доступность к которой взрослым ограничена возрастом, социальным статусом, языком, стилями коммуникации и эффективности влияний.

В г. Ровно при областной ячейке Лиги социальных работников Украины и областном центре социальных служб для молодежи открылся информационно-консультационный центр социально-психологической помощи молодежи (кризисный центр). Общая площадь информационно-консультационного центра социально-психологической помощи молодежи (кризисного центра) составляет 80 кв.г. Имеется возможность на базе центра проводить индивидуальные консультации для молодежи, семинары-тренинги.

Отделами по делам семьи и молодежи районных государственных администраций, горсоветов, районными и городскими центрами ССМ на протяжении I полугодия 2003 года постоянно проводились выступления работников органов внутренних дел, юстиции, прокуратуры, судей с лекциями и беседами на правовую тематику.

В Ровенской области созданы и функционируют 21 служба социальной поддержки семей "Родынный дом", из них: 1 областной, 16 районных, 4 городских. В рамках деятельности служб социальной поддержки семей "Родынный дом" при областном центре ССМ действует школа молодых семей "Женщина – ребенок – семья". Слушателям школы предоставляются бесплатные социальные, психолого-педагогические, правовые, медицинские консультации, в том числе консультации по вопросам профилактики отрицательных явлений в молодежной среде.

В Ровенской области действует 12 районных и 3 городских службы "Телефон Доверия", в которых предоставляется информационно-консультативная помощь молодежи разных возрастных и социальных категорий.

Проводятся смотры-конкурсы подростковых клубов и осуществляются выставки работ воспитанников клубов. Для воспитанников клубов организовываются встречи с работниками правоохранительных органов, врачами, психологами, работниками центров ССМ с целью профилактической работы по распространению наркомании, СПИДа, алкоголизма.

В учреждениях культуры и искусства области оформлены книго-иллюстративные выставки, уголки для информирования молодежи об отрицательных явлениях в молодежной среде, организовываются просмотры новых поступлений литературы по данным вопросам, консультации во время выставок, беседы на темы: "Враги юности – пьянство, наркомания, СПИД", "Болезнь или криминал: СПИД, наркомания?", "Права человека", "Законодательство Украины для молодежи", "Проституция и СПИД" и т.п. Организовываются и проводятся "минуты общения" на вечерах отдыха, дискотеках.

В ходе осуществления социального сопровождения подростков и молодых людей, которые отбывают наказания в Дубенской воспитательной колонии, областным центром ССМ предоставлена помощь психологической службе и воспитателям учреждения по вопросам социальной адаптации осужденных; рекомендации по вопросам проведения индивидуальных и групповых форм работы с молодыми людьми, которые отбывают наказание. Проведен День областного центра ССМ, во время которого с воспитанниками колонии проведены беседы по вопросам профилактики наркомании, пропаганды здорового образа жизни, продемонстрирован и обсужден видеофильм, проведен тренинг по снижению агрессивности и конфликтности.

Систематически проводятся рейды по выявлению беспризорных и безнадзорных детей, лиц, которые побуждают детей из неблагополучных семей к бродяжничеству, попрошайничеству и совершению правонарушений. Во время проведения рейдов выявлено 339 детей, предрасположенных к бродяжничеству и попрошайничеству, 1300 подростков – правонарушителей, 288 – предрасположенных к употреблению алкоголя и 41 – к употреблению наркотических веществ. Выявленные дети поставлены на учет, с ними проведена соответствующая воспитательная и профилактическая работа.

В период с 17 по 30 июня 2003 года в области проведены оперативно-профилактические мероприятия "Фирма" относительно предотвращения вывоза за границу с целью продажи в бордели для сексуальной эксплуатации молодых женщин, а также выявления фирм, учреждений, организаций, преступных группировок, отдельных лиц, причастных к торговле людьми, сутенерству, сводничеству. В ходе проведения мероприятий возбуждено 3 уголовных дела, привлечено к административной ответственности 50 лиц.

Значительное внимание отводится вопросам охраны репродуктивного здоровья, профилактике болезней, которые передаются половым путем, ВИЧ/СПИДа среди подростков и молодежи. По вышеупомянутым проблемам организованны встречи, проведены семинары, лекции для школьников, групповые занятия с молодежью в школах, ПТУ, ВУЗах области.

Изучен опыт управления здравоохранения Киевского горисполкома по распространению опыта украинско-канадского проекта "Молодежь за здоровье" в направлении формирования здорового образа жизни молодежи с целью внедрения его в практику.

Для обеспечения эффективной реализации проекта Украинский институт социальных исследований проводил конкурс на участие в проекте двух областей. Для участия в конкурсе украинско-канадского проекта "Молодежь за здоровье – 2" представлен проект от Ровенской области, подготовленный совместно управлением по делам семьи и молодежи облгосадминистрации и молодежной общественной областной организацией «Социально-психологическая лаборатория "Общественное рождение", которая тесно сотрудничает в данном направлении и имеет достаточный опыт работы по формированию здорового образа жизни молодежи. Проект области прошел конкурсный отбор и получил организационную и финансовую поддержку для его реализации.

С целью обеспечения успешной реализации украинско-канадского проекта "Молодежь за здоровье - 2" составлен Договор о сотрудничестве между Украинским институтом социальных исследований и управлением по делам семьи и молодежи облгосадминистрации. Определены ответственные за реализацию проекта в области, городах и селах. Финансирование проекта будет осуществляться за счет средств, полученных Институтом от Канадского общества международного здравоохранения и переданных Управлению в соответствии с Положением о грантах на реализацию проекта МЗЗ-2 в области; средств, привлеченных Управлением из местных бюджетов на проведение мероприятий проекта МЗЗ-2 в области и других источников, не запрещенных законодательством.

Проведены акции, приуроченные к Всемирному Дню без табака, Всемирному Дню памяти умерших от СПИДа. В областной и городской детских библиотеках были организованны выставки, конкурсы плакатов по тематике профилактики вредных привычек.

Управлением здравоохранения изготовлены и распространены памятки: "О вредности курения", "Миф и правда о наркотиках", "Профилактика подростковой наркомании", "Здоровье ваших зубов". Подготовлены методические рекомендации: "Полезна ли лишняя масса тела?", "Профилактика курения", "Организация медицинской профилактической помощи подросткам относительно предупреждения ВИЧ-инфецирования". Выпущен буклет "Что нужно знать о СПИДе".

Подготовлено 65 волонтеров среди студентов Института славяноведения и Государственного университета водного хозяйства и природопользования по вопросам пропагандирования здорового образа жизни для работы со сверстниками. В Институте славяноведения проведен круглый стол с привлечением средств массовой информации, специалистов по профилактике наркомании, ВИЧ-инфекции и СПИДа.

В средствах массовой информации постоянно публикуются материалы по детской, молодежной, семейной тематике, популяризации исторических традиций, духовных и моральных ценностей семьи, вопросам профилактики отрицательных тенденций в подростковой и молодежной среде, формированию здорового образа жизни граждан. Аналогичные мероприятия проводятся во всех районах и городах области.

Box 23. HIV/AIDS Prophylactics in Work Collectives:
Strategy and Programmes
(Профилактика ВИЧ/СПИДа в трудовых коллективах: стратегии и программы)

По оценкам экспертов, в конце 2001 года в мире насчитывалось 40 миллионов ВИЧ-инфицированных и людей, живущих со СПИДом. Влияние заболевания на экономику очевидно. В странах, которые подверглись сильному влиянию эпидемии, предприятия понесли большие потери денег из-за невыхода работников на работу, связанного с болезнями, смертности работников, повторного обучение и приема на работу новых работников, увеличения затрат на охрану здоровья и похороны.

Влияние ВИЧ/СПИДа на предприятия, а также на доходы производств, подтолкнули предприятия и работодателей к участию в мероприятиях, направленных на профилактику распространения заболевания.

Сейчас предприятия признают, что существует потребность в формировании соответствующих общих правил поведения по отношению к проблеме ВИЧ/СПИДа, а профсоюзы понимают, что эти правила должны отображаться в коллективных договорах для обеспечения защиты работников. На данном этапе все стороны понимают, что учебно-профилактическая работа в производственной среде – это благоприятная возможность предупредить распространение заболевания.

Работодатели, профсоюзы и правительство должны объединить свои усилия и действовать сообща реализации эффективных и стабильных программ. Важно то, что в Украине существует большой опыт трехстороннего сотрудничества в решении важных общественных проблем.

Основываясь на положительном опыте и результатах работы с предприятиями по вопросам предупреждения распространения ВИЧ/СПИДа, программа "СМАРТ" строит стратегическое партнерство между объединениями предприятий, работодателями, объединениями трудовых коллективов, правительственными учреждениями, а также негосударственными организациями с целью создания эффективных адресных учебно-профилактических программ по ВИЧ/СПИДу для предпринимателей.

"СМАРТ" – это программа, объединяющая усилия работодателей, профсоюзов и правительства с целью содействия созданию и распространению учебно-профилактических программ по ВИЧ/СПИДу на предприятиях и в организациях, а также формирования четкой политики, которая поможет уменьшить стигматизацию и дискриминацию работников, связанную с проблемами ВИЧ/СПИДа.

Галина Когут
Проект "СМАРТ", Украина

Box 24. The Cost of Inaction : The World Bank Warning

If the HIV epidemic becomes generalized among economically active age groups, annual economic growth rates could decline by 0.5 to 1.0 percentage points. In addition, health expenditures could increase by 1-3 percent. Furthermore, the dependency ratio (the ratio of non-economically active to economically active people) could rise, straining social protection systems, especially in such countries as Belarus, Moldova and Russia, where fertility rates are already dropping.

Box 25. Strategy of Formation of A Healthy Way of Living of Youth in Ukraine and Its Relationship with the Protection of Environment (Стратегия формирования здорового образа жизни молодежи в Украине, ее связь с охраной окружающей среды)

В настоящее время вопрос здоровья населения Украины привлекает внимание широкого круга специалистов. И это не случайно. Ведь речь идет не только о взрослом населении страны, о проблеме демографического дисбаланса вследствие высокой смертности пожилых людей и низкой рождаемости, главным образом речь идет о подрастающем поколении, о генофонде нации.

Не секрет, что около 60 % новорожденных в Украине страдают различными врожденными заболеваниями, что наблюдается «омоложение» сердечно-сосудистых заболеваний, заболеваний дыхательных путей, остеохондроза, ожирения и других болезней, раньше считаемых болезнями пожилых людей. К этому необходимо добавить проблемы наркомании, раннего алкоголизма, токсикомании, табакокурения, венерических заболеваний, ВИЧ/СПИДа в молодежной среде.

Конечно, при этом не следует забывать, что Украина уже десятилетиями пожинает «плоды» чернобыльского наследия, и фактор радиационного загрязнения еще долгие годы будет напоминать о себе. Совершенно понятно, что состояние окружающей среды является важным условием здоровья нации, и об этом стоит говорить отдельно.

В настоящее время наша организация занимает лидирующие позиции в Украине среди неправительственных организаций и образовательных структур по экологическому образованию и воспитанию, ставя вопрос о совершенно новых подходах, методиках и формах обучения детей предмету экологии, о смысле экологического образования вообще.

Оксана Станкевич
Региональное молодежное экологическое объединение "Экосфера"
Украина

Сексуальное поведение молодежи и проблема секс-бизнеса в Украине

Елена Мещерина, Украинский институт социальных исследований, Украина

*(Sexual Behaviour of Youth and Problem of Sex-Business in Ukraine,
by Elena Mescherina, Ukrainian Institute of Social Studies, Ukraine)*

Для Украины проблема ВИЧ/СПИДа является крайне актуальной, особенно для представителей ее молодого поколения.

Поскольку:

- среди ВИЧ-инфицированных наркоманов 70% составляют молодые люди в возрасте 15-30 лет;
- наблюдается рост ВИЧ- инфекции среди наркоманов-подростков;
- в секс-бизнес вовлекается все больше молодых женщин;
- возрастает число молодых женщин, которые время от времени оказывают сексуальные услуги, решая таким образом свои материальные проблемы;
- 85% родителей ВИЧ-инфицированных детей являются молодыми людьми в возрасте до 30 лет. К возрастной группе от 18 до 25 лет относятся 65% женщин и 35% мужчин.

Таким образом, молодежь Украины является одной из восприимчивых и уязвимых групп с точки зрения ВИЧ/СПИДа.

В свою очередь, согласно данным, полученным в результате проведения социологического исследования в рамках проекта ЮНИСЕФ «Развитие управления, мониторинга и оценка национальной программы ВИЧ/СПИДа в Украине", которая базируется на современных методах эпидемиологического надзора (исследование проводилось с 1 по 30 сентября 2002 года), уровень информированности украинской молодежи относительно ВИЧ/СПИДа сравнительно высокий. Абсолютное большинство опрошенных (98%) указали, что им известны возможные пути передачи инфекции ВИЧ/СПИД. Наибольшее число респондентов, которые вообще не владеют информацией по этому вопросу, принадлежат к возрастной группе 18-летних – таких около 5%, и среди тех, кто получил базовое среднее образование (9 классов) – приблизительно 10%, что гораздо превышает показатель по группам с более высоким уровнем образования (1-2%).

Следует отметить, что только 58% из тех, кто кое-что знает о СПИДе, ответили, что считают свои знания по этой проблеме достаточными. При этом уверенность в своих знаниях у респондентов увеличивается с повышением уровня полученного образования: от 45% среди тех, кто имеет среднее базовое образование, до 67% у респондентов с высшим образованием. Среди молодежи, которая относится к группе риска (те, кто оказывали сексуальные услуги, употребляли наркотики или вступали в сексуальные контакты с несколькими сексуальными партнерами в течение последнего года), уверенность относительно уровня своей информированности не очень отличается от остальных опрошенных.

Относительно путей, которыми инфекция ВИЧ/СПИДа может распространяться, то более 80% опрошенной молодежи отнесли к рискованным:

➢ совместное использование шприцов и иголок;
➢ вагинальные сексуальные контакты без использования презерватива;
➢ гомосексуальные, сексуальные контакты без использования презерватива (анальный секс);
➢ от матери к ребенку, а также при переливании крови.

Проведенное исследование показало, что немного больше половины опрошенных (52%) на момент первого сексуального контакта не достигли совершеннолетия. Согласно полученным данным, юноши вступают в половую жизнь раньше девушек. Среди тех, кто вступил в половые отношения в течение последнего года, 37% делали это в состоянии сильного алкогольного опьянения.

Одной из основных характеристик сексуальной практики в молодежной среде можно назвать сравнительно высокую интенсивность перемены сексуальных партнеров. Так, вступали в сексуальные контакты с тремя и больше партнерами 21%, 58% вступали в сексуальный контакт с одним партнером, а 13% имели интимные отношения с двумя партнерами (2% не имели ни одного партнера, а 6% не помнят количество своих сексуальных партнеров).

Большинство молодого поколения использует презервативы как средство контрацепции (71%), половина - как средство защиты от венерических заболеваний и ВИЧ-инфекции.

В последние годы среди молодежи увеличивается количество случаев, когда создаются молодые семьи без официальной регистрации, как "пробные", молодые люди все более позитивно относятся к такой возможности. По результатам социологических исследований, на десять официальных браков среди молодежи приходится один неофициальный. Три четверти молодых людей позитивно относятся к такой практике, хотя только половина считает для себя приемлемым такой вариант. Каждый пятый негативно оценивает такой способ "семейной" жизни, а 3% даже высказались за общественное осуждение этого явления. Если в 1995 году 14% не определились в своем отношении к этому, то в 2002 г. их число составило только 5%. Количество внебрачного рождения детей увеличилось с 11,2% от общего количества рожденных в 1990 году до 18,0% в 2001 году.

Секс-услугами пользуются около 5% молодых мужчин и 1% молодых женщин. 29% молодых мужчин и 11% молодых женщин имеют половые контакты со случайными партнерами. С необходимостью использования презервативов со случайными партнерами согласны треть несовершеннолетней молодежи, половина молодых людей в возрасте 18-19 лет и более 60% молодых людей, кому за 20 лет.

Здоровый образ жизни молодежи

Людмила Дудко, Черкасская областная государственная администрация, **Украина**

(Healthy Way of Living of Youth, by Liudmila Dudko,
State Administration of the Cherkassy Region, Ukraine)

В последние годы серьёзную обеспокоенность вызывает состояние здоровья украинской молодёжи. Среди её большей части распространяются вредные для здоровья привычки и разные виды рискованного поведения - курение, употребление алкоголя, наркотиков, безопасный секс.

По данным медицинских исследований, состояние здоровья человека на 25 процентов зависит от наследственных факторов, на 25 процентов - от уровня медицинского обеспечения и на 50 процентов - от образа жизни. Усиливаются факторы, которые негативно действуют на формирование образа жизни населения (неудовлетворительное состояние экологии, нерациональное питание, ограниченный доступ к занятиям спортом, засилье рекламы алкогольных и табачных изделий в средствах массовой информации).

Как следствие, на протяжении последних пяти лет как в Черкасском регионе, так и в государстве в целом наблюдается тенденция роста уровня заболеваемости населения, молодёжи в частности. Особенно это касается болезней, которые имеют социально обусловленный характер. Так, в области уровень заболеваемости туберкулёзом (общим) составляет 3276 человек, первичная заболеваемость в 2002 году составляет 776 человек. На конец 2002 года суммарное количество ВИЧ-инфицированных составляет 1281 человек, больных на СПИД – 27 человек. Общее количество наркоманов составляет 22647 человек, впервые поставлено на учет в 2002 году 17116 человек. Психологические расстройства от употребления алкоголя имеют 22335 человек. Остаётся высоким уровень инвалидности среди детей (свыше 5 тысяч детей с ограниченными возможностями психофизического развития).

Именно по этим причинам Черкасская область приняла участие в конкурсе и стала участником украинско-канадского проекта "Молодёжь за здоровье - 2".

Передовой опыт, в частности опыт Канады, известного в мире лидера в сфере внедрения здорового образа жизни населения, доказывает, что наибольшего успеха можно достичь лишь тогда, когда будет организовано эффективное межотраслевое сотрудничество на пользу здоровья молодёжи.

Поэтому мы всецело содействуем привлечению к сотрудничеству партнёров из других отраслей – Главного управления образования и науки, управлений охраны здоровья, по вопросам физической культуры, спорта и туризма, по делам прессы и информации, культуры, службы по делам несовершеннолетних облгосадминистрации, других организаций и учреждений. Межотраслевой и партнёрский подход к формированию здорового образа жизни молодёжи с привлечением её к активной деятельности стал тем рычагом, благодаря которому ситуация может быть изменена к лучшему. Ведь нынешние мероприятия лишь в одной сфере, например только в области охраны здоровья, не могут адекватно решить такую многогранную проблему.

Положительным, по нашему мнению, является расширение сети специализированных клубов, кружков, школ, факультативов, которые способствуют формированию здорового образа жизни. Сейчас мы работаем над созданием трёх мощных ресурсных центров формирования здорового образа жизни с хорошей материально-технической и методической базой, которые стали бы основной базой для проведения, анализа и научно-практического обеспечения данной работы на уровне области, города, села, учитывая специфику и особенности регионов.

Как в Украине, так и в области три государственные программы определяют пропаганду здорового образа жизни. Это национальная программа "Репродуктивное здоровье 2001-2005 годы", Национальная программа патриотического воспитания населения, формирования здорового образа жизни, развития духовности и укрепления моральных устоев общества, Программа профилактики ВИЧ/СПИДа на 2001-2003 годы.

Для проведения работы в данном направлении в области при центрах социальных служб для молодёжи созданы специализированные службы "Родительский дом" и мобильные консультативные пункты социальной работы в сельской местности. В рамках деятельности специализированной службы "Родительский дом" проводится работа по сохранению репродуктивного здоровья молодёжи, полового воспитания, планирования семьи и последствий ранней беременности. Службами на протяжении 2003 года проведено 667 индивидуальных консультаций, работают мобильные консультативные пункты на местах.

Традиционными стали ежегодные областные и районные сборы и походы волонтёрских отрядов "Свой путь", при всех ЦССМ работают "Школы волонтёров", социально-психологические театры центров ЦССМ и областной социально-психологический театр «Маска».

В области создан и действует 21 консультативный пункт, работа которых направлена на оказание неотложной юридической, медико-социальной и психологической анонимной помощи подросткам. В 2003 году сделано 68 выездов в сельские населённые пункты области (задействовано 1370 человек). Все участники занятий, тренингов и ток-шоу получили пакеты буклетов профилактической направленности (1120 экземпляров).

Для усиления профилактической работы в молодежной среде по борьбе с незаконным оборотом и распространением наркотических средств, психотропных веществ, пропаганды здорового образа жизни проведено 16 тренингов на темы "Определи свою позицию", "Проявить заботу и внимание", диспуты "Алкоголь, наркотики, табак – стоит ли" и "Я выбираю жизнь". Также проведены тренинги для родителей «Как говорить с ребёнком о психотропных веществах», занятия с педагогами школ на тему "Как узнать, употребляет ли ваш ребёнок наркотические средства", психологические игры "Мой товарищ – наркоман", круглые столы "Причины распространения алкоголизма, наркомании среди детей и подростков", родительские собрания с просмотром видеофильма "Если бы я знал раньше" и лекции по пропаганде здорового образа жизни, анкетирование подростков "Наркотики и ты", "Подросток. Сберечь от зла". Проведён семинар профилактического направления для работников центров социальных служб для молодёжи.

Работают центры социально-психологической реабилитации детей и молодёжи с функциональными ограничениями, 6 клубов общения молодых инвалидов. Оказываются социальные услуги для этой категории в специализированных службах, кризисном центре для детей и молодёжи, студенческой социальной службе "Милосердие", кризисном центре для детей-инвалидов.

На сессии Черкасского городского совета в правилах содержания территории города был включён пункт о запрете табакокурения в общественных местах. И на сегодня курить в общественных местах города Черкассы запрещено.

Для того чтобы профилактическая работа была более эффективной, на наш взгляд, необходимо:

1. Шире привлекать к сотрудничеству образовательные, медицинские, правоохранительные органы, негосударственные женские, молодёжные, детские организации путём создания разветвлённой сети волонтёров;
2. Разработать и внедрить комплексные межотраслевые программы формирования здорового образа жизни молодёжи и профилактики негативных явлений;
3. Внедрить подготовку специалистов, учёбу приёмам профилактической работы широкого круга специалистов в сфере охраны здоровья, образования, информационных технологий, развлечений, которые работают с молодёжью по профилактике наркомании, ВИЧ/СПИДа;
4. Разработать и внедрить тренинги для учёбы, подготовки метода профилактической работы родителей. Очень важно, чтобы родители сами вели здоровый образ жизни и показывали пример в этом своим детям, своей семье.

С целью повышения качественного уровня профилактических мер необходимо:

1. Разработать научно-методическое обеспечение формирования стратегии и тактики проведения образовательных профилактических программ;
2. Привлекать к этому специалистов различного профиля – социологов, психологов, медиков, педагогов, журналистов и других;
3. Создать библиотеку лучших информационно-просветительских материалов (брошюр, видеокассет, буклетов, информационных материалов, листовок и др.) по определенным темам формирования здорового образа жизни в каждом учебном медицинском учреждении.

Box 26. Russian Youth Spends USD 2.5 Billion on Drugs Every Year

The annual turnover of drugs in Russia is estimated at USD 5 billion. As a Rosbalt correspondent reports, this was announced by President of the Russian Association for the Prevention of Drug-Trafficking Mr. Alexander Kolmarogov today. He said that half this sum is "spent by adolescents on drugs". He added that drug-traffickers in Russia enjoy a profit margin of over 500%.

Mr. Kolmagorov said that over the last twelve years Russians "have not only begun to consume large quantities of drugs but they have become one of the leading drug producers in the world. What makes things worse is that the drug-traffickers provide financial support to international terrorist organisations". In order to confront this problem, he stressed, it is essential to unite the efforts of security forces and civilian organisations as well as those "willing to offer their help.

Moreover, we should not only concentrate on preventing drug-trafficking but also on reducing the demand for drugs among young people. 'Today is the international day for the prevention of drugs and various meetings are taking place in Moscow for this reason. We want the Youth against drugs movement to gain national recognition".

According to Mr. Alexander Davydor, a member of the Federation Council, about 3-3.5 million Russians take drugs and these people are mainly between the ages of 17 and 30. The use of drugs is most widespread in the Tiumen Region where more than 50 thousand drug addicts have been officially registered. The number of drug-related crimes has also risen sharply according to Mr. Davydor. The number of drug-related crimes in 2002 was 80 times higher than the figures for the early nineties.

Russian newspaper "Pravda", 26 June 2003

Формирование здорового образа жизни

Елена Винокурова, Полтавская областная государственная администрация, Украина

(Formation of a Healthy Way of Living, by Elena Vinokurova, State Administration of the Poltava Region, Ukraine)

Формирование здорового образа жизни осуществляется путем профилактики табакокурения, алкоголизма, наркомании, венерических заболеваний, популяризации всестороннего полового воспитания.

Большинство из них направлены на формирование знаний и навыков здорового образа жизни, предупреждение вредных привычек, социальную реабилитацию молодежи, предоставление возможности пострадавшим получить высокопрофессиональную помощь.

К реализации программ привлечены квалифицированные специалисты из числа врачей, психологов, юристов, педагогов, а также волонтеров, которые учатся проведению социальной работы по принципу "равный - равному".

Программы ориентированы на смену мотивации молодежи относительно понимания здорового образа жизни, формируют адекватное отношение общества к этой проблеме, создают такие условия, при которых выбор здорового образа жизни является не только привлекательным, но и необходимым для развития личности и социального становления молодежи.

Система мероприятий по формированию здорового образа жизни представлена разными видами социальной работы. В социально-профилактическом направлении по вопросам репродуктивного здоровья, полового воспитания, профилактики венерических заболеваний и ВИЧ/СПИДа реализуется ряд мероприятий, которые уже стали традиционными: разнообразные акции, фестивали, эстафеты молодежных организаций, конкурсы и т.п. При проведении акций большинство специалистов придерживаются таких принципов, как продолжительность, систематичность.

Распространенной и эффективной формой профилактики остается групповая работа: проведение сюжетно-ролевых игр, тренингов и т.п. При этом используются отечественные и зарубежные профилактические программы.

Во время массовых мероприятий распространяются рекламно-информационные материалы - открытки, буклеты, памятки, которые содержат не только информацию об упомянутых проблемах, но и социальную рекламу о превентивной деятельности сети государственных и негосударственных организаций и учреждений, полезные советы специалистов.

Предоставление социально-психологической помощи осуществляется преимущественно через систему специализированных формирований центров ССМ: стационарные и выездные консультативные пункты, "Телефон доверия", мобильный консультативный пункт социальной работы в сельской и горной местности, службы социального сопровождения, клубы и клубные объединения. В процессе их работы у молодежи вырабатываются привычки здорового образа жизни, рассматриваются и обсуждаются вопросы здорового образа жизни, проблемы безопасного сексуального поведения, ВИЧ/СПИД, болезней, передающихся половым путем, репродуктивного здоровья человека и т.п. Разнообразная тематика занятий, использование психотренинговых упражнений, общие сборы-походы, направленные на помощь подросткам, позволяют лучше адаптироваться им в окружающей среде, приобретать новые знания, навыки.

Приоритетной деятельностью является научно-методическая работа, в основу которой положены следующие направления:

- Разработка методических, информационно-справочных, рекламных материалов в помощь работникам, которые осуществляют профилактическую деятельность, а также молодежи, подросткам, педагогам, родителям;
- Проведение тематических встреч, семинаров, "круглых столов" и конференций с целью предоставления методической помощи специалистам, которые работают с конкретными категориями молодых людей и семей, координации усилий всех заинтересованных организаций; деятельность экспериментальных площадок с целью разработки и внедрения инновационных технологий, усовершенствование форм и методов социальной работы.

Систематически проводятся семинары-практикумы, тренинги по вопросам пропаганды здорового образа жизни, предупреждения ВИЧ/СПИДа и болезней, которые передаются половым путем, формирования безопасного сексуального поведения среди подростков и молодежи, развития духовности и морали. Распространенной формой работы является проведение конференций, к участию в которых привлекаются представители государственных и общественных организаций. На них обсуждаются вопросы формирования здорового образа жизни, популяризации его среди всех слоев населения, взаимодействия разного рода структур в осуществлении превентивной деятельности.

При реализации социальных программ сетью центров ССМ привлекаются волонтеры и добровольные помощники — студенты педагогических и медицинских ВУЗов, педагоги, психологи, медики, специалисты правоохранительных органов, члены общественных объединений. Волонтеры активно принимают участие в проведении массовых мероприятий, месячников, акций, во время которых раздается рекламно-информационная продукция, проводятся развлекательные программы. Волонтерские группы работают на экстренных линиях "Телефона доверия". Для проведения социальной работы волонтеры проходят курсы обучения, которые осуществляются в разнообразных формах. Традиционным стало проведение всеукраинских сборов-походов волонтерских отрядов, детских и юношеских организаций за здоровый образ жизни.

В осуществлении профилактически образовательной работы в детской и молодежной среде центры сотрудничают с такими организациями и структурами, как управления и отделы областных и районных государственных администраций, горисполкомов, учебные заведения всех степеней, центры здоровья и полового воспитания, региональные общества Красного Креста, центры репродуктивного здоровья детей и подростков, центры профилактики ВИЧ-инфекции и лечения больных СПИДом, ассоциации помощи людям, которые страдают от алкоголизма и наркомании, региональные нарко- и кожвендиспансеры, центры медико-психологической помощи семьи, региональные ассоциации планирования семьи, общественные фонды, молодежные общественные организации. Широко освещается профилактически образовательная деятельность в средствах массовой информации.

В рамках комплексных программ центров ССМ созданы специализированные службы, которые помогают молодежи формировать положительную позицию относительно ведения здорового образа жизни: "Родинний дім", "Служба психологической помощи "Телефон доверия", "Мобильный консультативный пункт социальной работы в сельской и горной местности", Консультативный пункт для потребителей инъекционных наркотиков "Доверие", Служба социального сопровождения молодежи, которая находится в местах лишения свободы или возвратилась из мест лишения свободы, Службы вторичной занятости.

Совместно с работниками криминальной милиции постоянно осуществляются рейды-проверки: "Дети улицы", "Урок", "Каникулы" и т.п., рейды по местам отдыха молодежи с целью предупреждения правонарушений и выявления фактов попрошайничества и бродяжничества. С подростками и их родителями проводятся беседы об уголовной ответственности за противоправные действия.

Профилактически образовательная деятельность всех перечисленных структур безусловно позволяет решить целый ряд проблем. Прежде всего, это проблемы социально-правового характера. Однако недостаточным остается финансирование социальных программ, которое препятствует проведению систематической, последовательной и комплексной социально-профилактической работы. Слабой является материально-техническая база, сохраняется проблема кадрового обеспечения, имеется тенденция текучести кадров. Остается открытым вопрос недостаточного методического обеспечения материалами по профилактике наркомании, половых болезней. Актуальной является проблема организации кризисных центров и кабинетов доверия.

Box 27. HIV Hits Eastern Europe Youth

HIV and Aids are spreading faster in Eastern Europe than anywhere else in the world, posing a major threat to young people's health, experts warn.

A report by UNICEF says radical action is needed to stop the spread of the disease in Central and Eastern Europe and Russia and the former Soviet Republics, now the Commonwealth of Independent States (CIS).

In the CIS, almost 80% of new infections were among people under 29 between 1997 and 2000. In Estonia, 90% of newly registered infections are in people under 30.

UNICEF says HIV/Aids is developing "unchecked", because of a growth in substance abuse, particularly drug misuse, people having sex earlier and the growth of prostitution.

BBC NEWS, 18 September 2002

Box 28. Methods of Reducing Smoking Among Youth
(Методики снижения табакокурения среди молодежи)

На сегодняшний день основной проблемой, которая требует решительных профилактических мероприятий, является табакокурение. Табак является легальным наркотиком, который очень широко распространен и который разрушает психическое и физическое здоровье человека.

По данным глобального опроса молодежи о табаке в г. Киеве, каждый пятый среди 13-16-летних детей курил почти каждый день больше 20 сигарет на протяжении последних 30 дней (26,8 % юношей и 11,7 % девушек). Этот показатель очень высок среди учащихся 1-2 курсов ПТУ г. Киева и составляет 53,4 %. 41,1 % молодежи (46,8 % юношей и 33,8 % девушек) курили хотя бы один раз на протяжении последнего месяца. В возрасте до 11 лет курили 24,5 % опрошенных детей (34,5 % мальчиков и 11,3 % девочек).

Специалисты нашего центра используют оригинальные методики по снижению распространенности табакокурения среди молодежи, а именно:

- *Розыгрыш призов среди тех, кто бросил курить лично или целым классом.*
- *Проведение уличных акций "студенты-медики и врачи против курения" и театрализованных акций "Ковбои "Мальборо" бросают курить", "Похороны ковбоев" с использованием антитабачных плакатов и баннеров.*

- *Открытие городского "Антиникотинового клуба", в котором врачи предоставляют консультации, обследуют уровень здоровья членов и фиксируют изменения в состоянии их здоровья, связанные с отказом от курения.*

Проведение тренингов для учащейся молодежи по ключевым вопросам, связанным с табакокурением: причины курения, мода на курение, противодействие рекламе сигарет, ближайшие и отдаленные последствия для здоровья, ролевые игры и составление индивидуальных планов отказа от курения.

Отто Стойка
Киевский городской центр здоровья, Украина

Box 29. International Youth Alpine Camps – The Way Towards a Healthy Way of Living
(Международные молодежные альпийские лагеря – путь к здоровому образу жизни и сближению интересов)

У молодежи, а особенно у детей (во всем мире), от природы заложено стремление к здоровому образу жизни. Дети не курят, не употребляют алкоголь, наркотики, любят футбол, санки, лыжи, туристские походы. К сожалению, с возрастом в их жизнь приходит и тот же алкоголь, и курение, а у кое-кого и наркотики. В школьном возрасте все дети занимаются физкультурой, многие даже спортом. После школы физкультура в жизни молодежи практически отсутствует. В Украине спортом из почти 50-миллионного населения занимается только небольшая его часть. Это по несколько сотен человек в каждом виде спорта, а в некоторых, даже олимпийских, всего 10-20 человек. Отсюда все болезни общества: ранняя потеря здоровья, подростковая преступность, прогресс алкоголизма, наркомании и др.

На сегодняшний день в Украине молодежные и детские общественные организации, предметом деятельности которых является привлечение детей и молодежи к здоровому образу жизни, не являются приоритетными в вопросах предоставления их деятельности достаточной финансовой помощи, содействия от государства в предоставлении земельных участков для строительства оздоровительно-физкультурных лагерей в горах, на побережьях морей.

Мы предлагаем объединить усилия наших стран и усилия негосударственных организаций молодежи для создания сети международных молодежных (детских) альпийских лагерей.

Александр Стефанович
Детская общественная организация
«Детское альпийское движение Украины», Украина

Ежегодный доклад Президенту Украины, Верховному Совету Украины, Кабинету Министров Украины о положении молодежи в Украине как важный механизм изучения тенденций в образе жизни молодых людей

Валерий Головенько, Государственный институт проблем семьи и молодежи, Украина

(Annual Report to the President of Ukraine, Verkhovna Rada, Cabinet of Ministers on the Youth Situation as an Important Instrument of Monitoring Trends in the Way of Living of Youth, by Valeriy Golovenyoko, State Institute of Family and Youth, Ukraine)

Здоровье, социальное самочувствие населения являются определяющим признаком развития общества, основой жизнеспособности государства. Причем ныне общепризнанное во всем мире определение понятия здоровья включает не только отсутствие болезней или физических недостатков, но и предусматривает состояние полного физического, духовного и социального благополучия.

Особо опасная ситуация относительно ухудшения здоровья населения ныне сложилась в странах, которые переживают процесс социальной и экономической трансформации. К таким странам принадлежит и Украина. С середины 80-х годов прошлого века украинское общество перманентно находится в состоянии экологических и социальных катаклизмов.

Это отрицательно сказалось на здоровье, социальном самочувствии подавляющего большинства населения страны и, что особо опасно, на состоянии духовного и физического здоровья подрастающего поколения. Так, в последние годы повысился уровень заболеваемости и распространения болезней среди молодежи по всем классам болезней, в частности в молодежной среде угрожающих масштабов приобрели такие опасные социально обусловленные болезни, как туберкулез, болезни, которые передаются половым путем, СПИД, наркомания, что в свою очередь привело к возрастанию смертности, сокращению рождаемости. Демографическая ситуация стала угрожать безопасности страны, ее развитию.

Это требует, чтобы общество как аксиому восприняло лозунг "Здоровая молодежь – крепкое государство". Конечно, успешная реализация этой проблемы в значительной мере определяется уровнем, доступностью медицинского обслуживания. Тем не менее, как свидетельствует опыт цивилизованного мира, сохранение и укрепление здоровья, наращивание его резервов, стимулирование защитных сил организма в значительной мере все же определяются образом жизни, внедрением целостной системы деятельности общественных институтов, направленной на профилактику заболеваний, созданием условий для реализации каждым человеком индивидуального потенциала здоровья. В процессе формирования здорового образа жизни каждый человек должен нести определенную личную ответственность за здоровье всего человечества, а все человечество в определенной мере отвечать за здоровье каждого человека.

Учитывая то, что в Украине такой подход не стал господствующим как в общественном сознании, так и в деятельности органов государственной власти и общественных организаций, существует необходимость внесения определенных корректив в реализацию государством как социальной политики в целом, так и государственной молодежной политики в частности.

Декларация "Об общих началах государственной молодежной политики в Украине" определяет одним из важных механизмов формирования и реализации этой политики подготовку ежегодного доклада Президенту Украины, Верховному Совету Украины, Кабинету Министров Украины о положении молодежи в Украине. В соответствии с этим начиная с 1998 г. Государственный комитет Украины по делам семьи и молодежи, Государственный институт проблем семьи и молодежи совместно с другими органами государственной власти и общественными организациями подготовили 5 таких докладов, которые имели положительный резонанс в обществе.

В каждом из этих докладов определенное место отводилось вопросам здоровья молодежи, а также, что особенно ценно, проблемам формирования здорового образа жизни молодых людей.

Учитывая актуальность проблем, характерных для нынешнего образа жизни украинской молодежи, влияние главных факторов, которые его определяют, Верховный Совет Украины принял решение парламентские слушания 2003 года и ежегодный доклад Президенту Украины и Верховному Совету Украины о положении молодежи посвятить этому вопросу, что нашло отображение в самом названии Доклада: „Формирование здорового образа жизни украинской молодежи: состояние, проблемы и перспективы".

Проект Доклада уже подготовлен и находится на согласовании в министерствах и ведомствах. В нем авторы:

-   охарактеризовали образ жизни молодежи Украины как один из определяющих факторов состояния ее физического, психического, социального и духовного здоровья;
-   осветили влияние социальных, экономических, культурных условий, которые сложились на это время в стране, и мировых интеграционных процессов на образ жизни украинской молодежи;
-    проанализировали нормативно-правовую базу и деятельность государственных органов власти, общественных организаций по созданию среды, благоприятной для формирования здорового образа жизни молодого поколения;
-   оценили предпосылки и предложили целесообразные пути создания полноценной системы формирования здорового образа жизни молодежи в Украине.

При подготовке Доклада использованы данные государственной статистики, материалы центральных и местных органов государственной власти, которые работают с молодежью, научных организаций, в частности Государственного института проблем семьи и молодежи, Украинского института социальных исследований, Центра «Социальный мониторинг», которые провели по этой тематики около 20 социологических исследований.

Выполненная работа несомненно будет способствовать повышению эффективности государственной молодежной политики в сфере формирования здорового образа жизни украинской молодежи, обеспечению реального улучшения ее здоровья и самочувствия, что даст возможность, в свою очередь, шире привлекать молодых граждан к процессам развития государства, способного занять достойное место в мировом сообществе.

Основные проблемы здоровья молодежи и возможные пути их решения

Оксана Скрипник, Конотопский городоской совет, Украина

(Main Problems of the Youth Health and Possible Ways of Their Solution, by Oksana Skripnik, Konotop City Council, Ukraine)

Здоровье нации в наше время рассматривается как показатель цивилизованности государства, которое отражает социально-экономическое положение общества. В резолюции ГА ООН №38\54 от 1997 г. здоровье населения считается главным критерием целесообразности и эффективности всех без исключения сфер хозяйственной деятельности. Здоровье детей и молодежи особенно важно, так как, по оценкам специалистов, около 75 % болезней у взрослых являются следствием условий жизни в детские и молодые годы.

Говорить об основных проблемах здоровья молодежи можно очень долго. Но все же хочется отметить и еще раз подчеркнуть основные причины ухудшения здоровья молодых людей и детей и определить основные заболевания, которые все больше и чаще распространяются на наше подрастающее поколение.

В первую очередь среди основных причин ухудшения здоровья следует отметить последствия Чернобыльской катастрофы. Радиоактивные выбросы, наверное, еще долго будут влиять на иммунитет, щитовидную железу и организм в целом.

Отдельной строкой в причинах возрастания заболеваемости является наша экология. Химическое и радиоактивное загрязнение воздуха, воды и почвы, продуктов питания, а также шум, вибрация, электромагнитные поля вызывают в организме человека тяжелые патологические явления и глубокие генетические изменения.

Но не следует списывать все современные проблемы здоровья лишь на Чернобыльскую катастрофу. Чернобыль никак не повлиял на возрастание венерических заболеваний, ВИЧ-инфекции/СПИДа и т.п.

О том, что в последнее время Украина в числе первых по заболеваемости венерическими болезнями и СПИДом, знает каждый. Статистика по данным заболеваниям печальна. Какие же причины вызвали это явление? Либерализация половых отношений вызывает раннее начало половой жизни подростков при низкой культуре полового воспитания. Проблеме полового воспитания детей и подростков не отводится надлежащего внимания как в семье, так и в школе. Все это затрудняет профилактику венерических заболеваний.

Свой вклад в "пропаганду" новой интересной жизни вносит телевидение, которое предлагает нашей молодежи "американский образ жизни", вседозволенность и формирует новые идеалы нашей молодежи. Но при этом ни один канал не подчеркивает, что все показанное в фильме является выдумкой, в реальной жизни американцев все это неприемлемо или просто запрещено.

А как следствие – мы имеем "омоложение" наркомании и алкоголизма. Причин ухудшения здоровья молодежи очень много, основные были названы. Но для улучшения здоровья наших детей и молодежи мало просто определить основные причины и поговорить об имеющейся проблеме. На данном этапе нужны решительные действия.

Первым и важнейшим мероприятием в системе действий с внедрением здорового образа жизни является формирование соответствующей социальной политики. Под формированием соответствующей социальной политики я понимаю не просто издание и подписание соответствующих нормативно-правовых актов. Все это у нас есть. У каждого государственного служащего находится на разработке немало общегосударственных программ ("Здоровье нации", "Программа патриотического воспитания граждан, формирование здорового образа жизни, развитие духовности и сохранение моральных основ общества", "Программа профилактики ВИЧ-инфекции/СПИДа в Украине" и другие.

Но четко определенной тактики, стратегии, необходимого финансирования нет. Кроме всего прочего почти все понимают, что для решения этого вопроса главным заданием является подготовка кадров, которые в состоянии не просто исполнять конкретные задания, а разрабатывать и реализовывать целостную социальную политику, опираясь на имеющиеся ресурсы, международный опыт, научно обоснованные знания по теории и методике формирования здорового способа жизни.

Не зря, согласно Оттавской Хартии, было определено 5 основных направлений деятельности общества и правительств для укрепления здоровья населения:

- ориентация политики на укрепление здоровья;
- создание благоприятной окружающей среды;
- усиление действий общественности;
- развитие личностных навыков;
- переориентирование служб здравоохранения.

Трудно не согласиться с данными направлениями, но я думаю, что для нашего государства очень важен личностный подход. Каждый молодой человек, подросток, ребенок должен знать про необходимость сохранения здоровья. Для этого нужен комплексный подход в воспитании подрастающего поколения. Государство, педагоги, родители, средства массовой информации должны выступить единым фронтом в борьбе за сохранение здоровья нации.

Чтобы избежать ухудшения здоровья, необходимо, чтобы каждый гражданин понимал свою ответственность за сохранение экологии, четко осознал, что наше здоровье находится целиком в нашей власти.

Понятно, что сохраняя экологию, мы не уменьшим венерические заболевания и ВИЧ/СПИД. Наши дети с раннего детства должны проходить половое воспитание, родители должны помочь детям узнать все стороны интимной жизни человека.

Part Five

DEFINING A NEW ROLE OF YOUTH

I. Youth: Its Place and Role in the Civil Society

Проблемы формирования активной общественной позиции молодежи

Олег Постников, "Континент ЛТД – Коммерческий университет менеджмента",
Украина

(Problems of Formation of Active Civic Position of Youth, by Oleg Postnikov,
"Kontinent Ltd. – Commercial University of Management, Ukraine)

Актуальность проблемы. Молодежь является движущей силой демографического, социально-экономического, политического и духовного развития, но в то же время одним из наиболее незащищенных, подверженных внешним влияниям слоев общества, который особенно сложно переносит трудности современного переходного периода. Достаточно острыми в Украине остаются проблемы безработицы, социальной незащищенности молодежи, возрастание молодежной преступности, уровня бедности, отъезда за границу тех молодых людей, которые представляют ценность для становления Украины и национального развития.

В связи с этим сегодня как никогда актуальными являются проблемы формирования активной общественной позиции молодежи, привлечения молодых людей к решению социально важных проблем посредством их участия в молодежных общественных организациях.

Сегодня можно говорить о том, что будущие изменения в государстве и обществе зависят от того, кто возьмет на себя ответственность за общество, его развитие и безопасность в ближайшем будущем. Понятно, что речь идет о молодежи, которой будет присуще глубокое патриотическое осознание национальных интересов своего государства и народа. Бесспорен тот факт, что такая молодежь может воспитываться благодаря содержательному наполнению образования. Образование является одной из основ общественной жизни, объединяя в себе воспитание и обучение. Роль образовательного фактора является определяющей, поскольку именно благодаря ему обеспечивается объединение усиленной профессиональной подготовки с высокими моральными качествами.

Сегодняшний уровень подготовки молодых специалистов к профессиональной самореализации в высших учебных заведениях не удовлетворяет требованиям работодателей. Кроме профессиональной неподготовленности к работе большинство выпускников ВУЗов демонстрируют психологическую неготовность. Поэтому для формирования у молодых людей активной общественной позиции, прежде всего, необходимо помочь им сформировать свою активную жизненную позицию, нацелить на достижение личностного успеха в жизни.

Оторванность образования от реальной жизни можно преодолеть путем объединения усилий правительственных организаций, высших учебных заведений и бизнес-сообщества. Это обуславливает необходимость разработки и реализации молодежных программ и проектов, направленных на поддержку одаренной молодежи, создание благоприятных условий для социальной адаптации молодежи, формирование позитивного мировоззрения, духовно-моральных и общечеловеческих ценностей, а также воспитание в духе национального патриотизма.

Пути решения проблемы. Именно на решение вышеопределенных проблем направлен проект "Формирование молодой деловой и управленческой элиты в Украине" компании "Украинский институт предпринимательства".

Данный проект непосредственно касается привлечения молодежи к процессу принятия решений на уровне предприятий, городов и территорий. Его суть состоит в отборе талантливых и мотивированных на достижение успеха молодых людей (старшекурсников и выпускников высших учебных заведений), определении их узкой профессиональной специализации и достижении ими жизненного успеха. Особое внимание авторы проекта уделяют формированию активной жизненной позиции его участников и привлечению их к местному самоуправлению на всех уровнях.

Проект возник в 2000 г. в связи с пониманием необходимости повышения деловой активности молодых людей и привлечения их к принятию решений на уровне предприятий, городов, территорий, а также, зная потребность студентов и выпускников, реализации их интеллектуальных и профессиональных возможностей и личных амбиций.

Ведь работа в общественных объединениях требует решения различных вопросов, применения творческого воображения, коммуникабельности. Именно тут рождаются идеи, возникают нестандартные решения. Эта деятельность помогает получить опыт в управлении проектами, что предусматривает управление персоналом, финансами, временем и другими ресурсами, взаимодействие с различными организациями. Поэтому привлечение молодежи к участию в общественных объединениях, подготовка и создание условий для ее деятельности – это путь к формированию деловых качеств личности молодежи, к дальнейшей самореализации в бизнес-структурах в условиях рынка.

Сотрудничество с высшими учебными заведениями и их студентами, с одной стороны, и с бизнесом, местными органами власти и общественными организациями, с другой стороны, содействует наиболее эффективной реализации программы и достижению ее целей.

Опыт решения проблемы. Приведу несколько примеров из нашего опыта привлечения молодежи к решению проблем предприятий, города, территорий.

Так, согласно условиям договора по оказанию информационно-консультационных услуг, в сентябре 2001 – марте 2002 г. компания УИП работала над разработкой и реализацией комплексной стратегической программы реструктуризации Черкасского государственного завода химических реактивов (г. Черкассы). К проекту были привлечены четверо студентов Национального университета "Острожская академия", которые под руководством специалистов УИП работали над проведением диагностики финансово-хозяйственного состояния предприятия, анализом его производственной деятельности в разрезе отдельных цехов, проведением маркетингового исследования на предмет конкурентоспособности продукции предприятия на рынке, разработкой выводов о перспективах дальнейшего развития предприятия. Разработанный научно-практический документ был представлен специалистами УИП на рассмотрение Министерства промышленной политики Украины.

В январе - марте 2002 г. компания УИП работала над проектом проведения комплексной диагностики семи северо-восточных районов Черниговской области. Привлеченные к проекту участники программы имели уникальную возможность принять участие в диагностике социально-экономического состояния районов, определении их рейтинга и места в структуре целой области, проводить экспертные собеседования-интервью с руководством Областного отдела статистики, Центра занятости, Фонда государственного имущества, отдельных отделов облгосадминистрации. На основе этого богатейшего опыта молодежь разрабатывала рекомендации относительно определения производственной специализации исследуемых районов и возможностей их межрегиональной кооперации.

По договору с Светловодским исполнительным комитетом местного совета компания УИП в январе 2003 г. работала над реализацией проекта "Возрождение малых городов Украины" на уровне города Светловодск. Был реализован первый этап работы – проведение экспресс-анализа социально-экономического состояния города. К этой работе были привлечены студенты Украинского государственного университета водного хозяйства и природопользования (г. Ровно), которые в составе команды УИП проводили тематический обзор местных средств массовой информации и анкетирование специалистов исполкома по вопросам проблем города, принимали участие в деловых переговорах и совещаниях с руководителями главных предприятий города и исполняли ряд других видов работ. По результатам этой работы специалистами УИП были подготовлены экспресс-анализ социально-экономического состояния города и письмо на имя мэра города с рекомендациями относительно путей стратегического развития города. Высказанные молодежью стратегические рекомендации были учтены при разработке стратегии дальнейшей работы местной власти относительно развития города.

С целью координации и повышения эффективности работы по проекту на базе самих высших учебных заведений студентами создаются общественные организации молодежного самоуправления – Центры Деловой Молодежи.

Под Центром Деловой Молодежи (ЦДМ) мы понимаем сообщество активных целенаправленных молодых людей, мотивированных на профессиональную самореализацию и достижение успеха в предпринимательской деятельности. Данная организация создается и возглавляется студентами ВУЗа и действует с целью повышения деловой активности студенческой молодежи и ее реализации посредством предпринимательской деятельности.

На данном этапе развития программы формы деятельности ЦДМ чрезвычайно разнообразны. Преимущественно они вписываются в рамки реализации на базе ВУЗа программы по формированию молодой национальной элиты: организация и проведение научно-практических конференций, содействие в проведении тренингов, семинаров-практикумов, реализации перспективных прикладных научных и бизнес-исследований, разработке и подготовке к внедрению инвестиционно-инновационных проектов и т.д. Но на определенном этапе мы предусматриваем, что деятельность ЦДМ должна вырасти за рамки программы УИП и включать в себя множество других видов деятельности.

Итак, чем быстрее мы сформируем у молодых людей желание занимать активную общественную позицию, принимать участие в принятии решений на уровне своего собственного университета, города, региона и научим их квалифицированно это делать, тем больше шансов у нас будет на выведение Украины из кризисного состояния.

Только реализовывая целевые молодежные проекты, мы сможем остановить тенденцию отъезда за границу тех одаренных молодых людей, которые представляют ценность для становления Украины и национального развития. Молодежь – будущее Украины.

Box 30. Youth in Politics – a Need for a New Leadership Style
(Молодежь в политике. Необходимость нового стиля лидерства)

Новое время вместе с огромным количеством удобных и полезных вещей, а именно, расширение доступа к информации и глобализация, несёт в себе не меньшее количество таких вещей, как изменение природы власти и усиление неправительственного сектора, о которых мы пока еще мало знаем, но которые, очевидно, изменят и уже изменяют логику развития общества, личности и цивилизации. И в этих условиях довольно часто звучит призыв о необходимости внедрения нового типа лидерства.

Много раз мы слышали, что изменения в странах новой демократии произойдут, если отойдёт старое поколение, придут новые молодые лидеры, которые осуществляют реформы и т.д. Но Украина уже 12 лет живёт по новым правилам, а мы до сих пор не чувствуем «дыхание» нового поколения. Новые молодые лица появляются в политике, бизнесе, на государственной службе, но ситуация остаётся неизменной – нового типа лидерства не видим. Так в чём причина?

А причина в том, что само по себе новое поколение не несёт на своих молодых плечах новые идеи, а является органичным продолжением дела «старших товарищей», поэтому, наблюдая за новыми лидерами, видим все старые стратегии поведения: «Разделяй и властвуй!», «Обещай всё и всем!», «Дальше - хоть потоп...». Вывод: механическое изменение поколений не приведёт к возникновению нового стиля лидерства.

Какие черты (кстати, старые как мир) присущи лидеру? Ответственность, решительность, открытость, честность. А что лидер должен делать? Служить, вести вперёд, жертвовать собственными интересами. Лидер должен глобально мыслить, ориентироваться на партнёрство и новый стиль руководства, владеть современными технологиями и учитывать разнообразие культур. Только такой лидер способен отвечать новым вызовам времени.

Воспитание таких лидеров – дело всего общества. Для этого необходимо объединение усилий образовательных центров, семьи, политических партий, общественных организаций, органов государственной власти, церкви. Такая работа должна быть целенаправленной и эффективной. Например, ответственность воспитывается только в условиях предоставления возможности молодому лидеру принимать решения и отвечать за них.

Константин Плоский
Центр политического образования, Украина

Box 31. Relations of the Political Youth Organization with National NGOs
(Взаимоотношения политической молодежной организации с национальными общественными организациями)

Одним из направлений работы Запорожского областного комитета «Украинская социал-демократическая молодежь» является сотрудничество с региональными организациями национальных общин. Данная работа выявила несколько специфических проблем молодежи национальных меньшинств:

> ➤ Представители национальностей, этническая родина которых страны Европы, видят свое будущее в эмиграции, и многие уже покинули страну;
> ➤ Молодежь, которая принадлежит к нациям стран СНГ, чаще себя чувствует изгоем в обществе и самоустраняется от жизни государства, замыкаясь на внутренних клановых интересах.

Выходом из этих проблем, на наш взгляд, является создание межнационального молодежного клуба, который способствовал бы самосознанию молодежи национальных групп, постепенному их вливанию в общественную жизнь Украины.

Работая с политической молодежной организацией, данный клуб мог бы реализовать свои гражданские интересы.

Подобная работа необходима, так как предотвращает возможные межнациональные конфликты в будущем.

Владислав Мороко
«Украинская социал-демократическая молодежь», Украина

Box 32. Address to the Leaders of the CIS Countries

Joint Institute for Nuclear Research (Dubna, Russia) hosted the regular meeting of the Council of International Association of Academies of Sciences (IAAS). IAAS is an international non-governmental organization, which comprises National Academies of all CIS countries. The meeting took place on June 21-22, 2000. The Council reviewed the issue of science status in the CIS and the practical application of scientific results and also the issues of general formation of common scientific and technical space of the CIS. The IAAS launched this initiative. It was noted at the meeting that in spite of recent meaningful attention of the authorities to the science sector, the measures, which they took could not fight the existing negative tendencies.

In some of the CIS countries the legal base determining the specifications for scientific activity is not developed enough. The financing of the science keeps being implemented due to the so-called "net book value principle". Allocation of the budget money mainly for salary payment purpose would not allow renewing material and technical base and providing the meeting of science information requirements. All that leads to science degradation. Scientific achievements usually remain unclaimed because of the absence of the tools increasing the innovation activity of the enterprises. Principle governmental decisions on science are frequently not executed in a proper way in the CIS or just being ignored. Scientists labor prestige turns to be very low.

There is an extremely urgent problem of involving the talented youth in the science sector and providing steady jobs for them. Scientists and specialists are forced to leave the country. It brings the irreversible losses of the state finance allocated for their training. Plans of integration of science and education in the majority of CIS countries are not supported by the so-called "purpose budget financing". Scientific and technical cooperation between our countries stands on the low level. The process of formation of common scientific and technical space of the CIS countries requires much more efforts and lately this activity declined. The attitude to the science in the CIS countries is clearly far from the Declaration on Science and Application of Scientific Knowledge, adopted at World Conference on Science (Budapest, 1999).

Together with the above mentioned IAAS is indebted to turn to you with the request to consider by the Council of the Heads of CIS countries the issue of science status in the CIS countries, its application as a key resource for overcoming crisis in the economy, maintaining economic growth and sustainable development of the society (with Report of the IAAS) and also the promotion of the Council decision which would give an incentive to the development of scientific potential in the CIS countries, acceleration of the integration processes in the sphere of science and the active implementation of the recommendations of World Conference on Science both on national and regional levels.

On behalf of the Council of International Association of Academies of Sciences

Academician Boris Y. Paton
President of the International Association of Academies of Sciences

Региональные молодежные организации

Нана Серикова, Подольский союз молодежи, Украина

(Regional Youth Organizations, by Nana Serikova, Podolsk Union of Youth, Ukraine)

Одной из самых важных составляющих молодежной политики является деятельность молодежных организаций. Общественные молодежные организации сегодня уже стали реальностью нашей общественной жизни не только в областных центрах, но и в поселках и селах.

Последнее время как положительный отмечают тот факт, что процесс становления и развития молодежного движения на протяжении последних лет расширяется и углубляется.

Но задумаемся над тем, растет ли готовность молодежи принимать участие непосредственно в деятельности общественных организаций.

Известно, что в Украине более 4,5 тыс. молодежных и детских объединений действуют на региональном уровне, что почти втрое больше, чем в 1998 году. У нас, на Хмельнитчине, организаций местного уровня насчитывается более 75. Но возникает своего рода парадокс: количество организаций растет, а молодых людей, приобщенных к их деятельности, почему-то нет. При проведении социологических исследований во всех областях Украины 56% молодых людей заявили, что они не принадлежат ни к одной общественной организации. В то же время их любимым занятием оказались вечеринки, спорт, разговоры по телефону и просто сидение дома.

Учитывая, что именно молодежные организации являются своеобразным посредником между государственными органами и молодежью и что среди всех основных институтов социализации юноши и девушки оказывают достаточно высокое доверие именно молодежным формированиям, то выходит, что посредника между государством и молодежью нет. Молодые люди верят в идею, а не существующим организациям.

В этом смысле возникает вопрос об эффективности деятельности, и особенно, о полезности общественных организаций, их привлекательности. Возможно, не надо так уж радоваться возрастающему количеству организаций, а, наоборот, обратить внимание на те, которые уже существуют. Естественно, на те, которые по-настоящему работают, помогают государству решать молодежные проблемы.

В последнее время люди старшего поколения пытаются разобраться в следующем: раньше был Комсомол, а теперь что? Были пионеры, а теперь кто?

Ясно одно – таких массовых организаций, какими были вышеупомянутые, нет и уже не будет.

Современнику, очевидно, трудно поверить в то, что миллионы юношей и девушек когда-то были в единой организации, и всем в ней хватало работы.

И, наверное, только ностальгия по прошлому, по своей юности привела к тому, что в поддержку организаций, подобных Комсомолу, высказываются 27% людей старше 60 лет и только 5% молодежи.

Так что же делать сейчас? Сейчас, по моему мнению, необходимо поддерживать появляющиеся ростки молодежного движения, пропагандировать их, информировать о них и, в конце концов, поддерживать их материально.

Мы радуемся тому, что молодежное движение достигло села. Действительно, процесс регионализации в целом явление положительное, поскольку приближает молодежные и детские общественные организации к личности, решению ее проблем. Но возможно ли дойти до каждого?

Сколько людей на уровне района работает с молодежью? Известно сколько. А сколько районная молодежная организация получает денег на свои программы, если на решение всех проблем всей молодежи этого района выделяется аж 2 тыс. грн.

И еще об одном. Возвращаюсь к результатам одного из последних социологических исследований по проблемам молодежи, молодым людям предложили оценить основные организации, общественные институты. Наивысшая оценка была дана СМИ, затем идут Вооруженные силы Украины, правоохранительные органы, религиозные организации и так далее. Так вот, во-первых, где молодежные организации, во-вторых, если у СМИ самая высокая оценка, то почему мы это не используем? На региональном уровне молодежных программ на ТВ и радио почти нет, газет тоже. А все те же исследования подтверждают, что только лишь 20% молодых респондентов знают о существовании отдельных молодежных объединений, 2% только иногда посещаю мероприятия, которые проводятся молодежными организациями, еще 2% подтвердили, что являются членами организаций. Даже сами молодежные организации избегают СМИ.

Для того чтобы молодежь не потеряла веру в свое будущее, жила полноценной жизнью и не утонула в решении проблем, которые связаны только с ее выживанием, уже сегодня государственная молодежная политика в нашей стране должна стать в ряд приоритетных направлений деятельности нашего государства.

Взаимоотношения молодежи с государством прежде всего складываются через молодежное движение. И хоть говорят, что до сих пор нет ни теоретической, ни юридической общепринятой трактовки понятий «молодежное движение», «молодежные организации», эти организации и это движение всегда было, есть и развивается, даже если на его пути существуют определенные трудности и проблемы.

Остаются нерешенными проблемы расширения материальной базы общественных молодежных и детских формирований, развития их структур на местах, но главной является проблема кадров.

Молодежные объединения являются средой общения и взаимодействия молодых людей, своеобразным обществом в обществе, где, помимо общепринятых законов, норм поведения, действуют свои нормы и правила, права и свободы, обязанности и ответственность. Обидно, что значительная часть молодежи пассивна.

В итоге, отход молодежи от общественной или политической активности – болезнь не Украины, а всех стран. К примеру, в той же Испании работа в негосударственных организациях приравнивается к службе в армии, а все же немногих удается соблазнить этим. Но свою боль чувствуешь острее, поэтому бороться с болезнью хочется быстрее и эффективнее.

Роль Всеукраинской детской организации "Экологическая варта" в воспитании экологически сознательной личности

Николай Николенко, Всеукраинская детская организация «Экологическая варта», Украина

(Role of the All-Ukrainian Children Organization "Ecological Varta" in Raising an Environment-Sensitive Personality, by Nikolai Nikolaenko, "Ecological Varta", Ukraine)

Социально-экономические и общественно-политические процессы, которые происходят сегодня в Украине, привели к значительным изменениям в общественных институтах воспитания. Сегодня мы наблюдаем активный процесс возрождения и становления детских организаций и объединений. Современное детское движение в Украине является самостоятельным институтом, который обеспечивает социальное становление личности, включая ее в общественно полезный труд, формирует активную жизненную позицию, удовлетворяя интересы личности и благоприятствует ее дальнейшему развитию.

Новые детские организации помогают формировать демократический опыт, отличаются разнообразием содержания деятельности. Они больше чем другие институты воспитания акцентируют внимание на развитии самостоятельности, инициативы, управленческих навыков, воспитании сознательного гражданина с активной жизненной позицией, воспитывают своих членов духовно и социально развитыми личностями. Являясь активными участниками общественно полезных дел, дети постепенно включаются в социальную жизнь на новых экономических принципах. Участие детей в деятельности общественных организаций стимулирует социально значимую мотивационную сферу, черты творческой личности.

Детское общественное движение является удачной системой для формирования самоорганизованной личности, человека с высокими показателями общественной активности и ответственности.

Основной смысл детского движения сегодня – не только объединить детей, но и сформировать активную молодежную элиту, то есть подготовить молодежь, научить ее самостоятельно принимать решения, определять пути развития.

В современную эпоху детские общественные организации выступают компенсирующим фактором, заполняют вакуум и в то же время создают дополнительные возможности для педагогического влияния на развитие личности ребенка.

Объединяясь в различные группы, дети объединяют свои знания, практический опыт, возможности для достижения конкретной цели в разных видах деятельности. Ребенок получает простор для самозащиты, самоутверждения, самоопределения как личности. Еще с детства ребенок является участником разнообразных детских объединений – это семья, группа в детском саду, школьный класс, спортивная секция, отряд в лагере. Когда же ребенок становится членом детской организации, принимает участие в ведущих видах деятельности, он проявляет свой талант, реализует свои интересы, утверждается как личность.

Объединить активность детей и благоприятствовать реализации естественного стремления к самоорганизации, помочь в определении и обустройстве своего жизненного поля – в этом заключен сегодня смысл детского движения.

На наш взгляд, среди всего разнообразия детских организаций наиболее приоритетными и привлекательными для детей и молодежи являются организации экологического направления. Это естественная потребность детского возраста, так как дети ближе, чем взрослые находятся к природе. Организации экологического направления используют в своей работе широкий диапазон видов деятельности, где любой ребенок может найти для себя то, что ему интересно.

В Украине одной из таких организаций, которая определила экологические проблемы приоритетными в своей деятельности, а экологическое сознание – важнейшей составной мировоззрения XXI века, является Всеукраинская детская организация «Экологическая варта».

Всеукраинская детская организация "Экологическая варта" создана при поддержке общественной организации "Всеукраинская экологическая лига" для выполнения общих задач в сфере радикального улучшения экологической ситуации в Украине, формирования нового природоохранного мировоззрения граждан Украины. В своей деятельности организация руководствуется принципами гуманизма, открытости, добровольности, творческой инициативы и активности.

Сама структура организации построена для детей. Ячейка «Экологической варты» в школе образуется из объединения школьных "варт" – это 6-8 детей, которые вместе занимаются интересной природоохранной работой, изучают окружающую среду. «Варты» имеют разные названия и направления работы. Каждый член «варты» имеет свои обязанности. Всеукраинская детская организация «Экологическая варта» построена на принципах самоуправления, где взрослые выполняют роль «координаторов», которые своими знаниями и умениями помогают детям в работе. Сборы «варты», занятия, игры проводит «вартовый лидер», который вместе с лидерами других «школьных варт», «инструкторами» (молодые люди, которые имеют опыт, умения и передают его младшим) входят в состав руководящего органа – Совета ячейки «Экологической варты» школы. Совет составляет план деятельности, принимает в члены организации.

Экологическое воспитание в общественной организации осуществляется таким образом, чтобы предоставить возможность каждому ребенку принять участие в интересных, обязательно практических, природоохранных мероприятиях. Важно то, что с помощью специальных программ дети в каждой акции могут осуществить взаимообучение. Такие мероприятия помогают не только повысить уровень знаний в сфере экологии, не только формировать собственное экологическое мировоззрение, но и утвердиться лидерами в коллективе.

Значительное место в деятельности детской организации занимает организация и проведение мероприятий для охраны окружающей среды (такие традиционные всеукраинские мероприятия, как «Сохрани ёлочку», «Наша помощь птицам», «Первоцвет», «Посади своё дерево» и другие).

Для талантливой, творческой молодежи важной является научно-исследовательская деятельность, проведение многочисленных конференций, семинаров и круглых столов.

Организовывая экологические конкурсы и викторины, создавая экологические театры, с помощью музыки, стихов и искусства хореографии мы постепенно переубеждаем общество в необходимости нового экологического мышления. Всеукраинский фестиваль экологического творчества «Свежий ветер» и всеукраинский конкурс «Свой голос я отдаю в защиту природы» приглашают к участию и решению проблем окружающей среды всех неравнодушных граждан Украины, детские и юношеские организации природоохранного направления. В таких образовательных мероприятиях дети и подростки привлекаются к природоохранному движению, проявляют свой творческий потенциал, инициативу и активность, ощущают свою причастность к делу сохранения окружающей среды, происходит поиск и поддержка талантливых детей и подростков, развиваются новые творческие направления деятельности молодежи.

При поддержке Всеукраинской экологической лиги с 1999 года в Крыму организована работа Учебно-тренингового центра «Экологическая варта». Программа Центра включает в себе отдых и научные исследования, практические природоохранные мероприятия и творческую работу детей, экскурсии и походы. Такая разноплановая деятельность привлекает детей.

Дети и молодежь требуют участия в социальной жизни для развития самоуважения и социальной компетенции. Именно их участие в социальной жизни приводит к уменьшению кризисных явлений в детской и молодежной среде. Программа деятельности организации «Экологическая варта» включает в себя раздел «Система самоуправления», который предусматривает внедрение в организацию системы лидерства. С этой целью «Экологическая варта» объединила детей на занятиях в «Школе вартового лидера». Самоуправление удовлетворяет потребность ребенка в самостоятельности и самодеятельности, это своеобразная «школа коллективных действий», создание таких жизненных ситуаций, в которых проявляются, совершенствуются лучшие качества личности. «Школа вартового лидера» - это постоянное обучение по лидерским программам. Цель «Школы вартового лидера» - формирование опыта общественного поведения лидеров путем привлечения их к реальному участию в пропагандистской работе по охране окружающей среды.

Мы считает такое обучение необходимым в работе детской организации. Во-первых, любой организации нужен лидер и многие дети уже имеют лидерские качества. Во-вторых, с помощью «Школы вартового лидера» мы можем подготовить детей к проведению природоохранных акций, мероприятий, предоставить возможность повлиять на взаимоотношения в детской организации, проявить инициативу. Поэтому одной из главных задач, которые возникли в процессе создания «Школы вартового лидера», стала задача воспитания качеств делового человека, умения внести свои предложения, критиковать и правильно принимать критику в свой адрес, а также умения повести за собой и отстоять свою точку зрения; стремления к самодисциплине.

Дети, подростки и молодежь, объединив свои усилия в защиту природы, способны сегодня не только украсить планету, но и изменить экологическое сознание человечества.

Место и роль молодежных общественных организаций в решении проблем молодежи

Татьяна Киричук, Черкасский областной комитет молодежных организаций, Украина

(Place and Role of Youth Organizations in Solving Youth Problems, by Tatiana Kirichuk, Cherkassy Regional Committee of Youth Organizations, Ukraine)

Со становлением в Украине правового, демократического государства изменялось и молодежное движение как по форме, так и по содержанию деятельности, что предусматривает новые методы и направления работы молодежных организаций с молодежью, сотрудничества с органами власти, интеграции в международные молодежные структуры.

Сегодня молодежное движение, как механизм осуществления молодежной политики, практически представлен во всех видах политической и социальной организации общества. Приняты основы ювенального законодательства, созданы государственные органы для работы с молодежью, огромные изменения произошли в жизни общественных молодежных и детских организаций.

С одной стороны, молодежные организации выступают своеобразным посредником между государственными органами и молодежью и, с другой стороны, среди всех основных институтов социализации юношей и девушек именно им молодые люди оказывают довольно высокое доверие. Так, социологическое исследование в мае 2000 г. показало, что общественным молодежным организациям "полностью доверяют" и "скорее доверяют, чем нет" 28% респондентов в возрасте 14-28 лет. В декабре этот показатель повысился до 37%, а в июне 2002 г. – до 40%. Среди предложенных для оценки основных организаций и общественных институтов молодежью выше всего оценены средства массовой информации, Вооруженные силы Украины, правоохранительные органы, религиозные организации, Президент Украины Леонид Кучма. Позади же остались Кабинет Министров Украины (24%), Верховный Совет Украины (17%), руководители районных и областных государственных администраций (соответственно 26 и 23%), профсоюзы (16%) и политические партии (11%).

Отрадно то, что молодежь не стоит в стороне от тех процессов, которые ныне происходят в политической, общественной жизни общества, старается путем образования своих общественных объединений повысить эффективность влияния на общественную жизнь, стать активным субъектом осуществления в стране государственной молодежной политики.

Тем не менее необходимо подчеркнуть, что создание общественных молодежных и детских организаций и общественная активность молодежи в целом характерно не только для нынешнего состояния развития украинского общества. Украинское молодежное движение имеет глубокие исторические корни, традиции.

Так, создание общественных молодежных структур, в целом молодежного движения Украины в новом качестве началось еще в средине 80-х гг.

В период так называемой "перестройки" появилась масса разнообразных общественных молодежных структур, которые назывались тогда «неформальными объединениями молодежи» и действовали полулегально или под контролем Комсомола.

Эти молодежные объединения старались активно заниматься проблемами роста политической культуры молодежи, воспитанием национального самосознания, повышением интереса к истории Украины, этнографии украинского народа. Позже именно из этих «неформалов», а также тех организаций, которые создавались в противоположность Комсомолу, главным образом начали формироваться такие организованные структуры украинского молодежного движения, как Союз украинской молодежи, Союз украинского студенчества, Украинский студенческий союз, Украинская скаутская организация «Пласт», Комитет украинской католической молодежи и т.д.

Много молодежных и детских организаций вышли из комсомольских и пионерских организаций и продолжили их работу в новом качестве. Это, в первую очередь, Союз молодежных организаций Украины, Союз пионерских организаций Украины, Ассоциация МЖК Украины, Всеукраинский совет молодых ученых и специалистов, Украинский фонд студентов, Украинское аэрокосмическое объединение «Созвездие», Молодежная морская лига.

Определяющей чертой молодежного движения Украины является его демократичность по характеру создания и существованию, подавляющее большинство молодежных и детских объединений созданы самой молодежью. Демократичность движения обеспечивается еще и тем, что действующее законодательство практически снимает все ограничения на создание юношеских объединений, которые существовали раньше, за исключением тех, что признаны деструктивными, криминальными для общества. Это подтверждает Закон Украины от 1 декабря 1998 г. «О молодежных и детских общественных организациях», где, в частности, сказано: «Молодежные и детские общественные организации действуют на основах добровольности, равноправия их членов, самоуправления, законности и гласности».

Молодежное движение Украины отмечается большим количеством разнообразных по направлениям деятельности и политическими вкусам общественных молодежных организаций. Как показывает статистика, на сегодня в Украине действует свыше 4,5 тыс. всеукраинских и региональных молодежных и детских объединений, что втрое больше по сравнению с 1998 г.

Процесс регионализации - в целом положительное явление, поскольку оказывает содействие общему направлению социальной политики, приближает молодежные и детские общественные объединения к личности, к решению ее проблем. Это также отвечает общемировым тенденциям. Например, в Дании 86%, Германии, Великобритании, Бельгии 60% членов молодежных организаций работают именно в таких структурах.

Нередко молодежные и детские организации играют важную роль в процессе воспитания молодежи, занимают действенную позицию в реализации государственной молодежной политики. Например, 10 лет действует Союз детских и юношеских организаций Черкащины (СДЮОЧ), в состав которого входят 22 городские, районные организации, которые объединяют ныне 100 тыс. детей, подростков и молодежи области. Основные направления деятельности СДЮОЧ – реализация социально значимых программ, проектов, воспитание подрастающего поколения через игры, конкурсы, формирование общественного детского самоуправления, создание условий для развития детских способностей, распространение дополнительных знаний, умений. Оставаясь независимым объединением общественных организаций, СДЮОЧ плодотворно сотрудничает с государственными органами власти, предприятиями разных форм собственности и другими общественными организациями.

Вместе с тем большинство общественных молодежных и детских организаций остаются малоизвестными, не пользуются у молодежи надлежащим авторитетом и престижем.

В связи со сложным социально-экономическим положением в стране значительная часть молодежи признает необходимость создания, в первую очередь, молодежных организаций социального направления. Причем, как свидетельствуют данные социологических исследований, часть молодежи, которая поддерживает деятельность таких организаций, возрастает: в 1993 г. таких молодых людей было 47%, а в 2002 г. – 89%.

В последнее время в Украине все больших масштабов приобретает волонтерское движение. Причем волонтерские отряды создаются и действуют как при общественных объединениях, так и при государственных органах. Важным фактором, который оказывал содействие развитию волонтерства, стало проведение в 2001 г. Международного года волонтеров. По этому поводу был принят соответствующий Указ Президента Украины, распоряжение Кабинета Министров Украины, в соответствии с которыми реализован ряд мероприятий.

Со второй половины 90-х гг. значительно усилился процесс определенной политизации украинского молодежного движения. Наблюдается тенденция к созданию припартийных молодежных организаций, таких объединений молодежи, которые стараются привлекать молодых людей к активной политической деятельности. Так, среди 62 зарегистрированных в течение 1999-2001 годов всеукраинских молодежных организаций политических было 22 или 35,5%, тогда как к концу 1998 г. объединения такого направления составляли около 15%. Сегодня почти все ведущие политические партии Украины имеют молодежных партнеров: Коммунистическая партия Украины – Ленинский Коммунистический Союз Молодежи Украины, Народный Рух Украины – Всеукраинскую молодежную общественную организацию «Молодой Рух», Социалистическая партия Украины – Социалистический конгресс молодежи, Социал-демократическая партия Украины (объединенная) – Общественную организацию «Украинская социал-демократическая молодежь», Народно-демократическая партия – Народно-демократическую лигу молодежи, Либеральная партия Украины – Либеральное молодежное объединение и т.д.

Важное значение в деятельности многих молодежных и детских объединений предоставляется воспитанию молодежи и детей. Этой деятельностью постоянно занимаются не менее 30% всех зарегистрированных всеукраинских организаций.

Свою нишу в молодежном движении Украины занимают религиозные молодежные объединения. Они привлекают молодых людей к религиозной жизни, занимаются благотворительной деятельностью, а иногда стараются занять довольно активную позицию в решении тех или других социальных проблем.

В процессе развития молодежного движения постоянно возникает необходимость консолидации молодежного движения, создания определенного координационного центра. Сначала эту роль старался взять на себя Всемирный конгресс украинских молодежных организаций (СКУМО), с 1992 года таким координатором стал Украинский национальный комитет молодежных организаций (УНКМО), с 2003 года – Национальный совет молодежных организаций Украины (НРМОУ).

Такой подход полностью согласовывается с практикой европейских стран, где консолидацию молодежного движения осуществляют не аморфные координационные сборы с размытыми полномочиями, а национальные советы молодежных организаций.

За двенадцать лет молодежное движение в Украине прошло сложный путь сотрудничества между общественными молодежными и детскими организациями и государственными органами. Начинался этот путь с того, что в начале 90-х гг. большинство новообразовавшихся организаций не были признаны или были в оппозиции к существующей в то время власти.

С каждым годом сотрудничество органов государственной власти с общественными молодежными и детскими организациями углублялось, постепенно исчезало взаимное недоверие.

Процессу углубления отношений между государственными структурами и общественными молодежными и детскими организациями помогло принятие Законов Украины «О содействии социальному становлению и развитию молодежи в Украине» (1993 г.) и «О молодежных и детских общественных организациях» (1998 г.), которые законодательно обуславливают основные направления сотрудничества.

В декабре 1995 г. был создан Национальный совет по вопросам молодежной политики при Президенте Украины, который наполовину состоит из представителей общественных молодежных и детских организаций.

Положительные сдвиги состоялись и в финансировании программ и мероприятий молодежных организаций. На протяжении 1992-1994 гг. частично профинансированы свыше 100 программ общественных молодежных и детских организаций; в 1995-1996 гг. было выделено 775 тыс. грн. на поддержку 356 программ молодежных и детских организаций.

С 1997 г. началось активное финансирование молодежного движения за счет государственного бюджета. На программы молодежных и детских организаций было выделено: в 1997 году 2,5 млн. грн., 1998 г. 7 млн., 1999 г. 9 млн., 2000 и 2001 гг. по 12,7 млн. грн., в 2002 году 12,5 млн. грн., за восемь месяцев 2003 года выделено около 10 млн. грн.

Необходимо подчеркнуть, что в последнее время руководство государства высоко оценивает роль и место общественных объединений молодежи, их лидеров в решении молодежных проблем. Так, около 30 представителей молодежных организаций награждены государственными наградами.

Как вывод, можно констатировать то, что, несмотря на сложную политическую ситуацию, тяжелое экономическое положение, сложность периода развития украинской государственности, активно происходит процесс возрождения и становления молодежного движения, вхождение его в политическую систему страны.

Развитие дружественных отношений и контактов. Работа молодежных общественных организаций на международном уровне

Олег Головатюк, Винницкий областной комитет молодежных организаций, Украина

(Development of Friendly Relations and Contacts. Activity of Youth Non-Governmental Organizations at the International Level, by Oleg Golovatiuk, Vinnitsa Regional Committee of Youth Organizations, Ukraine)

Михаил Грушевский не один раз говорил о том, что именно молодежь будущее нации, что именно молодежи принадлежит решающая роль в деле духовного обновления нации. Будущее Украины – в руках молодежи. Именно от молодежи зависит займет ли украинский народ достойное место в мировом обществе или будет и дальше в стороне от мировой цивилизации.

Проявляет ли наша молодежь общественные инициативы, стремится ли достичь вершин мирового молодежного движения, делает ли что-либо для интеграции в сообщество демократических государств? Похоже на то, что нашей молодежи не безразлично будущее нашего государства. Имеется очень много направлений развития молодежной общественной деятельности. Одним из самых важных является международное сотрудничество молодежи Украины и других стран, в частности, европейских. Сегодня продолжается поиск молодежными организациями партнеров за рубежом. Ведь необратимым последствием декларирования нашим государством своей внешнеполитической ориентации на Европу стало развитие «молодежного измерения евроинтергации Украины», которое должно стать составляющей частью общей стратегии нашего государства. Европейские молодежные организации также проявляют интерес к сотрудничеству и с готовностью несут затраты на организацию совместных фестивалей, семинаров, конференций и т.п.. Они, как и украинцы (хотя и не совсем так, как их старшие соотечественники), также прекрасно понимают необходимость полного объединения континента для совместного решения существующих проблем.

Сотрудничая, молодежные организации поддерживают друг друга, поэтому им легче работать. Сотрудничество европейской и украинской молодежи делает возможным обмен наработками и достижениями. Таким образом, организация самого молодежного движения улучшится, оно укрепит свои позиции в обществе. Для эффективного функционирования организаций нужен обмен опытом в области стратегического планирования, управления персоналом, привлечения ресурсов из внешних источников. Особенно украинским организациям было бы интересно ознакомиться с методами PR-деятельности и практикой использования помощи волонтеров в европейских структурах. Встречи, конференции украинской и европейской молодежи приводят к появлению взаимодоверия. А это в будущем существенно повлияет на нашу интеграцию в европейское пространство. Молодежь получает навыки межнационального общения, знакомится с социально-культурными традициями европейских государств. И таким образом она становится толерантной по отношению к другим народам и культурам.

В контексте европейской интеграции на украинскую молодежь возлагается ответственное задание. Проблема заключается в том, что наше государство, которое сегодня находится в процессе перехода к демократическому обществу, ориентированного на свободные рыночные отношения, сталкивается с отсутствием опыта в этой сфере. Именно поэтому важны контакты со странами, которые имеют прогрессивные демократические нормы и институты. И кому как не молодежи будущему нации, налаживать эти связи? Кому как не молодежи реформировать нашу страну? Если мы поймем все преимущества и выгоду рыночной экономики и приложим все усилия, воплощая прогрессивные нормы в жизнь, то сумеем преодолеть кризис, который охватил наше государство.

Итак, выход украинской молодежи на европейскую арену уже приобрел определенное развитие, найдя свое отражение в организационном сотрудничестве. Можно надеяться, что при условии продолжения про-европейского курса внешней политики нашего государства, такое сотрудничество далее будет активизироваться и перейдет на другие, более масштабные уровни. Что это обозначает для Украины в будущем? Безусловно, то, что у молодежи есть шанс стать двигателем процесса интеграции нашего молодого государства в европейское содружество. Так давайте же воспользуемся этим шансом и будем творить историю сейчас!

Box 33. EU Youth Programme: Cooperation Opportunities for Young People of the CIS

YOUTH PROGRAMME

The YOUTH programme is the EU's mobility and non-formal education programme targeting young people aged between 15 and 25 years.

Above all, the Youth programme (1) offers young people opportunities of mobility and of playing an active role in the construction of the Europe of the third millennium. It aims at contributing to the achievement of a 'Europe of knowledge' and creating a European arena for cooperation in the development of youth policy, based on non-formal education. It encourages the concept of lifelong learning and the development of aptitudes and competencies, which promote active citizenship.

Opportunities for young people in Europe:

To encourage the creation of a European education area through the promotion of informal education schemes for young people involving in particular physical mobility, while building on experience gained from previous measures in the youth field (Youth for Europe and the European Voluntary Service) and the objectives set out by the Commission in its communication entitled "Towards a Europe of knowledge".

The Programme is open to youth in 30 European countries. The YOUTH programme offers possibilities to young people in the form of group exchanges and individual voluntary work, as well as support activities. The YOUTH programme started in spring 2000 but incorporates, and is based on, the experiences faced by the former Youth for Europe and European Voluntary Service programmes. There are National Agencies for the YOUTH programme established in all 30 Programme Countries. The Agencies assist with the promotion and implementation of the Programme at national level. Furthermore, the Euro-Med Youth programme II, involving 27 Euro-Mediterranean partner countries, is one of the YOUTH programme's main activities. National Coordinators based in the 12 Mediterranean partner countries facilitate the implementation of this Programme. The YOUTH programme also supports co-operation activities with other third countries in the SEE and the CIS countries

Objectives and priorities

A key priority for the European Commission is to give young people with less opportunities (from a less-privileged cultural, geographical or socio-economic background, or with disabilities) access to the mobility and non-formal education activities developed within the YOUTH programme.

Objectives and priorities of YOUTH PROGRAMME

The Programme strives to achieve and maintain a balance between personal development and collective activity across all sectors of society while pursuing the following objectives:
- *Facilitating the integration of young people into society at large and encouraging their spirit of initiative;*

279

- *Helping young people acquire knowledge, skills and competencies, and recognising the value of such experience;*
- *Allowing young people to give free expression to their sense of solidarity in Europe and the wider world, as well as supporting the fight against racism and xenophobia;*
- *Promoting a better understanding of the diversity of our common European culture and shared heritage as well as of our common basic values;*
- *Helping to eliminate all forms of discrimination and promoting equality at all levels of society; and*
- *Introducing a European element into projects which will have a positive impact on youth work at local level.*

Box 34. Student Self-Governing: A Chance to Students
(Студенческое самоуправление: шанс студентам)

В первые годы независимости нашей страны ситуация в вопросе студенческой общественной жизни была довольно плачевной, прекратил свое существование Комсомол, пропали трудовые отряды, студенты были предоставлены сами себе и, наверное, их жизнь в ВУЗах ограничивалась лишь лекциями, семинарами и экзаменами.

В конце 90-х годов при поддержке администрации академии и по инициативе самих студентов начинается активное возрождение студенческого самоуправления. Начинает свою деятельность Комитет по делам молодежи академии, который, в свою очередь, формирует студенческие комитеты на факультетах, тем самым, организовав вертикальную структуру студенческого самоуправления от академической группы (в которой избираются старосты и профорги) до факультетов и академии в целом.

Очевидным является то, что деятельность органов студенческого самоуправления довольно многогранна и должна носить комплексный системный характер и охватывать различные сферы жизни ВУЗа. Эта комплексность проявляется в сочетании учебно-воспитательной и научно-исследовательской работы, культурно-массовой и спортивной деятельности.

Потенциал студенчества огромен и, без всяких сомнений, его необходимо эффективно использовать. Продолжение процесса демократизации управления учебным заведением требует развития студенческого самоуправления в направлениях учебы, науки, быта, отдыха и свободного времяпрепровождения, трудоустройства. Учебное заведение для студентов должно стать не только школой знаний, но и школой жизни – профессиональной, культурной и духовной.

Дмитрий Павлов
Национальная металлургическая академия, Украина

Key role of youth participation in the sustainable and independent nation and state building process

Tomislav Bogdanic, World Youth Bank

We, at the World Youth Bank (WYB), consider CIS Forum on Youth as a major breakthrough in dealing with youth problems in this region (as well as the First UNECE Regional Forum on Youth: "Security, Opportunity and Prosperity" held in Geneva in 2002).

Never in the history have various UN bodies and affiliated organizations held an international Forum on a theme so fundamental and so long-term neglected – the role of youth in the development. Political, economic and even religious matters have been talked over, elaborated, evaluated and discussed on many occasions and in every possible way, but the role of youth in the nation and state building process comes as the last, but not the least, important theme to be elaborated, evaluated and agreed upon.

WYB sincerely hopes that various policies and policy instruments will be discussed and elaborated in order to agree on approaches and conditions necessary for the full development of youth in the Eurasian region. Vast natural and social resources as well as the unique cultural heritage and precious historic background of this region raise hopes that, in the nearest future, this region could become not only economically advanced but powerful strategic partner of the developed world. We also hope that the key historic role of youth in that process at all levels, national, regional and local, will soon be recognized, empowered and legally formulated.

At the very beginning, let us be reminded on the basic Global Youth Facts and Figures as described by UN Secretary-General's "Youth Employment Network":

- Over 510 million young women and 540 million young men live in the world today according to United Nations estimates. Approximately one person in five is between the ages of 15 and 24 years: *youth comprise almost 18 per cent of the world's population*;

- *The majority of young people, 85 per cent, live in developing countries,* with approximately 60 per cent in Asia alone. By 2020, the number living in developing countries will grow to about 89 per cent;

- Over 70 million young people are unemployed throughout the world according to ILO estimates. In countries as diverse as Columbia, Egypt, Italy and Jamaica, more than one in three young persons are classified as "unemployed"—declaring themselves to be without work, to be searching for work and to be available for work. However, even more youth are struggling for survival in the informal economy;

- Half of the world's unemployed are between the ages of 15 and 24 and women are particularly disadvantaged;

- The United Nations Educational, Scientific and Cultural Organization (UNESCO) estimates that approximately 96 million young women and 57 million young men are illiterate, most of them in developing countries;

- Of the 30 million people with HIV infection or AIDS, at least 10 million are aged between 10 and 24 years according to the Joint United Nations Programme on HIV/AIDS (UNAIDS). It is estimated that every day 7,000 young people worldwide acquire the virus. This means that there are around 2.6 million new infections a year among young people, including 1.7 million in Africa and 700,000 in Asia and the Pacific; and

- Access to primary education is still a luxury in many parts of the world. Gross enrolment rates for Sub-Saharan Africa and South Asia are 78 and 100 per cent respectively. Net enrolment rates—which measure primary school access to the 7 to 11 age cohort rather than counting all children enrolled in primary school—tell a different story. Net primary enrolment drops to 51 per cent in Sub-Saharan Africa and 77 per cent in South Asia.

Also, let us here be reminded on the famous evaluation of Global Youth state-of-affairs:

> *"Youth make up more than 40 per cent of the world's total unemployed. There are an estimated 66 million unemployed young people in the world today – an increase of nearly 10 million since 1965. Under-employment is also another growing concern. The majority of new jobs are low-paid and insecure. Increasingly, young people are turning to the informal sector for their livelihood, with little or no job protection, benefits, or prospects for the future."*
>
> *Kofi Annan, UN Secretary-General, July 2001*

With the world major economies slowing down and threatening the growth prospects of developing countries, the unemployment of youth is now a major focus for concerted UN action.

Besides the UN, the ILO has set up a task force, led by **the In Focus Programme on Skills, Knowledge and Employability,** to coordinate an Office-wide technical contribution to the activities of the Youth Employment Network. In close collaboration with the UN Secretariat, through its Division of Economic and Social Affairs (DESA), and the World Bank, through its Human Development Network, the ILO contributed to the substantive preparatory work for the High-Level Panel meetings. The technical preparations focused on five policy areas:

- Incorporating youth employment into development strategies, including major UN system initiatives;
- Promoting youth employment in poverty reduction programmes at the country level;
- Improving the impact of education and training on youth employment;
- Generating opportunities for young people through information and communication technologies;
- Bridging the gap between the informal sector and the knowledge economy.

The ILO's substantive work in this regard is guided by the overall policy framework and strategic directions established within the Decent Work agenda, taking into consideration ILO standards, policy instruments, knowledge and experience that have particular relevance for the promotion of youth employment. The Office (YEN) undertakes additional research and analytical work, as well as operational networking with a number of technical partners.

World Youth Bank – Key impact of Poverty Alleviation on global level

From the earliest times of its development, mankind knows that basic fundament of any form of Poverty is Ignorance. Lucky as our generation is, Knowledge is being recognized today as the fourth pillar (productive power and resource) of the development of any form of capital (global, regional, national, local - "fourth" besides economic/financial assets, labour and land).

Therefore, Poverty is basically three-dimensional: material (biological, economic), intellectual (education, knowledge, science) and spiritual (moral, religious, etc). Also, burdening principle of actual "state-of-poverty-affairs" is the "ignorance mix" of previous, actual-ruling and oncoming-young generations (also three-dimensional).

If we could agree on that, it seems that key development of mankind as a whole is being structurally unresolved for several thousand years - because Poverty is not the cause but the consequence of our misgoverned development as the Human Civilization. Accordingly, Youth Poverty is not the cause but the consequence of the Poverty of the related society as the whole (material, intellectual or spiritual - inherited, prevailing or future).

So, in order to deal with Youth Poverty on a long-term basis, one has to recognize that this multidimensional problem requires related structural multidimensional approach, meaning coordinated political, economic, spiritual, cultural and broader social action on all levels (global, regional, national, local) throughout all three key sectors of our contemporary form of Sustainable Development - governmental, private-business and Civil Society.

In our opinion at the WYB, major international and various national Youth policies have to be upgraded in the above described manner in order to meet the requirements of their common task - *to explore the common understanding of the general nature of youth poverty and models of its sustained alleviation.*

To describe here how various visible and invisible forms of Youth Poverty feed each other would be out of reason, because they are magnificently elaborated in recent World Bank report "Breaking the Conflict Trap". A series of regional WB/UN/ILO/WHO/FAO/etc. (WYB) conferences on that theme could open many closed doors for sustained Youth Poverty Alleviation on all levels.

We, at WYB, consider ILO's "Decent Work" agenda (and all that it implies) the main "methodological dynamo" of attacking Youth Poverty on a global scale, on all levels of course. Dignity and decency of contemporary life is at stake everywhere, and it reflects grown-ups, elderly and youth almost the same. Therefore, Education (as the key social tool for sustained eradication of Ignorance) should also be promoted on a tripartite basis (education of Youth, grown-ups and elderly alike, because they all live in the same, new, substantially unmanageable and complex, Global World). Therefore, for us at WYB all programs that promote and empower trans-generational partnership and understanding had proved to be the most efficient in Youth Poverty Alleviation.

Also, in our opinion at WYB, Africa should be our common global responsibility on which we, as the civilized mankind, should prove or disapprove our human, common sense of responsibility for all! African Youth, being the most endangered generational segment of the World, should be empowered to realize what "freedom for something" really is, not only to have partial rights to "free themselves from something" always and forever.

As the conclusion, fighting Youth Poverty is best done by trans-generational approach of "shared responsibilities" between all existing generations - and in our Global World, this seems to be more dependent on "political good-will" than on economic knowledge or "resources" (although "political good-will" can be easily managed by economic means, it seems that "political good-will" is lacking on global level, not only on national, local and regional)... this is why we at WYB believe that besides "UN Role in the 21 Century", there will soon have to be elaborated a brand new "WB Role in the 21 Century" as well (which will include Civil Society in the decision-making process at WB much more substantially in order to achieve the state of human development as self-sustainable).

Breaking the Conflict Trap
Civil War and Development Policy
(A World Bank Policy Research Report – April 2003
- from the "Foreword")

"...civil war usually has devastating consequences: it is development in reverse. As civil wars have accumulated and persisted, they have generated or intensified a significant part of the global poverty problem that is the World Bank's core mission to confront. Part of the purpose of this report is to alert the international community to the adverse consequences of civil war for development. These consequences are suffered mostly by civilians, often by children and by those in neighbouring countries. Those who take the decisions to start or to sustain wars are often relatively immune to their adverse effects. The international community therefore has a legitimate role as an advocate for those who are victims. The second reason why the World Bank should focus on civil war is that development can be an effective instrument for conflict prevention.

The risk of civil war is much higher in low-income countries than in middle-income countries. Civil war thus reflects not just a problem for development, but a failure of development. The core of this report sets out the evidence on the efficacy of development for conflict prevention and proposes a practical agenda for action. The World Bank and its partner development agencies can undertake parts of this agenda, but other parts depend on international collective action by the governments of industrial countries. One important forum for such action is the Group of Eight.

Our research yields three main findings. First, civil wars have highly adverse ripple effects that those who determine whether they start or end obviously do not take into account. The first ripple is within the country: most of the victims are children and other non-combatants.

The second ripple is the region: neighbouring countries suffer reduced incomes and increased disease. The third ripple is global: civil war generates territory outside the control of any recognized government, and such territories have become the epicenters of crime and disease. Many of these adverse consequences persist long after the civil war has ended, so that much of the costs of a war occur after it is over.

The second finding is that the risks of civil war differ massively according to a country's characteristics, including its economic characteristics.

As a result, civil war is becoming increasingly concentrated in relatively few developing countries. Two groups of countries are at the highest risk. One we refer to as the marginalized developing countries, that is, those low-income countries that have to date failed to sustain the policies, governance, and institutions that might give them a chance of achieving reasonable growth and diversifying out of dependence on primary commodities. On average, during the 1990s these countries actually had declining per capita incomes. Such countries are facing a Russian roulette of conflict risk. Even countries that have had long periods of peace do not seem to be safe, as shown by recent conflicts in Côte d'Ivoire and Nepal. It is imperative that such countries are brought into the mainstream of development. The other high-risk group is countries caught in the conflict trap. Once a country has had a conflict it is in far greater danger of further conflict: commonly, the chief legacy of a civil war is another war. For this group of countries the core development challenge is to design international interventions that are effective in stabilizing the society during the first postconflict decade.

The third finding is that feasible international actions could substantially reduce the global incidence of civil war. Although our proposals are wide-ranging, including aid and policy reform, we place particular emphasis on improving the international governance of natural resources. Diamonds were critical to the tremendous economic success of Botswana, but also to the social catastrophe that engulfed Sierra Leone. The Kimberley process of tracking diamonds is intended to curtail rebel organizations' access to diamond revenues. The "publish what you pay" initiative, launched by the nongovernmental organization Global Witness, is intended to increase the transparency of natural resource revenues to governments. Transparency is, in turn, an input into enhanced domestic scrutiny of how such revenues are used. If rebel finances can be curbed and citizens come to believe that resources are being well used, civil war will be less likely. A third element in a package of improved international governance of natural resources is to cushion the price shocks that exporters commonly face. Price crashes have been associated with severe recessions that directly increase the risk of civil war and have sometimes destabilized economic management for long periods. At present the international community has no effective instrument to compensate for these shocks.

International collective action has seldom looked so difficult, but the cost of failure will be measured in violence and poverty".

New Europe?

Born in the middle of the «big-bang» of the cold-war World Order, raised by the nuclear socio-economic fission of the so-called Socialist system on its eastern «front», troubled by its warring neighbourhoods (War in ex-Yugoslavia, Middle-eastern «disputes» between Israel and Palestinian Occupied Territories, stubbornness of Iraq and recently globalized terrorist threats and political violence of various kinds and forms), New Europe is projected to develop into a fully-integrated, sustainable and manageable socio-economic system against all historic and present odds. Never before in the history had preconditions for the «Making of Europe» been more unstable, un-secure and non-promising than today and never before had nations of Europe been affront such an intriguing common task – to build an international community based not only on historic experience, but on their common, complex and dynamic ever-evolving knowledge-base. Four-dimensional fully balanced European democracy is therefore a civilization minimum on which we should be building our Common Destiny, without pre-considering some of us «more» and some of us «less European» than others. If we do not start the process of just balancing of European «development diamonds, indexes and cubes» by implementing the principle of «equal opportunities for all», enlargement of Europe will only lead us to new divisions on Global Level instead being a sustained model for nuclear socio-economic fusion of the One World of Tomorrow. This is why today the Eyes of the World are directed towards Europe, just as they were focused on America more than two hundred years ago – it depends only on us whether Europe will become an Intelligent Vanguard of the Real New World or will it stay an old, tired and reluctant lady who can not think of a New Beginning because her End is much too near to be neglected!

New World?

As we have learned at the NYSE and other SE's recently, inherited global economic system is non-reliable and un-secure because it is non-transparent, non-ethical and unaccountable and therefore it is non-decent and non-responsible, and by that it is non-democratic, «mysterious» and non-sustainable. We sincerely hope that New European Economy will be based on a new synergy of knowledge, new social values and economy because New Economy is really new only if it is knowledge-based, and New Knowledge is socio-economically approved only if it is productive and profitable for all! Therefore New European Economy has to be accountable if it wants to be responsible, decent if it wants to be democratic and ethical if it wants to be sustainable. In our opinion, only in that manner European socio-economic system may emerge into a fully integrated manageable political system based on intercultural tolerance and understanding as sustained preconditions for real development of the expected European Participatory Democracy, Information Economy and Knowledge Society.

Almost the same goes for the rest of the World as well.

"Classical" Sustainable Development definition (United Nations World Commission on Environment and Development, 1987) is: "development is sustainable if it meets the needs of the present without compromising the ability of future generations to meet their own needs". Intergenerational Justice that under-lays this honourable concept of SD shows that there are many preconditions needed for its practical implementation, one of which is most assuredly the new concept of Humanity as such (according to UNDP "Human Development Report", 1996 – "Human Development is the end – economic growth a means"). According to various UN documents, Human Development is measured by life expectancy, adult literacy, access to all three levels of education as well as people's average income, which is a *conditio sine qua* non of their freedom of choice. This proves that Culture of Sustainability is a trans-political concept, which should not be limited but empowered by politics, economy and other social and natural resources (renewable and non-renewable). This leads us to a logical conclusion that benefits of economic growth of SOME should be transferred into the higher quality of life for ALL if our Global Civilization really aims to become a Global Culture of Sustainability, eventually one day. We must be reminded today that contrary (selective and therefore non-sustainable) model of development had ruined several human civilizations so far!

From the viewpoint of the present Global Monetary System, experts of the World Bank use so-called "development diamonds" to portray the level of socio-economic development of related country or society: the relationship between life expectancy at birth, gross primary (or secondary) enrolment, access to safe water and GNP per capita, which then form a joint development polygon (rather problematic comparative approach to countries which belong to different income groups, but almost ideal for individual country analysis).

On the other side, United Nations experts use "Human Development Index" to measure development – a simple average of three indexes: achievement in health and longevity (measured by life expectancy at birth), education (measured by adult literacy and combined primary, secondary and tertiary enrolments) and living standard (measured by GDP per capita in purchasing power parity terms). HDI, being an abstract value, in most cases expressed as decimal share of the supposed ideal, does not allow us to see which component is crucial for related change over a certain period of time, but is almost ideal for comparative socio-economic development analysis.

World Youth Bank experts (WYB IEEB) have elaborated a new tool for measuring the level of development of any country or society (could be implemented on measuring the level of development of human civilization as a whole, if we suppose it exists as One): so-called "Life Quality Cube". It is based on a Trans-generational Equality Agenda (past, present and future being an indivisible whole, separated only by human perception) and represents the complex network of indicators, which form the basic standard, or "Quality of Life" of related individuals, groups, minorities, majority and society as a whole.

Four groups of indicators, which form the WYB "Life Quality Cube":

1. **Dimensions:** past, present, future;
2. **Levels:** politics, economy, nature, culture;
3. **Capital & Productive Resources**: natural, physical, human, financial; and
4. **Markets and Distribution Networks:** global, state, private business, civil society (subdivisions: local, regional, national, international, transnational).

WORLD YOUTH BANK
"LIFE QUALITY CUBE"

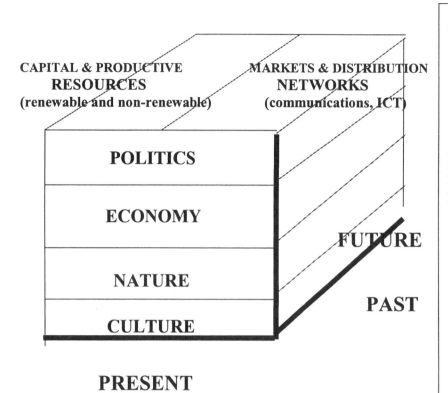

CAPITAL & PRODUCTIVE RESOURCES
(renewable and non-renewable)

MARKETS & DISTRIBUTION NETWORKS
(communications, ICT)

POLITICS

ECONOMY

NATURE

CULTURE

FUTURE

PAST

PRESENT

LQC legend:

«The Cube» consists of three dimensions (past, present and future) and four levels (politics, economy, nature, culture), which are intersected with two main networks (Capital & Productive Resources, and Markets & Distribution Networks) of which either one consists of four sub-levels:

1. CPR – natural, phsical, human, financial (divided into renewable and non-renewable ones)
2. MDN – global, state, private business, civil society

(both networks are divided into five sub-levels: local, regional, national, international, transnational)

Notice: If any of Indicators become self-sufficient and eventually separates from the whole as an "independent" entity, the whole cube-architecture falls down, inevitable process of erosion starts and development heads into a non-sustainable direction with rather catastrophic socio-economic and other consequences.

Special WYB "Life-quality Cube Match-making programmes" (LQCMMP) are now at the developing stage and it is expected that their implementation will strongly empower the very sustainability of countries and societies in which WYB Network operates (higher level of employment and job-creation, especially Youth Employment and Youth job-creation).

New (civic) Humanity?

According to relevant UN, ILO and World Bank Annual Reports and other internationally referral documents, Youth are in most cases socially, economically, politically and culturally mistreated, underestimated, miss-conducted, mislead and misgoverned throughout the world, being irrelevant whether they live in highly developed, developed, developing, underdeveloped or non-developed countries or societies. This is why participants of the World Assembly of Youth "European Youth Dialogue" (23-28 March 2002, Brijuni Islands, Croatia) had adopted the "Declaration on Youth as a Global Banking & Financial Resource" which had truly recognized Civil Society as a brand new LABOUR & CAPITAL MARKET, with Youth as its real key vehicle and the utmost ever-renewable resource of Sustainable Development as such. Proposed Youth Banking Concept is therefore deeply rooted in a new form of contemporary social differentiation (state-governmental, private business and civil society sectors), based upon new division of labor and related to new forms of capital ("intelligent capital", intellectual property rights, etc) that are emerging and taking affordable shape on a day-to-day basis.

Civil Society is usually called a "non-for-profit sector", which usually leads us to a wrong conclusion that there is no profit, gain or surplus value in this segment of society - that it is not productive, efficient or effective part of economic human life in general. But, the only difference between co called profit and non-for-profit sectors is that in the later net income after taxation has to be reinvested into related programs and projects – it cannot be taken out of production process (in broader sense) and spent in any known and usual private-consuming practices. Strategically speaking from the points of view of contemporary New Labor and New Capital, Civil Society is the "third pillar" of any reasonable Sustainable socio-economic Development, and it deserves to develop its own, distinctive and specific, banking and financial standards and practices through its own, *brand new organizations and institutions*.

As other "two pillars" (state-governmental and private business sectors) are overly developed in relation to the "third pillar" (Civil Society), the very process of gaining its real self-sustainability will take longer time than usually projected for other commercial "projects". It is of utmost importance to notice that Civil Society sector, mainly manned with young people, does not have any real chance of development without strategic long-term partnership with other two sectors, and that this "two pillars" will forever be in their present unstable and insecure condition without the full development of their "third" counterpart. Being the unforeseeable, ever-renewable and unavoidable development resource, it is of the utmost strategic socio-economic interest of other two sectors to develop it fully so as to become really productive, operational, efficient and effective in any possible sense (models of that support on global level is a question of the broader tripartite inter-sector consensus, so we propose that this be elaborated through BWI (UN, WB, WTO, ILO and other) e.g. State Youth Bonds, various legal-framework adaptations (tax deductions for Direct Youth Investment, etc) on both national and international levels.

Being rooted deeply in the Civil Society sector, but always closely related to other two "pillars" of Sustainable Development, Youth Banks (according to the World Youth Bank Authors' Project) should be first established as NGOs for sustainable redistribution of banking and financial assets with main mission to empower the "third pillar of SD" and Global Youth in all its segments, and then to steadily develop and emerge into sustainable Youth Banks and sustained Civil Banking System in general. Socio-economic benefits of such development direction are more than high, if compared with traditional investment short-term profits. Civil Banking, implemented through the World Youth Bank Network, should reconstitute national and international monopolies, make Global Economy in general more just, decent, human, efficient, propulsive, beneficiary and productive for all, and therefore become the real and sustained "third socio-economic pillar of the Decent and Responsible Sustainable Development for all".

It is especially important to notice that Civil Banking and World Youth Bank represent *the free and democratic will of Global Youth*, recognized and recommended by the World Assembly of Youth "Special Resolution on the World Youth Bank".

WYB estimates that Youth of the World (Global Youth) are among its key socio-economic resources, but also that without empowering the real Youth sovereignty in economic and financial sense, their prolonged stay in their under-developed homelands looks more like a dream than a sustained reality (which puts into serious question the very sustainable development of the World as a whole). As we have already learned, real democracy requires an economic minimum (or better to say an optimum), so let us altogether empower young people for their oncoming *Decent and Responsible Development for All!*

WYB Expert Economic Board, in collaboration with a number of international organizations and specialized financial institutions and agencies, is currently developing a specific project code-named "WYB Global Debt Re-program – estimated role of WYB Network System in reprogramming of national and international financial relations", in order to highlight the power-impact that New Knowledge, Innovativeness and Entrepreneurship of younger generations could have in boosting the needed development process on all levels. WYB estimates that major and intensive investments in Youth (vocational training, skills, education and technology-transfers as well as easy-access to capital and ICT) are several times more socially and economically efficient, profitable and cost-effective than obsolete traditional "debt management" which turns Poor into Hopeless, and Developed into Rich Without Frontiers over and over again.II. Youth and Government: Partnership

Роль и место молодежных организаций в понимании и решении молодежных проблем

Гульнара Досумова и Алия Пренова , ННО "Ренессанс", Узбекистан

(Role and Place of Youth Organizations in Understanding and Solving Youth Problems, by Gulnara Dosumova and Alia Prenova, NGO "Renaissance", Uzbekistan)

Анализируя этапы развития детского и молодежного движения в Каракалпакстане, можно засвидетельствовать, что период его становления охватывает около 15-18 лет. Несмотря на тяжелые экологические условия, трудности переходного периода, экономический кризис, население Республики Каракалпакстан (1 млн. 600 тысяч человек) пытается выжить и строить гражданское общество. Растет число негосударственных некоммерческих организаций (ННО), которые активно работают в сообществах, в том числе и среди молодежи. Надо отметить, что, несмотря на трудности жизни, рождаемость снизилась незначительно, и 40% населения в республике составляет молодежь.

В истории развития молодежного движения в Каракалпакстане после распада СССР можно выделить два периода.

Первый период (1985-1995 гг.) характеризовался возникновением общественных объединений, в том числе молодежных, организованных в основном по инициативе или с помощью государства. В их числе возникла и про-государственная молодежная организация «Камолот», сходная с Комсомолом, целью которой являлось объединение молодежи сверху, согласно написанным уставу и программе, а также выполнение «согласованных» с государством программ. Уже в конце этого периода стало очевидным, что молодежь в своем большинстве не поддерживает эти программы, и ее приходится "загонять" в эту организацию насильно.

Второй период (с 1995 г. по настоящее время) характеризуется появлением и развитием общественных молодежных организаций и инициативных групп, которые возникли снизу, по инициативе самой молодежи, и появлением лидеров демократического склада, способных самостоятельно мыслить, работать в команде и не зависеть от политики, проводимой «сверху».

Слабостью этих объединений являлось то, что они были еще неустойчивы, организационно несовершенны, зависимыми от воли лидера. В понятие неустойчивости входит не только нерегулярное финансирование, но и отсутствие юридической регистрации, т.к. большинство из них существовали в виде незарегистрированных центров и детских клубов. Согласно существующему законодательству о ННО, высокий регистрационный сбор (двадцать минимальных зарплат) крайне затрудняет регистрацию. Необходимо отметить, что государство с полным равнодушием относится к существованию таких инициативных групп, не оказывая им ни моральной, ни материальной поддержки. Определенная поддержка имеется лишь со стороны *махаллей* (местных сообществ) и директоров отдельных школ и колледжей.

С расширением в 1995-2002 годах донорской поддержки со стороны международных фондов, в основном расположенных в г. Ташкент, деятельность детских и молодежных организаций сосредоточилась на выполнении проектов по программам этих фондов. С окончанием проекта, из-за отсутствия постоянного финансирования, эти молодежные объединения нередко распадаются и прекращают свое существование.

В 1995-2000 годах возникли такие детские и молодежные объединения как «Шагала» при ННО «Перзент», «Семург», «Фламинго» при ННО «Ренессанс», «Фемида», «Шыгыс» при Образовательном центре «Прогресс», Центры «Чистота», «Раннее развитие», «Туран», Центр демократического образования и др. Направлениями их деятельности являются гражданское образование, правовое образование детей и молодежи, экологическое образование, дебатные программы, независимые молодежные СМИ, журналистика, культурно-просветительные программы, в том числе молодежный театр, детский туризм и др. Эти молодежные объединения способствует росту гражданской грамотности и политической активности молодежи, пониманию стоящих перед нею задач, консолидации усилий в борьбе с трудностями переходного периода. (В настоящее время средний заработок сельского труженика составляет 20 долл. США в месяц). Большинство молодежных организаций ведут работу на добровольных началах, без поддержки зарубежных доноров.

Большую поддержку студенческой молодежи оказал Институт "Открытое общество - Узбекистан". В 2002 году в г. Нукусе был открыт Ресурсный центр для студентов и преподавателей при Каракалпакском госуниверситете им. Бердаха и Центр по дебатным программам. При активной грантовой поддержке ЮНИСЕФ в 2002-2003 годах осуществляется деятельность Клуба «Шыгыс» при Образовательном центре «Прогресс».

Вместе с тем необходимо отметить недостатки в молодежном движении:

- Крайне малый процент вовлеченности студенчества и неорганизованной молодежи в молодежное движение, в создание молодежных объединений и инициативных групп;
- Отсутствие координации деятельности и сетевого движения среди молодежных объединений, незначительность влияния наиболее активной части молодежи на процесс принятия решений;
- Низкий процент охвата молодежи обучением по курсам «Гражданское общество», «Гражданское образование» и «Развитие лидерских качеств», способствующих формированию гражданских качеств у молодежи. Отсутствие таких курсов в ВУЗах, колледжах и школах;
- В программах спонсоров мало внимания уделяется поддержке институционального роста молодежных объединений, нет стартовых грантов, в Республике до сих пор отсутствует ресурсный центр развития для молодежи;
- В связи с низкой компьютеризацией школ, средних специальных учебных заведений, ограниченностью учебных программ лишь редкие представители молодежи овладевают современными информационными технологиями. Основная масса особенно сельской молодежи стоит в стороне от технического прогресса и политических знаний.

Важным направлением деятельности ННО «Ренессанс» в течение шести лет является развитие детско-молодежной программы «Фламинго». В нее входит:

- Поддержка деятельности молодежных объединений:

  - информационно-техническими ресурсами (компьютеры, ризограф, Интернет, e-mail, выпуск бюллетеней «Гражданское образование», «Предпринимательство в Республике Каракалпакстан», «Ренессанс» и методических пособий);

  - консультационно–тренинговая деятельность, а также проведение семинаров, тренингов, круглых столов (имеется 22 тренера по курсу «Гражданское образование и развитие лидерских качеств», «Молодежь и предпринимательство»);

  - библиотечными ресурсами (литература по гражданскому обществу и демократизации общества);

- Гражданское образование молодежи, в частности, студенческой;
- Дебатные программы: Карла Поппера (школьная) и студенческая (парламентские);
- Экологическое образование;
- Борьба с домашним насилием против детей.

За прошедшие 6 лет сотрудники ННО «Ренессанс» участвовали в выполнении следующих проектов:

- «Санитарно-гигиеническое просвещение воспитанников детского дома «Мехрибанлык Уйи в г. Ходжейли», по итогам которого 320 воспитанников и 150 сотрудников детского дома были обучены по интерактивной методике основам санитарии и гигиены (Counterpart Consortium, 1998), а затем в течение двух последующих лет в детдоме велось лечение анемии, кожных и ЛОР- заболеваний при содействии привлеченных ННО «Ренессанс» ресурсов международных организаций «CAFÉ-Nukus», Counterpart International (CHAP), World Concern, «Соглом авлод учун» и др.;
- «Экологические проблемы Южного Приаралья» (Фонд им. Ф. Эберта, 2000). Молодежь совместно с учеными Республики участвовала в пяти региональных круглых столах с выступлениями о правах детей;
- «Создание Центра содействия демократии в г. Нукусе» (Фонд "Евразия", 2000-2002). Целью проекта было обучение 100 студентов Каракалпакского государственного университета и лидеров ННО по разработанному на основе интерактивной методики тренерами ННО «Ренессанс» 21-часовому курсу «Гражданское образование и развитие лидерских качеств». Были выпущены 5 номеров бюллетеня, посвященных вопросам гражданского образования и развития гражданского общества, три методических пособия, проведен круглый стол.

Надо отметить, что столь важный как для самой организации, так и для ННО Каракалпакстана проект дал возможность ННО «Ренессанс» инициировать сетевую деятельность среди ННО и инициативных групп (24 организации) на основе развития между ННО информационно-технического сотрудничества, законотворческой деятельности и социального партнерства.

Молодежное крыло организации в составе 75 человек также занималось дебатными программами. Сертифицированные тренеры «Ренессанс» подготовили группы ребят на английском, русском и узбекском языках, которые успешно выступили на региональном, а затем республиканском турнирах, заняв призовые места и получив звания лучших спикеров.

25 апреля 2001 года ННО «Ренессанс» при поддержке Фонда им. Ф. Эберта были проведены четыре круглых стола и первый форум ННО Каракалпакстана и Хорезма. Активное участие молодежных лидеров обеспечило успешное проведение форума и утверждение молодежной программы на 2001-2003 гг.

Силами сотрудников организации и специалистами в ноябре 2002 года был подготовлен проект Закон «О благотворительной деятельности», переданный после обсуждения с участием социальных партнеров и ICNL в г. Нукус и г. Ташкент в Олий Мажлис Республики Узбекистан (семинары были поддержаны Global Project (USAID).

Ухудшение экономического положения населения Республики, рост безработицы поставили перед ННО «Ренессанс» задачу обучения потенциальных предпринимателей, в том числе представителей молодежи, основам предпринимательства. На основе Меморандума, подписанного 22 марта 2002 года между Правительством Республики Каракалпакстан и Фондом имени Ф. Эберта, экспертами и консультантами ННО «Ренессанс» были подготовлены 32 бизнес-тренера и ассистента бизнес-тренеров в возрасте 25-35 лет для работы в районах Каракалпакстана. Открыты две частные тренинг-консалтинговые фирмы в городах Нукусе и Турткуле. Начата работа по обучению потенциальных предпринимателей открытию своего дела.

II. Youth and Government Organizations: Cooperation in Solving Youth Problems

Основные направления сотрудничества общественных организаций с органами государственной власти

Степан Сидорук, Волынская областная пионерская организация, Украина

(Main Directions of Cooperation between Non-Governmental Organizations and State Authorities, by Stepan Sidoruk, Pioneer Organization of the Volyn Region, Ukraine)

Необходимость активного и повседневного сотрудничества общественных организаций и органов государственной власти на нынешнем этапе развития современного украинского общества диктуется самой жизнью. Во-первых, становление общественных структур и их активное участие в жизни государства, в функционировании его политической системы является одним из жизненно важных факторов формирования гражданского общества, к построению которого продвигается Украина. Во-вторых, вовлечение значительного числа граждан в деятельность общественных объединений является фактором их социализации, отвлечения от негативных проявлений, формирования как личности молодого человека, приобретения им определенного жизненного и социального опыта.

Среди направлений сотрудничества органов государственной власти и общественных объединений необходимо выделить следующие:

Участие молодежных общественных объединений в решении существующих экономических и социальных проблем в обществе. Органы государственной власти ввиду недостаточной численности своих структур, занимающихся вопросами молодежного движения, общественных объединений, социальными проблемами не могут в полном объеме решить все существующие общественные коллизии без участия общественных объединений. Кроме того, определенное количество общественных организаций создается по социальному, возрастному или профессиональному признаку (Союз аграрной молодежи, экологические общественные объединения, детские организации), что позволяет им глубже и системно заниматься решением социальных проблем в той или иной общественной сфере.

Государство реализует свою молодежную политику через общественные объединения путем формирования системы социального заказа и выделения бюджетных средств на их реализацию. Система финансирования молодежных общественных объединений должна быть доступной для каждой организации как общегосударственной, так и региональной. Главным критерием должны стать эффективность работы и результат реализации проекта.

Поощряя деятельность общественных образований, государство стимулирует их работу по вовлечению в процесс реализации социальных проблем внебюджетных средств (финансовые вливания со стороны международных фондов, гранты благотворительных организаций, предпринимательских структур).

Системная и целенаправленная деятельность общественных организаций на определенном этапе их развития приводит к налаживанию международных контактов с аналогичными объединениями в других странах и межгосударственными общественными структурами, что несомненно влияет на создание позитивного имиджа Украины в мировом сообществе.

Социальный диалог и его роль в решении проблем молодежи Азербайджана. Поиск эффективных путей взаимодействия

Фуад Алиев, НПО "Новое поколение экономистов", Азербайджан

***(Social Dialogue and Its Role in Solving Youth Problems, by Fuad Aliyev,
NGO "New Generation of Economists", Azerbaijan)***

Введение

После обретения независимости в 1991 году Азербайджанская Республика встала на путь формирования демократического государства с рыночной экономикой. Проводимые реформы в Азербайджане, как и в других государствах, во многом зависят от эффективного функционирования институтов гражданского общества и их взаимодействия с органами государственной власти при решении социально-экономических проблем страны и принятия политических решений.

В данный период велика роль и общественного сектора или сектора НПО, так как он призван взять на себя часть функций по решению социальных проблем, которые государство не может по разным причинам решить в одиночку. Для этого необходим *социальный диалог.*

Социальный диалог заключается в обсуждениях, консультациях или же в простом обмене информацией между представителями власти, НПО и бизнесом. Одним из общеизвестных и принятых форм такого диалога является *«трайпартизм»*: соглашение между правительством, работодателями и профсоюзами. В данной работе социальный диалог трактуется в узком виде, а именно, как диалог между государственными органами власти и НПО с целью решения общих задач и проблем.

Для того чтобы социальный диалог в данном контексте стал реальностью, необходимо наличие определенных условий, а именно: 1) сильный и независимый сектор НПО; 2) политическая воля и желание всех заинтересованных сторон участвовать в социальном диалоге; 3) обеспечение основных прав и свобод в стране; 4) наличие соответствующих институтов.

Постановка проблемы

Общие для всех стран переходного периода проблемы социально-экономического развития были усугублены сложными отношениями с Арменией, сотнями тысяч беженцев и политической нестабильностью в первые годы независимости. Все это имело соответствующее негативное воздействие на развитие гражданского общества.

Если говорить об условиях, необходимых для осуществления социального диалога в Азербайджане, то, в общем, можно говорить о том, что с определенными оговорками все эти условия в Азербайджане присутствуют, но в то же время существуют проблемы во всех четырех вышеперечисленных направлениях. В отличие от большинства развитых демократий в Азербайджане еще не сложились какие-либо устойчивые и проверенные практикой механизмы сотрудничества между НПО и государственными органами.

На сегодняшний день в Азербайджане сформировался сектор НПО, которые заняты в различных сферах общественной жизни. Первые независимые НПО в Азербайджане появились уже в конце 80-х и были связаны, как правило, с проблемой Карабаха и его защиты. В 1992 году был принят Закон «Об общественных организациях», который потерял силу с принятием Закона «О неправительственных организациях» в 2000 году. На данный момент в стране зарегистрировано чуть более 1500 НПО. Что касается молодежных организаций, то их зарегистрировано около 150. В то же время говорить о сильных и независимых НПО пока не приходится, как не приходится говорить и об «*институлизации*» отношений между государством и НПО.

На первый взгляд, для функционирования НПО законодательно созданы все условия. Так, например, по Конституции среди прочих основных прав и свобод, согласно пункту 2 статьи 58, каждый обладает правом на объединение, в том числе и в общественные объединения. Статья 57 дает право гражданам обращаться в государственные органы путем коллективных письменных обращений. За годы независимости в Азербайджане было принято два закона, регламентирующих и регулирующих деятельность субъектов общественного сектора. Первый закон был принят в 1992 году. Новый более прогрессивный закон был принят в 2000 с учетом стандартов Европейского Союза.

Однако ни в Конституции, ни в законе нет каких-либо конкретных положений, которые непосредственно обуславливали бы консультации между государством и неправительственным сектором.

Проблема институлизации социального диалога и ее причины

Институлизация отношений может осуществляться в 3 формах:

1) наличие специализированных органов государственной власти;
2) наличие соответствующей государственной программы и концепции;
3) различные договоры и соглашения, регламентирующие взаимоотношения.

В Азербайджане отсутствуют все три формы таких отношений. Контакты носят периодический характер и осуществляются в основном по инициативе государственных органов по каким-либо программам или проектам. Как правило, они связаны с проблемой беженцев, решением конфликтов, организацией мероприятий и пр. В последнее время государство начало выдавать гранты. Однако основным источником финансирования НПО являются гранты, выдаваемые международными донорскими организациями.

Сложившаяся ситуация во многом определяется следующими причинами:

1) несовершенство законодательной базы, имеющей отношение к НПО и их взаимодействию с институтами государственной власти;
2) высокая «*политизированность*» отношений между НПО и властью, деление на «своих» и «чужих», что затрудняет решение конкретных проблем молодежи;
3) бюрократические препоны и задержки в процессе регистрации НПО и их деятельности со стороны регулирующих органов;

4) практическое отсутствие государственного финансирования НПО, главным источником поддержки которых являются зарубежные доноры.

Все это свидетельствует об отсутствии продуманной стратегии взаимодействия, в том числе в рамках молодежной политики государства и слабой вовлеченности НПО в этот процесс. С другой стороны, многие НПО не проявляют практически никакого интереса к тому, чтобы изменить существующее статус-кво, и своими действиями порой еще более усугубляют отрицательное к себе отношение.

Положительные тенденции

Пока уровень институлизации отношений в рамках социального диалога на нуле, но не все потеряно. Необходимо обратить внимание на тот положительный опыт, который уже есть. Существует несколько практических примеров, а именно отношения государственной организации "Центр экономических реформ" (ЦЭР) при Министерстве экономического развития Азербайджанской Республики с неправительственными организациями. Так, например, ЦЭР поддержал инициативу 21 молодого сотрудника о создании неправительственной организации «Новое поколение экономистов» и оказывал всяческую поддержку начинаниям данной организации. Одной из задач данной организации является привлечение молодежи к изучению и решению своих социально-экономических проблем. В качестве первого шага был проведен «круглый стол» на тему «Современная молодежь и экономическое развитие», где обсуждались проблемы занятости и миграции молодежи, а также гендерные проблемы в современном Азербайджане. На данном мероприятии участвовали представители более двадцати молодежных организаций, пресса, ответственные государственные чиновники. Собрать их всех удалось лишь благодаря совместной работе НПО с государственными институтами. При этом ЦЭР совместно с еще одной государственной организацией Центром научных исследований по проблемам молодежи (ЦНИПМ) обязались передать рекомендации участников «круглого стола» соответствующим органам государственной власти.

ЦЭР предложил представителям НПО представлять свои конкретные проекты и предложения, с тем чтобы совместно их разрабатывать и учитывать мнение общественного сектора при подготовке рекомендаций для Министерства экономического развития. Для практического осуществления такого диалога был выделен специальный телефонный номер, по которому до сих пор не было сделано ни одного звонка. Такие предложения делались представителями ЦЭР на всех мероприятиях, где участвовали представители НПО, но дальше сотрясения воздуха на «круглых столах», семинарах и конференциях дело не идет. Более того, инициатива ЦЭР по созданию Координационного совета научно-исследовательских институтов (так называемых «think tanks") вне зависимости от формы собственности тоже не получила поддержки со стороны соответствующих неправительственных организаций. Говорит ли это о том, что общественному сектору нечего сказать государству? Или это говорит о недоверии и отсутствии желания работать совместно?

Образно выражаясь, социальный диалог между государством и НПО в Азербайджане можно сравнить с беседой глухого с немым. Где один не может слышать своего собеседника, а другой не в состоянии говорить.

Заключение и рекомендации

С учетом вышесказанного государство должно проявить инициативу и предпринять следующие шаги:

1) сформулировать государственную политику в отношении НПО и институлизации социального диалога;
2) провести маркетинговое исследование сектора НПО;
3) на основе результатов исследования определить потенциальных партнеров по соответствующим вопросам и проблемам;
4) создать эффективный и гибкий орган, ответственный за политику государства в области социального диалога;
5) ежегодно по линии министерств и комитетов как в централизованном порядке, так и на местах выделять бюджетные средства на гранты НПО;
6) создать координационные советы с участием государства, НПО и в некоторых случаях с предпринимателями;
7) после этого приступить к работе с организациями по решению социально-экономических проблем;
8) деполитизировать отношения с НПО и работать на профессиональной основе во имя достижения стратегических целей.

Самым важным шагом на данном этапе должно стать проведение маркетингового исследования сектора НПО, областей их наибольшей вовлеченности и корреляции с областями наибольшего интереса международных доноров; эффективности использования финансовых средств и их основных источников; роли НПО в решении наиболее насущных проблемах страны и усилении ее потенциала, а также проведение СВОТ-анализа местных НПО. Результаты данного исследования смогут лечь в основу стратегического плана по социальному диалогу и осуществлению дальнейших шагов по его налаживанию.

Необходимо также определить по каким вопросам молодежной политики государство и НПО обладают необходимыми ресурсами и компетенцией для осуществления социального диалога. *Приоритизация* проблем на основе маркетинговых и социальных исследований поможет усилить работу по тем направлениям, которые наиболее важны и будут иметь мультипликационный эффект, например, решение проблемы занятости молодежи, получение образования и тренинги и пр.

Как показывает опыт, государство должно сделать первый шаг и использовать свои сравнительные преимущества и «административные ресурсы». А это значит, что без элементов маркетинга и стратегического планирования здесь не обойтись. В результате эффективной деятельности и достижения намеченных целей удастся «вылечить» социальный диалог. Тогда и глухой начнет слышать, и немой научится говорить.

Участие молодежных общественных организаций в реализации государственной кадровой политики Украины

Константин Плоский, Центр политического образования, Украина

(Participation of Youth Non-Governmental Organizations in the Realization of the State Cadre Policy of Ukraine, by Konstantin Plosky, Centre for Political Education, Ukraine)

1. Постановка проблемы

Развитие украинского государства невозможно без формирования кадрового потенциала общества, который даёт возможность обеспечить все отрасли общественного производства действенными профессиональными кадрами, которые соответствуют современному уровню развития. В послании Президента Украины к Верховному Совету Украины "Европейский выбор. Концептуальные основы стратегии экономического и социального развития Украины на 2002-2011 годы" [1] говорится о том, что основным императивом современного прогресса является всестороннее развитие человеческого потенциала, что есть главной составной национального богатства и движущей силой общественного развития. На выполнение этой цели направлена реализация государственной кадровой политики, под которой понимают деятельность по определению места и роли кадров в обществе, целей, задач, важнейших направлений и принципов работы государственных структур с кадрами, главные критерии их оценки, пути усовершенствования подготовки, переподготовки и повышение квалификации, рациональное использование кадрового потенциала страны [2]. Важным для эффективного внедрения государственной кадровой политики является привлечение к её реализации других субъектов (кроме органов государственной власти), а именно: органов местного самоуправления, общественных организаций, учебных учреждений, политических партий, трудовых коллективов, других организаций, предприятий и учреждений разных форм собственности. Такое участие обеспечивает соответствие государственной кадровой политики общественным ожиданиям и повышает эффективность её реализации в целом.

В научных работах раскрываются основные задачи и механизмы внедрения государственной кадровой политики, но вопрос привлечения к её реализации других субъектов остается фактически непроработанными. В данном докладе определяются концептуальные основы участия молодежных общественных объединений в реализации государственной кадровой политики Украины и подходы к реализации государственной молодежной политики в этом направлении.

2. Современное состояние занятости и профессионального роста украинской молодежи

Проанализируем данные, приведенные в ежегодном Докладе Президенту Украины, Верховному Совету Украины, Кабинету Министров Украины про положение молодёжи в Украине (по итогам 2001 года), который был подготовлен Государственным комитетом Украины по делам семьи и молодёжи и Государственным институтом проблем семьи и молодёжи [3]. Социальное положение молодёжи – это, в первую очередь, решение проблем занятости молодых граждан и их профессионального роста. По данным выборочных исследований рабочей силы (ВИРС), которые проводит Госкомстат Украины по методике и при содействии Международной организации труда (МОТ), уровень экономической активности молодежи в 2001 г. составлял 63%, в том числе среди лиц от 25 до 29 лет – 84%, среди лиц 20-24 лет – 67%, среди тех, кому от 15 до 19 лет, – 13%. После нескольких годов роста уровня экономической активности молодёжи середины 90-х г. наблюдается его снижение (см. табл. 1).

Таблица 1. Динамика (по годам) уровня экономической занятости молодёжи
(по данным исследований населения по вопросам экономической активности
Госкомстата Украины)

Года	Уровень экономической активности (%)
1995	54
1996	62
1997	66
2001	63

Показатели занятости заметно отличаются от индикаторов экономической активности за счет довольно распространенной среди молодежи безработицы. Так, уровень занятости молодежи в 2001 г. составлял 56%, в том числе в возрастной группе 25-29 лет – 74%, среди особ возрастом от 20 до 24 лет – 54%, а в наиболее молодой возрастной группе 15-19 лет – где-то больше 9%. После нескольких лет возрастания уровня занятости наблюдается его стабилизация (см. табл. 2).

Таблица 2. Динамика (по годам) уровня занятости молодежи
(по данным исследований населения по вопросам экономической активности
Госкомстата Украины)

Года	Уровень занятости (%)
1995	52
1996	55
1997	57
2001	56

Наибольшее количество молодых людей имеется среди работников общественного питания и охраны здоровья, физкультуры и социального обеспечения. В указанных областях состоянием на начало 2001 г. свыше 21% работников были в возрасте до 28 лет. Близка к вышеупомянутому и часть молодежи в аппарате органов государственного и хозяйственного управления, органах управления кооперативных и общественных организаций, в финансировании, кредитовании и страховании (около 21%), торговле, непроизводственных видах бытового обслуживания населения (около 19%). Выше среднего часть молодежи также в информационно-вычислительном обслуживании (почти 18%), промышленности, производственных видах бытового обслуживания, связи (17% и выше). Наименьшая часть молодежи – в науке и научном обслуживании (меньше 11%), сравнительно мала – в материально-техническом снабжении и сбыте, геологии и разведке недр, геодезической и гидрометеорологической службе (свыше 11%), жилищном хозяйстве и строительстве (более 12%).

Опрос молодёжи, проведённый в ноябре 2002 года Фондом "Демократические инициативы" и Киевским международным институтом социологии в рамках проекта "Первое свободное поколение Украины — кто они?"[4], засвидетельствовал, что в большинстве своем молодые люди на рынке труда занимают не те рабочие места, на какие надеялись. Большинство молодых людей считает реальной для себя возможность стать безработными в ближайшие два года. Занятость и финансовое положение — главные факторы, которые определяют уровень удовлетворенности молодежи своей жизнью.

3. **Формирование и реализация государственной молодежной политики относительно укрепления молодёжного кадрового потенциала в Украине**

Перед тем как проанализировать проблемы формирования и реализации государственной молодежной политики, проанализируем программы политических партий и блоков политических партий, которые по логике должны играть ведущую роль в формировании стратегии внедрения любой государственной политики, в том числе и молодёжной и которые преодолели 4-х процентный барьер на парламентских выборах 2002 года относительно положений, которые касаются вопросов укрепления кадрового потенциала и социального становления и развития молодёжи [5]:

- Избирательный блок политических партий "За Єдину Україну!": "...дать реальную перспективу молодому поколению; инвестированию в интеллектуальный и трудовой потенциал человека; обновление управленческих кадров...";
- Избирательный блок "Блок Виктора Ющенка "Наша Україна": "...создать условия для привлечения молодёжи к политическому процессу; оказывать содействие молодёжи в развитии собственного бизнеса путем предоставления ей начальной финансовой и информационной помощи...";
- Избирательный блок Юлии Тимошенко: "...гарантировать молодёжи обеспечение первого рабочего места...";
- Коммунистическая партия Украины: "...заботу о молодежи сделать одним из главных приоритетов государства...";
- Социалистическая партия Украины: "...молодёжи – государственную заботу...";
- Социал-демократическая партия Украины (объединённая): "...обеспечение молодёжи возможностью получить современное образование, овладеть профессией...".

Из анализа видно, что все политические партии в том или ином виде уделяют внимание вопросам укрепления кадрового потенциала и социального становления и развития молодёжи, но практика свидетельствует об их непоследовательности и отсутствии надлежащего внимания к процессу разработки и осуществления конкретных программ, которые реализуются органами исполнительной власти.

Очевидно, что молодёжная политика призвана оказывать содействие формированию нового поколения украинских граждан как в духовном, так и в профессиональном аспектах и соответственно укреплять молодежный кадровый потенциал украинского общества. Основы государственной молодежной политики Украины были заложены принятой Верховным Советом Украины Декларацией "Общие основы государственной молодежной политики Украины" (15 декабря 1992 г.) и Законом Украины "Содействие социальному становлению и развитию молодежи в Украине" (5 февраля 1993 г.) [6,7]. Эти документы определяют молодежную политику, как системную деятельность государства в отношениях с личностью, молодежью, молодежным движением, которое осуществляется в законодательной, исполнительной, судебной сферах, целью которой является создание социально-экономических, политических, организационных, правовых условий и гарантий для жизненного самоопределения, интеллектуального, морального, физического развития молодёжи, реализации ее творческого потенциала как в собственных интересах, так и в интересах Украины.

На сегодняшний день органы государственной власти, деятельность которых направлена на осуществление молодежной политики, занимаются реализацией следующих основных национальных и государственных программ, которые касаются вопросов укрепления кадрового потенциала и социального становления и развития молодёжи: Национальная программа развития малого предпринимательства (Закон Украины от 21.12.2000 г. №2157-III); Комплексная программа подготовки государственных служащих (Указ Президента Украины от 09.11.2000 г. №1212); Программа работы с одаренной молодежью (Указ Президента Украины от 08.02.2001 г. №78/2001); Государственная программа занятости население на 2001-2004 годы (Закон Украины от 07.03.2002 г. №3076-III); Программа содействия социальному становлению и адаптации крымскотатарской молодежи на 2002-2005 годы (Постановление Кабинета Министров Украины от 25.01.2002 г. №88); Государственная программа поддержки молодежного предпринимательства на 2002 – 2005 годы (Постановление Кабинета Министров Украины от 12 апреля 2000 года № 536).

Существует потребность в формировании государственной молодежной политики на принципах стратегической направленности, открытости и четкой системы оценки эффективности. Также существует потребность в создании новой интегрированной модели ее реализации, когда четко определены место, сфера компетенции и ответственность как правительственных, так и неправительственных организаций относительно развития кадрового потенциала в соответствующей области.

На сегодняшний день уже существует несколько успешных примеров формирования и реализации целенаправленной политики по развитию кадрового потенциала в конкретных областях с четким определением места и роли разных субъектов. Рассмотрим два примера (см. Рис. 1).

Рис. 1. Примеры формирования целенаправленной государственной политики по развитию кадрового потенциала

Развитие кадрового потенциала в предпринимательстве	Развитие кадрового потенциала на государственной службе и службе в органах местного самоуправления
1. Нормативно-правовое обеспечение	
Государственная программа поддержки молодежного предпринимательства на 2002 – 2005 годы (утвержденная постановлением Кабинета Министров	Проект Программы подготовки и привлечения молодежи к государственной службе, создания условий для ее профессионального роста и продвижения

Украины от 12 апреля 2000 года № 536)	по службе (разрабатывается согласно поручения Премьер-министра Украины от 28 января 2003 года № 3797)
2. Определение основных субъектов реализации кадровой политики	
Правительственные: Государственный комитет по делам семьи и молодёжи. Неправительственные: Совет молодых предпринимателей Украины.	Правительственные: Государственный комитет по делам семьи и молодёжи. Неправительственные: Союз молодых государственных служащих Украины.
3. Ресурсное обеспечение	
Бюджетное целевое финансирование через Государственный комитет по делам семьи и молодёжи.	Бюджетное целевое финансирование через Государственный комитет по делам семьи и молодёжи.
4. Оценка эффективности	
В Программе очерчены ожидаемые результаты, на основе анализа которых осуществляется оценка эффективности	Союз молодых государственных служащих Украины. Представлены предложения относительно ожидаемых результатов к проекту Программы

4. **Принципы и направления взаимодействия органов государственной власти и молодежных общественных организаций относительно формирования и реализации государственной кадровой политики**

Для эффективного взаимодействия субъектов кадровой политики необходимо определение места, сферы компетенции и ответственности как правительственных структур, так и молодежных общественных организаций.

Основными принципами взаимодействия субъектов должны быть: открытость к сотрудничеству на партнерских основах; формирование общей стратегии с четким определением целей и содержания деятельности субъектов; создание системы оценки эффективности работы каждого субъекта.

Молодежные общественные организации в рамках сотрудничества могут выполнять следующие функции:

- проводить общественное обсуждение (и осуществлять общественный контроль) целей, принципов и задач реализации кадровой политики в соответствующей области;
- осуществлять исследование проблем социального становления и развития молодежи и подавать их в виде предложений в органы государственной власти;
- осуществлять просвещение среди молодёжи (например, относительно государственного управления или предпринимательства);
- привлекать ресурсы донорских организаций для реализации мер по внедрению кадровой политики.

Молодежные общественные организации за последние несколько лет сделали определенные шаги по определению своего собственного места в процессах формирования и реализации государственной кадровой политики, в частности отдельные аспекты были обсуждены во время проведения Форума молодежных организаций "Молодежный социум – 21 столетия" (октябрь 2000 г.), Всеукраинской молодежной конференции "Молодежь и политика" (июнь 2001 г.), Форума молодых государственных служащих Украины "Новое поколение государственных служащих – профессионализм на службе народу Украины" (март 2002 г.).

5. Основные выводы

За последние несколько лет были сделанные реальные шаги в определении места и роли молодежных общественных организаций в системе формирования и реализации государственной кадровой политики. Были созданы достаточно действенные механизмы взаимодействия органов государственной власти и молодежных общественных объединений. Требуют дальнейшего основательного научного исследования вопросы формирования и эффективной реализации государственной кадровой политики, в частности, поиск возможностей расширения перечня функций, которые могут осуществлять молодежные общественные объединения, решение проблем ресурсного обеспечения и оценки эффективности реализации политики. Также важным является усовершенствование нормативно-правовой и методологической базы внедрения государственной кадровой политики и сотрудничество разных субъектов ее реализации.

6. Перечень использованных источников

1) Послание Президента Украины к Верховному Совету Украины "Европейский выбор. Концептуальные основы стратегии экономического и социального развития Украины на 2002-2011 годы". http://www.president.gov.ua/

2) Дубенко С.Д. Государственная служба и государственные служащие в Украине: учебно-метод. пособие / За заг. ред. Д-ра юрид.наук, проф. Н.Р.Нижник.- К.: Ін Юре, 1999.-244 с.

3) Ежегодный доклад Президенту Украины, Верховному Совету Украины, Кабинету Министров Украины о положении молодежи в Украине (по итогам 2001 года). Государственный комитет Украины в делах семьи и молодежи, Государственный институт проблем семьи и молодёжи. Киев, 2002

4) Материалы круглого стола "Украина в XXI веке — взгляд молодого поколения". Фонд "Демократические инициативы". Киев, 2003.

5) Официальный WEB-сайт Центральной избирательной комиссии. http://www.cvk.gov.ua/

6) Декларация "Об общих основах государственной молодежной политики в Украине". http://www.rada.gov.ua/

7) Закон Украины "О содействие социальному становлению и развитию молодежи в Украине". http://www.rada.gov.ua/

Роль и место молодежных организаций в решении молодежных проблем

Ираклий Тодуа, Государственная канцелярия, Грузия

(Role and Place of Youth Organizations in Solving Youth Problems, by Irakli Todua, State Chancellery of Georgia, Georgia)

В 1990 году Грузия начала свой путь к государственной независимости. Для достижения государственной независимости стране пришлось преодолеть много трудностей. Эти трудности были вызваны сменой социально-экономического строя, а также многими внешними и внутренними, субъективными и объективными факторами.

После разрыва связей с бывшими республиками СССР большая часть местного населения потеряла работу ввиду того, что большинство промышленных предприятий было закрыто. Переход к рыночной экономике усложнил процесс получения бесплатного образования и приобретения специальности. Очень мало внимания уделяется введению новых программ широкого профиля по профессиональной переподготовке в соответствии с требованиями рыночной экономики.

Гражданская война, нарушение территориальной целостности Грузии, большое количество насильно перемещенных лиц (около 300 000), тяжелые условия проживания привели к поляризации общества. Общество разделилось на этнические, территориальные, религиозные и другие группы. Всё труднее становится сохранять мир, взаимопонимание, солидарность и уважение между богатыми и бедными, между местным населением и беженцами, между людьми, принадлежащими к разным этническим и религиозным группам.

К сожалению, у нового поколения имеется определённая тенденция к формированию так называемого "общества потребителей". Такому обществу характерно «оценочное» отношение, когда на передний план выступают материальные критерии отношений, а общечеловеческие моральные принципы отходят на второй план.

На этом фоне всё острее становятся молодёжные проблемы и важность их решения. Для работы с молодёжью в советский период существовала система молодёжных организаций, которая сразу после провозглашения независимости страны в одночасье прекратила своё существование. Новые неправительственные молодёжные организации формируются и развиваются медленно в силу действия многих факторов:

- Они не стали правоприемниками старых молодёжных структур из-за негативного к ним отношения со стороны общества. По этой причине большинство материальных ценностей, принадлежащих бывшим молодёжным организациям, перешло в ведение бывшей партийной номенклатуры и другим немолодёжным организациям;

- Они не имеют достаточного опыта для независимого функционирования;

- Из-за тяжёлых экономических условий правительство страны не оказывает должной помощи для развития негосударственных молодёжных организаций;

- Согласно действующему в Грузии законодательству, коммерческие организации не имеют никаких льгот. Закон также запрещает передачу госимущества негосударственным организациям бесплатно.

По этим, а также некоторым другим причинам третий сектор не развивается в соответствии с требованиями нового времени. В результате, вовлечённость молодёжи в работу неправительственных организаций крайне низка. Как известно, об уровне организованности молодёжи судят по показателю их вовлечённости в работу неправительственных организаций.

На проблемы молодёжи важно смотреть через призму той глобальной задачи, которая стоит перед молодёжью. Фундаментальная задача молодёжи, как поколения, состоит в том, чтобы максимально использовать свои потенциальные возможности, сделать всё возможное, чтобы в самый короткий срок найти и занять своё достойное место в обществе и внести свой вклад в строительство свободного, сильного, демократического государства.

Молодёжь - самая прогрессивная часть общества. Молодёжные проблемы и их урегулирование должны быть важнейшими приоритетами государства, и от их правильного решения во многом зависит будущее страны. Эти проблемы сложны, и для их эффективного решения в стране должна функционировать государственная организация, ответственная за формирование и реализацию государственной молодёжной политики, за решение проблем молодёжи (как мне известно, почти во всех странах СНГ под разными названиями существуют такие структуры).

Хочу представить вам моё видение тех институтов, при помощи которых должна осуществляться работа над проблемами молодёжи в создавшейся обстановке в Грузии (в принципе, ситуация в странах СНГ во многом идентична, так что моя схема должна заинтересовать всех вас), и какую функцию должны выполнять молодёжные организации в этой работе.

Государственная организация, ответственная за молодёжь (министерство, госдепартамент и т.д.), должна обеспечивать регулирование, лоббирование и координацию работы по молодёжной проблематике. Эта роль действительно очень важна, названный институт ответственен за формирование государственной молодёжной политики и последующую её реализацию.

В сложившейся непростой действительности, в условиях переходного периода (ограниченные материальные и людские ресурсы и отсутствие опыта работы в новых условиях), формирование правильной молодёжной политики и её эффективная реализация во многом зависят от взаимодействия государственной организации с неправительственными молодёжными и международными донорскими организациями.

Для формирования полноценной государственной политики, в первую очередь, необходимо обладать обширной информацией о существующих молодёжных проблемах и путях их решения. Такую информацию могут предоставить научные учреждения, государственные службы, однако, абсолютно эксклюзивной информацией о тенденциях и проблемах молодёжи, а также о путях их решения обладают неправительственные общественные молодёжные организации.

Поэтому в процессе формирования государственной молодёжной политики важнейшим фактором является участие самой молодёжи, т.е. неправительственных национальных молодёжных организаций, а также соответствующих организаций стран-доноров.

В процессе реализации этой политики абсолютно уникальную роль играют те же неправительственные молодёжные и донорские организации. Первые в рамках этой политики подготавливают и реализуют конкретные программы, нацеленные на решение конкретных задач молодёжной проблематики, а вторые осуществляют совместное или полное финансирование этих программ, тем самым покрывают дефицит государственных бюджетных средств.

Также очень важно использовать опыт и ресурсы международного сообщества, структур ООН (особенно ЮНИСЕФ), Евросоюза, Всемирного Банка, коллегиальных органов стран-партнёров, а также международных молодёжных организаций (таких как Всемирная Организация Скаутского Движения, Международная Гражданская Служба и т.д.).

Но всё-таки на данном этапе первоочередной задачей государственного органа, ответственного за подготовку и реализацию государственной молодёжной политики, является поддержка процесса формирования и развития молодёжных неправительственных организаций, как незаменимых партнёров в деле решения молодёжных проблем и реализации этой политики.

Надеюсь, что участники форума, люди работающие с молодёжью, хорошо понимают важнейшую и незаменимую роль молодёжных неправительственных организаций как в деле решения проблем молодёжи, так и в процессе демократического развития своих стран. Мы должны приложить максимум усилий для поддержки этих организаций и для повышения эффективности их работы.

Сотрудничество с молодежными организациями в реализации государственной молодежной политики в регионе

Виктор Ярыш, Луганская областная государственная администрация, Украина

(Cooperation with Youth Organizations in the Realization of the State Youth Policy in the Region, by Victor Yarysh, State Administration of the Lugansk Region, Ukraine)

В современном обществе молодежь – это значимая политическая, экономическая и социальная сила, способная не только потенциально, но и реально влиять на общественные процессы, отстаивать свои интересы, действовать как творчески, так и деструктивно. Развитие различных видов и форм общественной деятельности и самореализации молодежи сегодня невозможно без развитого молодежного движения, без сотрудничества органов государственной власти и молодежных общественных организаций, являющихся неотъемлемым фактором формирования и реализации государственной молодежной политики, так как именно участие молодежи в деятельности молодежных организаций содействует повышению ее общественной активности, обеспечивает ее социальное становление и развитие.

На сегодняшний день в Луганской области действует более ста молодежных и детских объединений, 52 из которых – областные. Из них 35 являются отделениями всеукраинских молодежных организаций, а 17 являются областными объединениями.

По характеру деятельности молодежные организации области можно условно квалифицировать как:

- молодежные специализированные объединения и объединения по интересам (19);
- молодёжные объединения социальной направленности (5);
- студенческие молодежные объединения (5);
- национальные молодежные объединения (1);
- молодёжные объединения политической направленности (22).

Наиболее многочисленную по количеству организаций (22 субъекта) группу, но далеко не самую многочисленную по количеству охваченной молодежи, составляют молодежные организации политической направленности. Эти организации созданы, как правило, по инициативе соответствующих политических партий и действуют при их активной материальной и организационной поддержке. Число активных членов таких организаций обычно не превышает 100 человек. Активность организаций и количество молодых людей, входящих в них, возрастают в период предвыборной кампании и зависят от материальной поддержки старших политических партнеров. В последнее время прослеживаются тенденции снижения популярности этих организаций в молодежной среде (за исключением организаций центристского направления), снижения их авторитета и влияния. Наиболее яркими и активно работающими организациями этой группы являются: «Молодой Рух», ЛКСМУ, «Либеральное молодежное объединение», «Украинская социал-демократическая молодежь», "Народно-демократическая лига молодежи" и ряд других.

Национальные молодежные объединения области представлены областной организацией "Союз немецкой молодежи Украины». Эта организация, несмотря на специфику, пользуется большим авторитетом среди молодежных объединений, принимает активное участие в областных и всеукраинских мероприятиях, занимается комплексным воспитанием и развитием членов организации.

Особенность студенческих молодежных объединений заключается в том, что в силу своей специфики они более привязаны к реальным проблемам студенческой молодежи. Большинство из них существуют под контролем руководства учебных заведений, эффективность их работы зависит от отношения руководства конкретного учебного заведения и активности лидеров таких организаций. Наиболее многочисленной студенческой организацией является «Союз студентов Луганщины», а наиболее активно работающей является областная молодежная организация «Студенческое братство».

Значительный вес и организационный потенциал имеют студенческие профсоюзные комитеты учебных заведений, которые по сути являются общественными молодежными объединениями, но не входят в категорию общественных молодежных организаций. Тем не менее с ними со стороны управления по делам семьи и молодежи проводится определенная работа, направленная на социальное становление и развитие молодежи.

Большой социальной значимостью отличается деятельность молодежных объединений социальной направленности, среди которых следует отметить Луганский областной филиал «Ассоциации трудовых объединений молодежи Украины», содействующая решению проблем занятости молодежи и детей в период летних каникул. Для решения проблемы занятости молодежи в летний период управлением по делам семьи и молодежи и Луганским областным филиалом «Ассоциации трудовых объединений молодежи Украины» заключен договор о сотрудничестве. В этом году только в сельскохозяйственных предприятиях Крыма работало 98 молодежных трудовых отрядов. Около 34000 молодых людей работали в трудовых объединениях молодежи области летом 2003 года.

Среди молодежных организаций этой категории следует отметить областное объединение Всеукраинского центра «Волонтер», объединяющее волонтерские отряды, занимающиеся профилактикой негативных явлений в молодежной среде, оказанием помощи молодым людям с ограниченными физическими возможностями и старикам.

Наиболее популярной, динамично и перспективно развивающейся группой молодежных организаций являются молодежные специализированные объединения и объединения по интересам, возникшие на основе профильных, клубных объединений и движений, позволяющих эффективно социализировать молодых людей, используя общность интересов. Самыми яркими представителями этой группы являются: Луганская областная общественная организация «Ассоциация команд КВН Луганской области» и областная ассоциация знатоков «Эрудит».

На региональном уровне наибольшее развитие получило молодежное движение в Северодонецке (15 организаций), Алчевске (16), Антраците (5), Красном Луче (10) и в Сватовском районе (4).

Примером своеобразного решения вопроса развития молодежного движения может служить г. Антрацит, в котором создан «Антрацитовский союз молодежи», охватывающий практически всю учащуюся и работающую молодежь города. По состоянию на май текущего года в организацию входили более 2 тыс. молодых людей.

Примером развития молодежного движения в сельских районах области может служить Сватовский район, где действует Сватовский районный союз молодежи и студенческое общество «Сватівська родина». Это студенческое общество уже создало филиалы в Луганске и Харькове. По инициативе «Сватівської родини», поддержанной районной государственной администрацией, открыт льготный рейс междугороднего автобуса Сватово - Луганск для студентов, обучающихся в Луганске. В настоящее время районной государственной администрацией и активом организации ведется работа по созданию на базе одного из ВУЗов Луганска официального представительства организации.

На Луганщине накоплен определенный положительный опыт сотрудничества областной государственной администрации и молодежных общественных объединений. Делегации лидеров молодежных организаций области являются постоянными участниками международных и республиканских молодежных мероприятий. В 2002 году более 40 лидеров молодежных объединений Луганщины были включены в состав делегации области, принявшей участие в Международном фестивале «Молодежь XXI века» (г. Ростов-на-Дону). В апреле текущего года делегация Луганской области, состоящая из лидеров областных молодежных организаций, приняла активное участие в Международном форуме молодежи «Молодежь XXI века», проходившем в Харькове. В сентябре 2003 года при поддержке областной государственной администрации делегация лидеров молодежных объединений побывала на VI Международных славянских встречах (г. Белгород).

В течение пяти лет молодежное движение Луганщины активно представлено на Всемирном конгрессе украинских молодежных организаций. 17 мая текущего года была сформирована и отправлена делегация Луганской области на национальное собрание молодежи Украины, посвященное Дню Европы.

Следует отметить ряд инициатив областных молодежных организаций, которые нашли поддержку управления по делам семьи и молодежи областной государственной администрации, посвященных году России в Украине. Среди них: Международный семинар «Дни славянской письменности » (27 мая 2003 г.), Международный форум «На благо детям: политико-экономические, социальные, психолого-педагогические, медицинские и культурно-языковые аспекты защиты прав ребенка» (2-3 июня 2003 г.)

Управлением по делам семьи и молодежи областной государственной администрации была поддержана инициатива молодежного правительства Украины по проведению Всеукраинского автопробега «Молодежь за отечественного производителя».

Молодежные объединения активно участвовали в подготовке и проведении мероприятий в рамках празднования 60-летия создания подпольной молодежной организации «Молодая гвардия», в проведении мероприятий в рамках рейса агитпоезда «Дорогами трудовых объединений молодежи».

На территории области в августе текущего года прошли первые полевые скаутские сборы, инициированные Луганской областной организацией скаутов и поддержанные управлением по делам семьи и молодежи областной государственной администрацией.

На Луганщине зародилось и активно развивается одно из наиболее мощных молодежных движений страны - движение трудовых объединений молодежи. Именно в Луганской области была проведена учредительная конференция Ассоциации трудовых объединений молодежи Украины.

Стало хорошей традицией проведение управлением по делам семьи и молодежи областной государственной администрации и областными молодежными объединениями совместных мероприятий. Среди этих мероприятий необходимо отметить акцию «Студенческая республика», организаторами которой являются управление и областная организация «Народно-демократическая лига молодежи»; областной молодежный литературный конкурс поэзии и прозы «Серебряный голос» и областной молодежный конкурс публицистических произведений «Острое перо», посвященные Дню Независимости Украины, ежегодно на протяжении 8 лет проводимые управлением, «Студенческим братством Луганщины» (областной филиал Украинского студенческого союза), Луганской областной молодежной общественной организацией "Молодий рух" и Луганской областной молодежной общественной организацией "Молода просвіта"; II и III просветительно-воспитательные походы областных молодежных организаций «Молодежь дорогами войск УНР», инициированные областными молодежными объединениями и поддержанные управлением.

Поисковые экспедиции и перезахоронения воинов, погибших в годы Великой Отечественной войны, проводятся управлением и военно-патриотическим объединением «Каскад». Совместным мероприятием республиканского значения стала Всеукраинская вахта памяти, проходившая возле с. Малониколаевка Антрацитовского района. В результате данного мероприятия были обнаружены и перезахоронены останки 46 воинов, погибших в годы Великой Отечественной войны.

Традиционными в области стали палаточные лагеря воспитанников военно-патриотических клубов и клубов боевых искусств, фестивали знатоков. С целью поиска и поддержки творческой, талантливой молодежи, поддержки молодежных инициатив и организации содержательного досуга молодых людей области проводятся первенства и фестивали клубов веселых и находчивых. Особенностью сезона 2003 года стало то, что в играх приняли участие команды КВН практически из всех городов и районов области.

Социально значимым проектом в 2003 году является проект «Студенческий автобус», реализуемый управлением совместно с молодежной общественной организацией «Союз студентов Луганщины». Благодаря реализации данного проекта удалось снизить себестоимость проезда для студентов области на 30%, построить график отправки автобусов с учетом пожеланий студентов непосредственно от студенческих общежитий. В период с начала февраля по конец мая текущего года более 4000 студентов из Восточно-украинского национального университета им. В. Даля, Луганского государственного педагогического университета им. Т.Г. Шевченко и Луганского государственного медицинского университета стали его участниками. Автобусы осуществляли маршруты в 10 направлениях.

Следует отметить также соглашение между УМВД Украины в Луганской области, управлением по делам семьи и молодежи областной государственной администрации и Луганским областным комитетом молодежных организаций, подписанное в конце 2002 года, которое ставит своей задачей усиление реализации молодежной политики в сфере борьбы с преступностью и защиты общественного порядка, решение вопросов социального становления, патриотического воспитания молодежи, защиты ее законных прав и интересов, направление потенциала организованного молодежного движения на нейтрализацию причин, способствующих зарождению опасных социальных явлений.

Большое значение для развития молодежного движения области стала областная конференция лидеров детских, молодежных и студенческих организаций «Молодежное движение: достижения, проблемы, перспективы», проведенная управлением по делам семьи и молодежи областной государственной администрации, Луганской областной общественной организацией «Регион» и Луганским областным комитетом молодежных организаций 16-17 ноября прошлого года. На этой конференции представители 82 объединений молодежи области обсудили проблемы молодежной политики и молодежного движения региона, формы сотрудничества молодежных организаций и органов власти, наметили пути взаимного сотрудничества.

Управлением в декабре 2002 г. разработан и утвержден пакет документов, регламентирующий проведение конкурса проектов программ, разработанных общественными организациями в отношении детей, молодежи, женщин и семей в Луганской области. Идея конкурса получила свою поддержку и развитие в ряде городов и районов области. Работа по расширению сотрудничества областной государственной администрации с молодежными организациями по реализации молодежной политики в регионе постоянно освещается в средствах массовой информации.